臨床死生学研究叢書——2

死別の悲しみから立ち直るために

平山正実 編著

聖学院大学出版会

臨床死生学研究叢書　2　死別の悲しみから立ち直るために　目次

はじめに

本書は、「臨床死生学研究叢書」の第二巻として編集されている。第一巻『死別の悲しみに寄り添う』が「グリーフケア」を主題にしているのに対して、第二巻は『死別の悲しみから立ち直るために』という書名に表されているように、死別の悲しみからの回復のあり方、グリーフワークを主題とした。グリーフワークは、「悲嘆の作業」あるいは「喪の仕事」などと訳される。身近な人との死別によって生じる悲哀に、精神的、また身体的な作業を通して立ち向かい、悲しみを乗り越えることである。

かつて、多くの文化に、「喪に服する」という社会的儀礼があった。死別の悲しみから回復するためには一定の時間がかかることが共通理解としてあり、「喪」の期間にさまざまな仕方で遺族であることを人々に示した。人々は喪に服する遺族の姿を見て悲哀を理解し、悲嘆からの回復を期待したのである。しかし、現代は、「喪に服する」という習慣が失われている。仏教を例にとっても、葬儀において初七日と四十九日の法要を一緒に済ませるなど、葬儀の期間が短くなり、喪に服することが省略されるようになった。しかし、そのことが本来悲しむべき悲嘆を隠し、遺された人々の精神的、身体的な変調を引き起こしているという問題もある。

この「喪の作業」が失われたことによる問題を現代社会に警鐘を打ち鳴らすように示したのが、イギリスの社会学者であり、文化人類学者であったジョフリー・ゴーラーであった。ゴーラーは、アンケートにより近親者、親族と死別したとき、悲嘆をどのように経験したかを調査し、インタビューをし、分析して、*Death, Grief and*

Mourning in Contemporary Britain, 1965（邦訳、『死と悲しみの社会学』宇都宮輝夫訳、ヨルダン社、一九八六年）にまとめた。この本の中で、ゴーラーは喪の儀礼が失われることによって「遺族に与えられるべき社会的支えが欠けていること」、「悲嘆・喪の悲しみの現代の扱い方は、死別を乗り越えて生きるのを非常に困難している」ことを指摘している。半世紀以上も前になされた調査と分析であるが、二十一世紀の現代においても妥当する「悲嘆の作業」の必要性が明らかにされている。

以下、編者の立場から、本書で論じられる「悲嘆の作業」に関する諸論考の論点をまとめ、読者への参考として紹介しておきたい。

第I部　臨床医学における死とグリーフワーク

1　大西秀樹　遺族外来からみえてきたもの

著者は、医師であり、臨床の場において経験したがん患者の家族と遺族が抱える悲嘆の問題を取り上げる。悲嘆を抱えるがん患者の家族と遺族を精神科外来で診ることの利点とその限界、さらには、将来の方向性などについて述べる。

2　小島ひで子　がん患者を親にもつ子どもへの病状説明と予期悲嘆

がんに罹患した親（ここで取り上げるのは母親）が、将来の死を予測して、予期悲嘆に陥るとき、親の精神的（心理的）変化は、子どもの予期悲嘆に影響を与える。その場合、子どもにどのように親の病状を知らせるかを、具体的ケースを取り上げて明らかにしている。筆者は、この研究成果を踏まえて、援助者は、親子の精神的な状態を正しく評価し、子どもに対して適切な症状説明をすることが重要であると指摘する。

3　門林道子　闘病記とグリーフワーク

著者は、遺族が書いた数多くの闘病記や大切な人を亡くした後の追悼記を読んで、彼らは、こうした文章を書く中で、自己を癒し、再生するグリーフワークを行っていると記している。また、遺族は、このような「書く」という行為によって自己の死生観やライフスタイルを検証し、悲嘆からの回復と自己成長への道を探るのだと主張する。

第Ⅱ部　社会における死とグリーフワーク

1　大西奈保子　在宅医療におけるホスピスケア

従来、日本では、在宅ホスピスケアといえば、末期がん患者を対象としたものを中心として、施策面でも研究面でも関心がもたれてきたが、今後、在宅ホスピスを進めるにあたっては、末期がん患者だけでなく、高齢者に多い慢性心不全や脳梗塞、認知症、そして、老衰等の不治の病をも対象とすべきである、そのためには、教育とシステム構築が必要であると主張する。

2　五十子敬子　自殺と責任をめぐって

「自殺予防と自死遺族の悲嘆克服のために」という副題が入っている。「自殺という行為は、誰の責任か」という自殺に関する基本テーマを扱っている。法学者の立場から、このような課題を真正面から扱った論文は珍しい。自殺は、自殺者本人の責任か、行政や医師その他の医療関係者の責任か、家族の責任か、社会の問題か、という論議があるところである。著者は、自らの研究を踏まえつつ、社会をあげて、人と人との連帯を強めつつ、自殺予防活動を展開することの重要性を主張する。

3　吹抜悠子　カンボジア大量虐殺からの悲嘆克服への道程

一九七〇年代、二十年間にわたり、ポル・ポト政権によって行われたカンボジア人の反体制・知識階級に対する圧政・虐殺と、彼らの遺族が受けた民族的な悲嘆と心的外傷について論じる。とくに、映像作家リティ・パニュが、創作活動を通して、その悲嘆を克服していくグリーフワークが生き生きと描かれている。一般に「悲嘆の作業」というと「二人称の死」だけを思い描きがちであるが、民族の悲嘆からの回復の作業という広い視点をもつことの重要性を指摘する。

第Ⅲ部　宗教によるグリーフワークの意義と課題

1　高橋克樹　グリーフ（悲嘆）ケアにおいて、物語ることとの意味

著者は、本論文の冒頭で「大切な人を失うことは苦しい。しかし、この苦しみなしに物語はあり得ない。物語を語ることなしに意味は存在しない。意味の存在なしに癒しはあり得ない」というジョン・ハーヴェイの言葉を引用している。この言葉が、著者がここで述べようとしていることのすべてを語っている。人間は、自己の喪失の物語を語ることによって、混乱した自己像を再統合することができるのであって、その立て直しを行うプロセスこそが、スピリチュアルケアであると主張している。

る。

2　窪寺俊之　「宗教的思考」から「スピリチュアルな思考」へ

日本のスピリチュアル研究のパイオニアである著者は、若い息子を失ったユダヤ教ラビ（教師）、H・S・クシュナーの悲嘆過程を分析しながら、「宗教的ケア」と「スピリチュアルケア」との違いを明らかにしようとしている。

クシュナーは、従来から聖書に記されている「神は、全能である」という考え方に疑問を提出している。彼のこうした考え方の背後にある、子どもの死という不条理な出来事の影響を無視することはできない。「神は、人間の自由と個別性に介入できない」と。確かに、神の子、イエス・キリストすら、十字架にかけられたとき、自ら救うことはできなかった。その意味で、神は全能ではない。しかし、イエスは、自らの苦悩ゆえに人類の悲しみや悩みと共感・共苦することはできる。ここまでは、スピリチュアルケアの領域であろう。神が全能であることがわかるためには、復活信仰が与えられることが必要ではないだろうか。しかしそれは、「宗教的思考」に依拠するものであって、「スピリチュアルな思考」とは、異なる。スピリチュアルケアの意味とその限界を指摘する。

3　平山正実　うつ病者の病的罪責感と回復をめぐって

著者は、病的罪責感を訴えるうつ病者の病態を、聖なる神の経綸である義と愛の秩序から乖離した状態への不適応として位置づけている。

具体的には、うつ病者における病的罪責感の現れ方について二つのタイプに分け、検討している。そして、うつ病に伴って現れる病的罪責感からの癒しや救済、つまり、再生について、いろいろな角度から言及している。

ここに、収録した論考は、その多くが聖学院大学総合研究所カウンセリング研究センターの「臨床死生学研究会」において講演していただいたものが元になっている。臨床の場において、「悲嘆の作業」をどのようにしていくかは、緊急の課題でありながら、まだ研究が始まったばかりともいえる。本書が臨床の場において、少しでも参考になることを願っている。また臨床死生学という学問分野において、悲嘆からの回復のあり方は重要な主題であり、さらに研究を続けていきたいと思っている。

二〇〇九年七月十三日

編者　平山　正実

I

臨床医学における死とグリーフワーク

遺族外来からみえてきたもの

大西　秀樹

一　はじめに

精神科医としてがん医療にかかわるようになって間もないころのこと。外科医より「不安が強く病気の説明ができない患者がいる。診察してほしい」との依頼があり、外科病棟に向かった。

患者は四〇代の男性。臨床診断は胃がん。病室で本人に話を聞く。病気になる前は普通に暮らしていたが、胃がんの診断を聞いてから不安が強くなり、どうしてよいかわからなくなったという。がんに罹患したことが患者の不安、抑うつに深く関与していた。精神科の臨床診断は、不安と抑うつを伴う適応障害。本人に対して今後の支援を約束し、少量の抗不安薬を処方した。その後、一週間程度で不安感は消失。手術の準備はできた。しかし、手術直前になり腹部が膨満。腹水の貯留が原因だった。腹水からはがん細胞が検出され、がん性腹膜炎の診断。手術不能となった。

ちょうどそのころ、病棟の看護師より、「先生、どうも妻の様子がおかしい。疲れきっている。診察してほしい」

との申し出があった。病室に行き、看病する妻をみると、確かに疲れきっている。そこで、妻に対し、「精神科では、ご家族の診察も行っています」と伝えたところ、「診察を受けたいです」との返事。妻を外来に呼び、診察を行うことにした。

診察室での妻は心身ともに疲れきっていた。

「夫はどうなるのだろう、将来遺《のこ》される自分は……、考え込んで眠れない、肩こりもひどい……」。

進行がんで残された命が短い夫を助けることができないつらさ、今後の不安を切々と語っていた。妻の精神医学的診断も、不安と抑うつを伴う適応障害。精神的な治療と援助が必要だった。妻に今後の支援を約束し、外来通院を続けてもらった。支え続けることで、妻は最後まで看病を続けることができた。私は、家族を支えることの大切さを知った。

以後、家族に対してはできるだけ声をかけ、家族が外来受診することも可能と伝えている。すると家族の受診が増え、家族向けの「家族外来」が生まれた(1)。

この家族たちの多くは患者の死後も外来通院が続き、遺族としての診察が始まった。こうして自然発生的に遺族向けの外来「遺族外来」が生まれている(2)。

精神科医として患者・家族の精神症状に注意を払い、時には診療というかたちで家族の支援を続けてきた。生前に家族ケアがあるのだから、死亡後にも継続するのが当然ではないだろうか。しかし、現代医療では患者死亡により治療が終了するため、遺族の援助に積極的にかかわってきたとは言いがたい。

本章では、がん患者の家族と遺族が抱える問題、家族と遺族を精神科外来で診ることの利点とその限界、さらに将来の方向性などについて私見を交えて述べてみたい。

二 「家族外来」

(1) なぜ家族を診察するのか

病気で苦しむ者を看病する。家族として、人として当然のことかもしれない。病院で家族を毎日みているが、付き添い、見舞い、入院費の支払い、保険手続きなど忙しく立ち働いている。しかし、家族に話を聞くと、「疲れた」、「つらい」、「どうしたらよいのだろう」などの声も聞かれる。

がんという病気は、患者のみならず家族に対しても影響を及ぼすことが知られている(3)。そして、その影響は精神、社会・心理、そして身体面などさまざまな領域に及ぶ(4)。精神面では、がん患者家族の一〇~三〇%に何らかの精神医学的な疾患が認められ、抑うつの程度は患者と同等ないしはそれ以上であり、検査、診断、治療、再発など治療の節目で消退を繰り返す(5)。看病という行為は死、またはそれに類した状況に直面することもある。したがって、看病が心的外傷体験となり、PTSDを発症することもある(6)。

身体面では、心疾患(7)、慢性的な睡眠障害が多くみられる(8)。看病する家族自身ががん患者である場合もある(9)。さらに患者が入院した場合、高齢の配偶者では死亡率の上昇が指摘されている(10)。

社会面では、看病のために家庭や仕事に影響が生じ、仕事を辞めざるをえないこともある。治療費の負担は家計を圧迫する。収入面を支えてきた人が病気になれば、家計がたちまちのうちに苦しくなることも多い(11)。

このように、家族は心理・社会的および身体的につらい状況にある。したがって、家族は「第二の患者(12)」と呼ばれ、治療およびケアの対象とみなされるようになっている。

しかし、家族は、つらい状況にありながらも、自分たちのことを「健康体（実際はそうでないのだが）」とみなしているため、心のつらさを訴えてはいけないと考えていることが多く、苦悩を周囲に伝えないため、そのつらさは見落とされる傾向にある。(13)

(2)「家族外来」での診療

家族が心身ともにつらい状況にあることは、前述したとおりである。家族の負担を少しでも減らすため、埼玉医科大学では患者の受診時に、家族に対し「家族外来」があり、家族の受診も可能であることを伝えている。「家族外来」の存在を伝えておくことは、家族にも相談する場があるという安心感を提供することにつながると考えている。

家族の診察では、治療への期待や不安、家族の一員ががんになったつらさが語られる。

愛する家族が病気になったことで、今までの生活は中断され、新しい生活に適応しなければならない。しかも、病気は「がん」。死を連想する病である。

どのように声をかければよいのか、何をすればよいのか教えてほしい。

患者にうかつなことは、話せない。

どう対応すればよいのだろう。食事は？　生活は？

誰に聞く？　周囲の人にも相談できない。

家族は愛する人のため、本当に苦しんでいる。これらに対応することも家族外来の役割とも考えている。

医療従事者側は、家族が抱えている苦悩を聞き、疑問に答える。さらに患者の病状や今後予想される症状などを伝え、家族が落ち着いて対応できるよう指導している。看病にあたっている家族が適応障害、うつ病等を発症している場合は必要に応じて精神療法、薬物療法を行っている。

適切な介入を行うことで心身の負荷を軽くし、より良い看病ができるよう支持することが「家族外来」の目標である。

わが国でのがん患者家族の受診状況調査では、その診断として適応障害、うつ病の多いことが知られているが、受診者数は患者に比べると著しく少なく、受診患者全体数の三％程度である。[14] このことからも家族の外来受診が可能との情報が十分に伝わっていない可能性が考えられる。したがって、今後は何らかの工夫を行い、家族が受診しやすくなるような対応が求められる。

(3) 家族の診察が大切と痛感したきっかけ

家族のケアについては苦い思い出がある。[15]

以前、認知症の外来を担当しているとき、Tさんが新患で受診した。臨床診断はアルツハイマー病。十年ほど前、六〇歳ごろに発症。発症年齢が若いこともあり、病状の進行は早く、外来受診時、すでに身の回りのことが一切できない状況であった。ただ、患者本人はいつも穏やかでニコニコしていた。そして不思議なことに、いつも身ぎれいにしていた。ブレザーを着て、スカートをはき、お化粧までしているのである。認知症の進んだ状況で、とても自分でできることではない。一体誰がしているのかと夫に尋ねたところ、「私がしています」。

ここまで一生懸命看病をする人に出会ったことがなかった。夫はTさんの看病を、朝から晩まで一人でこなしていた。それは完璧といってよいものであった。

月に一回外来に来るTさんと夫。すばらしい看病を受けているので、外来でのTさんはいつも穏やかであった。夫は詳細な看病日誌をつけており、私は毎月その報告を聞くことが仕事だった。

看病は完璧であった。ただ、一点、夫は看病に専念するあまり、ほとんど休みをとっていないことが気になった。Tさんが、ショートステイで施設に入っている数日間も、夫はこの期間を自らの休養にあてることはせず、連日見舞いに出かけていた。しかし、夫の口からは〝つらい〟という言葉や愚痴は一切出てこなかった。

夫の献身的な看病にもかかわらず、アルツハイマー病は進行する。看病の苦労は次第に増していったが、相変わらず夫から苦悩の訴えはなかった。

外来受診後三年目、発病後一三年。Tさんは自宅で転倒して大腿骨頸部を骨折し、手術のため緊急入院となった。骨折箇所は固定され、手術は成功したが、術後三週間の安静が必要であった。三週間後、安静が解除になる。ところがTさんは起き上がれない。三週間にわたる寝たきりの生活が、もともと進行していたアルツハイマー病をさらに進め、筋力低下も生じたのだろう。自力歩行が不可能になった。もう、自宅で看病することは難しくなってしまった。一三年にわたる自宅での看病は終わりを告げた。

一方、夫には、退院後の転院先探しという仕事が新たに加わった。

Tさんが骨折して以来、夫は、逐一病状報告に来てくれたが、このころより疲労の色が濃くなっていた。ある日、珍しく落胆した表情で外来に来たので、「どうしたのですか」と尋ねると、「先生、一度入所の決まった施設から断りの連絡が入ってきたのです。どうしてなんでしょう。でも、もう一度別のところをあたってみます」という。Tさんのため看病と病院探しを懸命に続ける夫にかける言葉もなかった。

それからしばらくして、夫は病院を見つけてきた。

「先生、終《つい》の棲家《すみか》の病院が見つかりました。転院します。もう、妻は先生のところに来ることはありません。でも、私は先生の指導を受けたいので、これからも外来に来たいと思います。よろしくお願いします」。

私に、看病のあるべき姿を教えてくれた夫である。もちろん、今後の外来継続を約束した。

一ヵ月後。夫の外来日。

呼び出しに応じて入ってきたのは、夫ではなく、娘さんであった。「今日、お父様は?」と、気軽に尋ねると、

「父は亡くなりました」。

ちょっと疲れた様子ではあったが、元気だったのに。どうして……事情がよく飲み込めないので聞いてみる。

娘さんの話によると、Tさんが転院した当日、心配で家族が電話をしたところ「大丈夫だよ」との返事を聞いた。しかし、翌日、翌々日と電話に出ないため、不思議に思い、自宅に行ったところ、ソファに倒れ込んで亡くなっていたという。

一三年の看病の結果が死。言葉にならなかった。

娘さんは今までの礼を丁寧に述べた後、退室した。つらかった。涙をこらえるのに精一杯で次の患者さんを呼ぶことができなかった。

一三年献身的に看病した夫。とにかく一生懸命に看病した。文字どおり、命をかけて看病していたのであった。しかし、運命とは何と皮肉なものだろう。彼を待っていたのは一人になって二日目の死。私は、妻の入院による身体的な負担の減少は、夫にとって良いことではと考えていた。見通しが甘かった。

Tさんが入院しているとき、どうしてお見舞いに行かなかったのだろう。どうして一声かけてあげなかったのだ

ろう。初回の転院先から断りの連絡が入ったとき、自分が介入して強引に入院させてあげれば良かったのでは……。完璧なまでの看病が彼をすり減らせていたのか。看病のペースをもっと落とすように指導するべきではなかったのか。さまざまな思いが頭をよぎる。でも、もう遅い。彼は帰ってこない。

看病する配偶者の死亡率が上昇すること、高齢の配偶者が入院すると、看病する側の死亡率が上昇することを知ったのはずっと後になってからのことだった。

三 「遺族外来」

(1) 「遺族外来」成立まで

最初から遺族を診ようと思っていたわけではない。診察をしていた家族が遺族になり、継続的に外来を受診したことがきっかけであった[16]。しかし、多くの家族が遺族になった後も通院を継続してくれたので一〇年もの間「遺族外来」を続けることができた。最近では、他の病院で家族を亡くした遺族が、インターネットやメディアを通じ遺族外来の存在を知り、受診することが多くなっている。

このようなかたちで「遺族外来」を通し、多くの遺族とじっくり話す機会をもったことは、私にとって貴重な経験となっている。

(2) なぜ、遺族に対してかかわりをもつのか

死別。誰もが経験するものである。したがって、死別の悲しみは、さほど問題とされないことも多い。私自身、

遺族の外来を始めたころは「より良い喪に服せばよい」程度に考えていた。しかし、死別という現象はもっとも大きいストレスの一つである。[17] このストレスは心身の不調に結び付いたとしても不思議ではない。

死別のストレスが心身に影響を及ぼすことを学問的なレベルにまで高めたものとしてリンデマン（Lindeman）による研究がある。[18] リンデマンは死別という現象がさまざまな精神・身体症状を誘発することを詳細な臨床観察により見いだした。

その中で、

① 死別を経験した患者は精神面である一定の症状を呈する。

② このほかに、病的な場合には遅れて症状が出たり、症状が強く出たりすることがある。

③ 身体疾患（例：潰瘍性大腸炎）を誘発する場合がある。

などを明らかにした。

この調査研究をはじめとして、その後、死別に関する多くの研究がなされている。では、死別という現象は人の心と身体にどのような影響を及ぼすのだろうか。まず、死別が遺族に及ぼす影響について述べてみたい。

死別は身体に影響を及ぼす。死亡率との関連として、配偶者を亡くした五四歳以上の男性では、配偶者のいる場合に比べ、死別後六ヵ月以内の死亡率が約四〇％上昇し、死因の七〇％は心疾患であること、女性も死別後三ヵ月は死亡率が上昇するという報告がある。[19] この後の調査でも、死別早期における遺族死亡率が高い[20]ことや、死別後は新たな身体疾患への罹患が多くなり、すでに罹患している病気の悪化も指摘されているが、医療機関を利用する機会は減少する[21]ことが報告されている。

死別は心にも影響を及ぼす。死別後におけるうつ病有病率は、一ヵ月二四％、七ヵ月二三％、一三ヵ月一六％と高く[22]、死別後一年以内は、自殺の危険性が上昇する[23]。

行動面でも影響があり、スウェーデンでの調査では、アルコール、タバコの消費が増えている[24]。

このように、死別という現象は大きなストレスであり、遺族に身体的・精神的な影響を及ぼしている。

(3) 遺族への介入の意味

遺族は死別後にストレスを受け、心身に影響を及ぼすことから介入が必要であることを述べたが、このような場面で行われる介入はPostvention（後治療）という概念で表される。後治療は「つらい出来事の後になされる適切な援助」を意味し、シュナイドマン（Shneidman）[25]によりはじめて導入された。この言葉自体はprevention（予防）、intervention（介入）に対応して作られた造語である。後治療は、遺族の後遺症をできるだけ少なくすることで、援助のない状態よりも生産的で、苦悩を少なくし、長く生きられることを目的としている。前述のとおり、死別は大きなストレスであり、「つらい出来事」に相当すると考えることができるため、この後治療の概念を遺族への介入に適応させることは可能であろう。シュナイドマンも後治療を行った症例として、担当する白血病患者を失った看護師の苦悩に対するケアについて述べている。

(4) 「遺族外来」での診療

1 精神医学的な対応

遺族外来には開院一年で約三〇名の受診があった。受診遺族の平均年齢は五二歳、受診者の約九割は女性で、受診者の精神医学的疾患は死別反応が六〇%、うつ病が三〇%である。ここでは、遺族外来で多くみられる死別反応、うつ病について述べてみたい。

(1) 死別反応

死別反応とはどのようなものであろうか。まず、定義をみてみたい。教科書を紐解くと、「死別により生じる、心理、生理および行動面での反応」[26]とある。

しかし、実際に診療してみると、死別経験者は「想像はしていたが、ここまで大変なものとは思わなかった」と言うことが多い。〝心理面での反応〟などと軽く述べることができるような症状ではない。なぜなら、「死別」という現象は、不可逆性、永遠性に特徴づけられており[27]、もう二度とその関係性を取り戻せないためである。愛する人を失い、一人取り残される。死んだ人はもう二度と戻ってこない。今まで二人で歩んできた生活が閉ざされてしまう。このため、死別という現象は遺族の心に計り知れない傷を与えることが多い。

「夫がいない人生に意味が見いだせません」。

夫とは何事にも二人三脚で取り組んできた。将来の計画も夫と一緒に立てていた。夫を失った今、何もすることができない。自分の人生に何の意味があるのかまったく考えることができないでいる。

「同世代の夫婦を見るのがつらい」、「休日には皆が楽しそうでつらい」。

本来なら楽しいはずの休日。愛する人が生きていれば楽しかった日々。楽しそうな夫婦、夫が生きていれば自分も今ごろはああだっただろう。でも、それはかなえられない。

「自分だけ時間が止まってしまったようだ」、「遺された自分は周囲とは違う存在になってしまった」。

自分が周囲から切り離されている。夫を失い、悲しみにくれていても周囲は以前と同じように動いている。街を歩いていても自分だけは異なる。自分だけが違う世界に降り立ってしまったようだという感覚を抱く人も多い。

このように、死別に伴って生じる苦悩が診療場面では切々と語られる。

また、どうして病気に早く気づかなかったのか、自分の看病に問題はなかったか、もっと自分は援助ができたのではないか、治療の選択肢に問題なかったかという看病における悩みも聞かれる。

遺族は特定の日に、「記念日反応（anniversary reaction）」と呼ばれる症状を呈することがある。愛する人が、病気の診断を受けた日、手術の日、再発を告げられた日、亡くなった日など、一過性に不安・抑うつの出現することがある。また、身体がまったく動かなくなってしまうなど身体の不調を訴える場合もある。記念日反応は特定の日時にとどまらない。桜の花をみると「去年の今ごろは、元気だったのに」と思い出し、透き通った青い空をみて「ちょうどこんな日に……」と悲しむ遺族も多い。

その他にも、思い出の品などを見ると悲しくなることもある。故人の部屋には足を踏み入れられない。故人のものには手をつけられないという人も多い。亡くなったときそのままの状態になっていることもある。家の中すべてのものが思い出の品となり、自宅にいることがつらくなり、別の場所に住んでいる遺族もいる。

「こんなに仲が良くなかったら、悲しむことも少なかったのに」と嘆く遺族も多い。死別反応は生前の関係が良かった家族にのみ起こるのだろうか。実はそうではない。生前は疎遠な人、迷惑ばかりかけているような人、憎しみの対象であった人が亡くなった場合にも、仲が良かった人と同じような死別反応がみられることがある。

死別の悲しみが怒りとなって現れる場合もある。そしてその怒りは〝救ってくれなかった〟医師、看護師に対して向けられることが多い。

(2) うつ病

遺族外来では、うつ病など精神疾患合併の有無を確認している。なぜなら、死別後一年でうつ病の有病率が一五%程度あること、[28] 死別後のうつ病も精神療法と薬物療法の組み合わせによる治療的介入が有効なためである。[29] うつ病を合併している遺族は、うつ病の苦しみおよび死別の苦しみと二重の苦しみを負っていることになる。うつ病は薬物療法、精神療法が有効なことから、まずうつ病の治療を行い、症状を取り除くことが大切である。

【死別後に発症したうつ病例】

五〇代の女性。遠方に住んでいる母が肺がんに罹患したため、泊り込みで看病を続けていた。しかしながら、病状は進行し、全身状態が徐々に悪化していた。ある日、母より「水を飲ませておくれ」と言われたので水を飲ませ、母に背を向け水差しを置いた。そして、振り返ると、母の顔面は紫色になっており、彼女の目の前でがっくりと息絶えた。

母の病状はすでに限界の達していたのだろう。何らかの行為の後に亡くなることがあったとしても不思議ではない。周囲も彼女の看病を評価してくれた。しかし、彼女はそう考えることができない。

「自分がもっとしっかりしていれば、このようになることはなかった」。

自責の念を抱きながら葬儀を終え、自宅へ戻る。帰りの道のりはよく覚えていない。このころより体調がすぐれず、身体が動かない。休んでいても回復しない。そのうちに眠ることすらもできなくなってしまった。何をしても楽しくない。家事を行うのにも苦痛を感じるようになった。何を作ればよいのか、何を買えばよいのかわからない。でも、自分は家族のために働かねばならない。つらい身体と心に鞭打って、朝から晩まで働いた。むなしく、つらい毎日が続く。とにかく苦しい。そのうち、こんなに苦しんでいるのなら、いっそ死んでしまったほうがよいと思うようになった。

ある日、用事のため電車に乗ることになり駅に向かう。つらい気持ちのままホームに立つ。その時、遠くに通過電車が見えた。「ここで飛び込めば楽になれる」無意識のうちにフラフラとホームの端に近づいていた。その時、「あなた！　何してるの！」と見知らぬ人に声をかけられ、我に返る。手を握られ、ホームのベンチに引き戻される。もう、自分の力ではどうにもできない。しかし、どうすればよいのかわからない。つらくて仕方がなかった。

ある日、力なく新聞をめくっていると「遺族外来」の記事が目に入る。これだと思って、新聞記事を切り取り、外来を受診。臨床診断はうつ病。安静と抗うつ薬の治療により三ヵ月で症状は改善し、日常生活に戻れるようになった。

うつ病が良くなったとき、本人にうつ病のときの気持ちを尋ねてみた。彼女は「とても苦しくてどうしてよいかわからなかった。死にたいわけではなかったが、この苦しみから逃れるには死ぬしかないと思った」と話した。「苦しいが、どうしてよいのかわからない。」このことがとてもつらかったと言う。

死別後に遺族のうつ病の罹患率および自殺率は上昇する。この遺族のように「つらい、苦しい」という気持ちはうつ病の患者に多くみられるが、本人もそれがうつ病の症状だと気づかないまま、苦しんでいることが多いのではないだろうか。

2　身体面での対応

身体疾患の罹患および、治療中の疾患の悪化も多いことは前述した。遺族には定期的な医療機関受診、検診を行うよう指導を行っている。遺族外来受診中にがん、甲状腺疾患、頭頸部腫瘍などが見つかり治療にいたった例も経験した。

3　遺族のたどる経過

遺族外来受診時に悲嘆、死別反応などがみられた遺族も少しずつ落ち着きを取り戻す。

【例1】

原発不明がんで数箇月という短い闘病期間のあと夫を失った妻は、失意のあまり、人生の意義を見いだせなくなっていた。心配したホスピス医が遺族外来を勧め受診となる。

夫が亡くなることは理解していた。しかし、失ってみるとそのつらさは自分が考えていたものとは比べものにならない。一年前はあんなに元気だったのに。何事にも前向きに取り組んでいたのに。どうしてこんなことが起こるのか。

周囲の人は、「あなたは、子どもが大きいからまだましなほう」と言う。しかし、自分は夫の死がつらい。自分はこんなにつらいのに周囲にはわからない。相談もできない。相談相手である夫が亡くなってしまったのだ。こんな状態で生きている意味があるのか。

考え込む毎日が続く。何をしてよいのかわからない。

夫のいない毎日はとてもつらい。同世代の夫婦が仲むつまじく歩いているのを見るとつらくなる。休日は楽しそうな人が多くいるので、外出がつらい。人目を避け、バスに乗って自宅から離れ、見知らぬ人の多い町に行き、当てもなくさまよっては、自宅に戻るという日が続いた。

夫は死の直前に〝待っているからな〟との言葉を残して逝った。その意味はよくわからない。でも、この言葉だけが、かろうじて生きる支えになっていた。

失意の中にある日々は一年以上続いていた。

ある晩、何気なく買ってきたCDを聴いてみた。とても美しく、流れるような旋律。広い宇宙の中に溶け込んでゆくような感じがした。ふと、このイメージから宇宙の広がりを感じるようになった。宇宙は広がっているのか？実際に星を見ているとその広がりを確かに実感する。もっとしっかり見たいと思い、望遠鏡を購入し、星をながめてみた。遠くの星がよく見える。さらに広がりを確信した。毎晩、一人心を鎮めて、音楽を聴きながら星を見るのが日課になった。すると、夫がこの広い宇宙のどこかにいるような気がする。命とは死によって寸断されるものではなく、生との連続性を有すると実感するようになった。夫とはきっとどこかでつながっている。だからこそ、夫は「待っているからな」と言ったのだろう。夫が残した最後の言葉〝待っているからな〟の意味が理解できるようになった。

現在でも、夫を失った悲しみは続いている。気持ちも揺れ動く。以前ほど積極的にはなれない。しかし、夫とはつながっていると思えるようになった。今は、いつか天国で夫と再会する時のため、しっかりと生きるという思いを胸に抱き、毎日を送るようにしている。


【例2】

五〇代の女性は娘さんを卵巣がんで失った。思いやりのある、優しい子だった。我慢強い性格のため、身体に不調があっても相手を気遣って周囲に訴えないようにしていたらしい。そして、かなり苦しくなってから受診。卵巣がんの診断。がんは手術で取りきれたと思ったが再発。その後の治療にもかかわらず、二年の闘病の後死亡。享年一八歳。

娘を失ったショックは大きかった。こんなことが世の中にあるのか。あんなに優しい娘が。どうしてもっと早く気づいてあげられなかったのか。どうして自分ではないのか。自分が身代わりになりたかった。後悔ばかりがフラッシュバックする。家の中は思い出の品ばかり。娘の部屋には入ることもできない。でも、娘の部屋はいつか整理しなければならない。

「どうしてよいのかわかりません」。

外来では、いつも涙に暮れていた。つらい毎日が続く。命日には娘が眠る墓に行き、冥福を祈る。周囲の信頼が厚かった娘さん。亡くなった後でも、誕生日には友人から贈り物が届く。お墓にも届く。友達の配慮が心にしみる。天国にいる娘に見せてあげたい。どうすればよいのか悩む日々が続いていた。思い悩んで五年。

「先生、天国へ宅急便で送りました」。

友人からの贈り物はお寺で焼いてもらい、天国へ届けたそうである。苦しみぬいて出した結論。ようやく、心の重荷の一部がとれた。でも、娘を失った悲しみがなくなったわけではない。娘の元へ行きたいという思いもある。

「『まだ、来ちゃだめ』と言われています」。

死別のつらさはすぐに回復するわけではない。長い年月のかかることもある。しかし、その歩みに寄り添うことが遺族外来の役割だと考えている。

【例3】

一〇年もの間通院した遺族もいる。夫を平滑筋肉腫で亡くした女性は、当時失意の中にいたが、遺族外来通院にて徐々に元気を取り戻していった。最近になり、当時のことを思い出してくれるが、「あの時、先生が言った言葉は今から思うと当たり前のことばかりだった。でも、当時はそれがとてもありがたかったから不思議」と言う。愛する人の死と直面して、苦悩の中にある方々を支えるには普通のことができるようにお手伝いするのが良いのかもしれない。

(5) トラブル対策としての「遺族外来」

伴侶、子どもを亡くし失意の中にある遺族は、周囲から保護されて当然と思っていた。しかし、現実にはそうではなかった。

【例1】

すい臓がんで夫を亡くした六〇代の女性。懸命の看病にもかかわらず、夫は死亡。夫に先立たれ、茫然自失。何もわからないまま葬儀は終了。誰がどこにいるのかもわからなかった。葬儀の翌日、失意にくれていると電話が鳴った。声の主は親族。何かと思うと、「葬儀の席順が悪い。謝りに来い!」と。

外来ではしきりと自分を責めていた。ご自分に非はないのに……。「あなたには問題がない」と説明した。

ところが、この後、台所に立つと包丁を持つ手が振るえ、何を食べても美味しくなく、意欲もなくなってしまった。

臨床診断はうつ病。親族の一言が引き金になってしまったようだ。

この親族の言葉で受けた心の傷は大きく、回復まで五年の月日が必要だった。

【例2】

心筋梗塞で夫を亡くした女性。夫は勤務中に急死したため、死に際にも立ち会えず、失意の中で暮らしていた。ある日、弔問客が来た。自宅に招き入れるとその弔問客は、線香をあげ、帰り際、「お前のせいで死んだんだ！」と怒鳴り、そのまま立ち去って行った。

恐ろしくなった。「自分が殺してしまったのか」と恐怖感にかられて外来へ駆け込んできた。ひどくおびえていた。夫の死に関し、本人に責任がないことは明らかである。しかし、この言葉で受けた心の傷は大きかった。

この他にもたくさんある。親族が死亡退職金を要求する、貯金通帳の確認を迫られる、ほとんど付き合いのない人が「女性の一人暮らしは危険」と忠告に来る、なかには「墓石を持って出て行け」と言われた方もいる。

トラブルが解決の方向に向かわず、お互いが気まずい関係になり、親族と顔を合わせなくなることもまれではない。こうなると、法事も一緒にできなくなる。同じお寺、同じ僧侶で一周忌、三回忌を別の日、親族別に行ったという例も複数経験している。

配偶者、子どもを亡くし失意の中にある方々に心無い言葉を浴びせる人、遺族の悲しみより自分のプライドを優先する人がいる。悲しいが事実である。また、遺族の側は、ひどい言葉を言われても、「自分が悪いからでは?」と人知れず苦しんでいる場合も多い。しかし、話を聞くと、遺族を攻撃する側に問題のあることが多い。遺族には「大丈夫。あなたに問題はない」と伝えている。

(6) 遺族を傷つける「思いやりの言葉」

上記のように遺族に対して言いがかりをつけたり、攻撃をしたりすることのほか、周囲の親切心による「思いやりの言葉」で傷つく遺族がいる。

〈大往生でしたね〉

八五歳の母を肺がんで亡くした五〇代の女性は、葬儀の際、出席者から「大往生でしたね」と何回も声をかけられた。とてもつらかったという。

「どうして大往生なの?」

八五歳の母は、ほぼ平均寿命。母として、職業人として成功し、この世を去っている。周囲からみると、母は大往生にみえるのかもしれない。しかし、この女性は母の死がつらいのだ。大往生どころではない。それなのに、「大往生でしたね」と言われることは、彼女にとって何の癒しにもならず、つらくなるだけであった。「大往生」は、遺された遺族が思ってこそ「大往生」なのだ。他人が勝手に評価するものではない。

〈お子さんは?〉

親同士であれば何気なく交わされる言葉である。しかし、子どもを亡くした遺族にとってはつらい言葉の一つである。

「お子さんは?」。この言葉を言われただけで落ち込んでしまう人もいる。

二人の子どものうち一人を亡くした人は、「二人といえば、亡くなった子どものことを説明しなければならず、一人といえば亡くなった子どもに申し訳ないと考えてつらくなります」という。子どもの死を見知らぬ人に対して告白することは容易なことではない。言わずにすますことも可能だが、それでは、亡くなった子どものことを無視しているようでつらくなってしまう。

通常であれば何気ない会話であるが、場合によっては人を傷つける可能性も秘めているのである。

〈がんばってね〉

日本人特有の言葉で、目的のない言葉である。(30) 愛する人を永遠に失って悲嘆にくれている人に、これ以上何をがんばれというのだろう。援助になっていない。

〈あなたがしっかりしないとだめ〉

悲しみにくれる遺族に対して励ましのつもりで言うのだろう。言うのは簡単である。しかし、何をしっかりするのだ? そういう人はどんな援助をしてくれるのだろう。

〈元気?〉

遺族になり、少し時間がたったころ言われるようだが、その人が一方的に、「元気」を期待している言葉である。元気でないときはどう答えればよいのだろう。時が解決するのであろうか? 時間ではない。時間がたったから大丈夫だろうと思うことは慎しむべきではないだろうか。

〈落ち着いた?〉、〈気持ちの整理つきましたか?〉

これも、遺族に対してしばしば話される言葉である。

一見穏やかな言葉だが、遺族に対して探りを入れているだけで、言葉をかけられた遺族には何の慰めにもならない。落ち着いていないとき、気持ちの整理がついていないときはどうすればよいのだろう。

遺族は自分の心境を述べなければならず、苦しくなってしまうこともある。落ち着いていないのに言い出せず、無理に「大丈夫」と言ってしまい、相手は安心するが自分は苦しくなるだけということもあった。

この言葉を言われるだけでいやな思いをする遺族も少なくない。

上記にあげた言葉は、一見思いやりがあるように思えるが、実は本人の様子を探るためであったり、遺族を通じて自分の思いを実現させようとするだけで、何の慰めにもなっていないのではないだろうか。

遺族は今あげた言葉で傷ついているが、「でも、自分も死別を経験して、この言葉のつらさがわかった。以前は平気で使っていた気がする。最近は注意しないといけないと自分でも感じています」という。

普段、何気なく使っている言葉。よくよく考えると遺族を傷つけている可能性がある。注意しなければならない。

(7) 遺族が救われた言葉

遺族は周囲の言葉で救われもする。

〈何も言わない〉

何も言わずに、ただ、自分のことを聞いてくれた。ただ、じっと座って遺族の話に耳を傾ける。聞いてもらって心が落ち着いたという遺族は多い。

〈大変だったね〉

この言葉も聞いて安心したという人が多い。死別を経験することはとても大変なことである。大変であることを理解してもらうことは遺族に大きな安心感を与えるようだ。

(8) 遺族外来の利点と限界点

遺族外来の利点と限界点について述べてみたい。

遺族外来の機能としては次の三つがあげられる。

(1) 悲しみを表す『空間』としての機能

死別はとてもつらい現象である。誰かに話すという方法は悲しみを癒すために有効であるが、死別という現象のもつ性質上、いつでも誰にでも話せるものではない。看病の後悔は言いにくく、誰にも打ち明けられずに悩んでいることもある。

遺族は死別の悲しみを訴えたくても、前述したように「頑張って」、「あなたがしっかりしないとだめ」などを言われることを気にするあまり、悲しみを素直に表現できないことも多い。また、死別後数年経過すると、悲しみを訴えることを恥と感じる遺族が多い。周囲の人々も「元気になった」、「新しい人生を踏み出した」などと評価して遺族に伝えるため、「もう、周囲にはわかってもらえない」と感じてしまうことが多い。そのような方々が「ここでは、遺族として話ができるので安心です」と言い、悲しみを述べて帰る。悲しいときに悲しいと言える空間として機能しているようだ。

(2) 精神疾患早期発見の場としての機能

遺族の中には介護、死というストレスフルなライフイベントを通してうつ病を発症する場合がある。高齢者におけるる死別はうつ病の最大の危険因子であること、死別後はうつ病の有病率が高いこと、また精神療法と薬物療法が奏効する疾患であることから、早期発見、治療に持ち込めるという利点がある。

(3) 死別後のトラブル対応の場としての機能

愛する人を亡くし、一人になってしまった遺族に対して攻撃をする人がいることはすでに述べた。相談もできずにただ一人で悩んでいることも多い。このような人々に援助が必要なことは言うまでもないだろう。ただ、医師が援助できることは限られているので、法律家などに協力を頼むこともある。協力体制の構築も必要だ。

改善しなければならない点もある。

(1) 個人療法が中心であること

診察は一対一での個人精神療法が中心なため、診察できる人数に限界がある。また、遺族の中には「同じ境遇の人と話し合ってみたい」という人もいるが、それに応じていないのが現状であった。しかし、遺族の要求は社会の要請と同じ。この問題の解決なくして遺族ケアの充実はない。これらの欠点を解消すべく、遺族が集まって話し合う「遺族グループ外来」を始めた[31]。遺族、心理士、精神科医が集まり、遺族のケアはどうあるべきか考えている。遺族からは「お互いすぐにわかり合える」との意見も聞かれており、ある程度の役割は果たせるかと考えている。

(2)　受診経路と受診場所の問題

受診したご遺族には「このつらさをどこで話してよいのかわからなかった」という人が多くいる。遺族が自らのつらさについてオープンにできるほど、社会は受け入れが良くないようである。

遺族の中には、生前に家族としてケアを受けていても、患者の死後、その病院に行くのがつらい人もいる。病院、医療に対する不満はなく、よくやってもらったと感謝していてもである。医療関係者にお礼を言いたくても、行こうと考えるだけで怖くなったり、身体が動かなくなってしまうのだ。この状況を回避するには、同じような機能をもった外来を近隣で数箇所作る必要があるだろう。

遺族ケアの一環としての「遺族外来」。この試みはまだ始まったばかりで、不十分な点、改善すべき点は多く残されている。今後さまざまな試行錯誤を繰り返しながら、よりよいものにしなければならないと思いを新たにしている。

四　遺族外来からみえてきたもの

遺族の外来を細々と続けてきた。人の死――愛する人との永遠の別れ――を対象にした外来だ。医学は「生」のみを対象とすることが多いが、その後の「死」を対象とする医学を行ってきた。

多くの人が死別という現象に遭遇し、苦しんでいる。愛する人は戻ってこない。永遠に。その苦しみは筆舌に尽くしがたい。人生の中でこれほどつらいことはないのではと思う。

しかし、なぜこの死別という重大な現象について社会はあまり意識していないのであろうか。なぜ、医学はこの領域に踏み込んでこなかったのか？

一方、社会は何においても常に発展・成長を求めている。医学も同様である。「死＝敗北」というイメージが近年まで付きまとっていた。緩和医療が徐々に浸透しつつあることで、それは和らいできているが、医学教育で「死」を教えることは、まだ一般化しているとはいえない。また、発展・成長を求めることは、死別を経験した遺族に対しても同様であり、まるでそんなことはなかったかのように振る舞うことを社会は求めている印象を受ける。

だが、死別という現象が多くの人の心と体に影を落としていることは確かであり、社会と医学は何らかの手を打たなければならない。現状における遺族に対する社会一般の反応は「がんばってね」、「あなたがしっかりしないとだめ」。時間がたつと「もう元気？」。もちろん、遺族に対するいたわりがないわけではない。むしろ、いたわりの気持ちが間違ったかたちで遺族に伝えられることによって、遺族は苦しんでいるのである。一方で死別の重大性に気づいている人も多い。さまざまなかたちで遺族援助は行われている。しかし、現状ではその数は十分とはいえず、遺族がつらい思いをし、結果的に我慢を強いる状況のほうが多いのではないだろうか。社会が少しずつそのことに気づき始めている中、医学は気がつかないか、わかっていても医学の範囲ではないと傍観するのみであった。

結局のところ、社会も医学も「生」の側面を中心にして命をみているのが現状なのだろう。多くの場合、社会は成長を求め、われわれはそれに応えようとする。愛する人を失った遺族すら、その成長に応えようとし、つらい思いを必死で耐えようとする。そのような人にまで十分な援助が行き届くほどに、まだ社会は発展していない。ここに手を差し伸べることが、最終的には社会の成長・発展につながる可能性をもつのに。医学の成長・発展についても同様である。「死」に関する医学を充実させることで、今までみえてこなかった多くのことが明らかになり、「死」に関連したさまざまな問題について考える機会をもつことで「生」に関する医学もさらに充実するだろう。

社会が本当の意味で発展し、豊かなものになるためには、まだあまり目を向けられていない「死別」という現象に目を向け、「死」の側から「生」をみることがあらためて必要なのではないだろうか。

「遺族外来」という医学の狭い領域で「死別」を通して「死」そして「生」を考える機会をもち、そこに多くの問題があることに気づいた。そして、それらの問題に少しずつでも向き合い、対応していくことが「生」の充実につながることがわかった。自分自身でも、「死」を通していろいろなことを学ぶことができたのである。

私は精神医学という医学の狭い一分野の人間である。できることは限られている。しかし、多方面からそれぞれがそれぞれのアプローチを行えばさらに多くのことがみえるのではないだろうか。

誰しもが経験する「死」について、少し立ち止まって考えてみる。そうすると「生」の側からはみえてこなかった多くのことに気づくのではないだろうか。そして、それらについて、それぞれが少し考え、できることは行う。こうすることでわれわれの「生」は本当の意味で成長・発展し、豊かになるのではないだろうか。

ここに死生学の重要な意味を再確認する次第である。

（謝辞）稿を終えるにあたり、共同研究者である早稲田大学大学院人間科学研究科石田真弓心理士に御礼申し上げます。

注

（1）大西秀樹、境玲子、山田和夫ほか「終末期がん患者を介護する家族に見られた適応障害とその精神医学的アプローチ」『ターミナルケア』10号、二〇〇〇年、六六―七〇頁。
大西秀樹、石川孝、小野瀬雅也ほか「終末期胃がん患者を介護する乳がん術後配偶者――心理的な負荷と精神医学的なアプローチについて」『ターミナルケア』11号、二〇〇一年、三九三―三九六頁。

（2）大西秀樹「遺族外来――がん患者の家族を支える新たな試み」『看護実践の科学』28号、二〇〇三年、五六―五九頁。
大西秀樹、奥野滋子「遺族外来」『緩和ケア』15号、二〇〇五年、二九六―三〇〇頁。
大西秀樹『がん患者の心を救う――精神腫瘍医の現場から』河出書房新社、二〇〇八年。

（3）Lederberg, M. S., "The family of the cancer patient", in Holland, J. C.（ed.）, *Psycho-Oncology*, Oxford University Press, New York, 1998, pp. 981-993.

（4）Hodges, L. J., Humphris, G. M., Macfarlane, G., "A meta-analytic investigation of the relationship between the psychological distress of cancer patients and their cares", *Social Science and Medicine*, 60, 2005, pp. 1-12.

（5）Kaye, J. M. & Gracely, E. J., "Psychological distress in cancer patients and their spouses", *J. Cancer Educ.*, 8, 1993, pp. 47-52.

（6） Pöder, U., Ljungman, G., von Essen, L., "Posttraumatic stress disorder among parents of children on cancer treatment: a longitudinal study", *Psycho-oncology*, 17, 2008, pp. 430-437.

（7） Shaw, W. S., Patterson, T. L., Semple, S. J., et al., "Longitudinal analysis of multiple indicators or health decline among spousal caregivers", *Ann. Behav. Med.*, 19, 1997, pp. 101-109.

Kiecolt-Glaser, J. K., Glaser, R., Gravenstein, S., et al., "Chronic stress alters the immune response to influenza virus vaccine inn older adults", *Proc. Natl. Acad. Sci. USA*, 93, 1996, pp. 3043-3047.

（8） Carter, P. A., "Caregiver's descriptions of sleep changes and depressive symptoms", *Oncol. Nurs Forum*, 29, 2002, pp. 1277-1283.

（9） 大西、石川、小野瀬ほか、前掲論文、注（1）。

Onishi, H., Onose, M., Okuno, S., et al., "Spouse caregivers of terminally-ill cancer patients as cancer patients: A pilot study in a palliative care unit", *Palliative and Supportive Care*, 3, 2005, pp. 83-86.

大西、前掲書、注（2）。

（10） Christakis, N. A., Allison, P. D., "Mortality after the hospitalization of a spouse", *N. Engl. J. Med.*, 354, 2006, pp. 719-730.

（11） Covinsky, K. E., Goldman, L., Cook, E. F., et al., "The impact of serious illness on patients' families. SUPPORT investigators. Study to understand prognoses and preferences for outcomes and risks of treatment", *JAMA*, 272, 1994., pp. 1839-1844.

（12） Lederberg、前掲論文、注（3）。

（13） 同上。

（14） Asai, M., Akechi, T., Nakano, T., et al., "Psychiatric disorders and background characteristics of cancer patients' family members referred to psychiatric consultation service at National Caner Center Hospital in Japan", *Palliative and Supportive Care*, 5, 2008, pp. 225-230.

Akechi, T., Akizuki, N., Okamura, M., et al., "Psychological distress experienced by families of cancer patients: preliminary findings from psychiatric consultation of a cancer center hospital", *Jpn. J. Clin. Oncol.*, 36, 2006, pp. 329-332.

(15) 大西、前掲書、注（2）。

(16) 大西、石川、小野瀬ほか、前掲論文、注（1）。

大西、前掲論文、注（2）。

(17) Holmes, T. H., Rahe, R. H., "The Social Readjustment Rating Scale", *J. Psychosom. Res.*, 11, 1967, pp. 213-218.

(18) Lindemann, E. "Symptomatology and management of acute grief", *Am. J. Psychiatry*, 151 (Suppl), 1944, pp. 155-160.

(19) Parkes, C. M., Benjamin, B., Fitzgerald, R. G., "Broken heart: a statistical study of increased mortality among widowers", *Br. Med. J.*, 1, 1969, p. 740-743.

Mellstrom, D., Nilsson, A., Oden, A., et al., "Mortality among the widowed in Sweden", *Scand. J. Soc. Med.*, 10, 1982, pp. 33-41.

(20) Lichtenstein, P., Gats, M., Berg, S., "A twin study of mortality after spousal bereavement", *Psychol. Med.*, 28, 1998, pp. 635-643.

Manor, O., Eisenbach, Z., "Mortality against spousal loss: are there socio-demographic differences?", *Psychol. Med.*, 56, 2003, pp. 405-413.

(21) Thompson, L. W., Breckenridge, J. N., Gallagher, D., Peterson, J. A., "Effects of bereavement on self-perception of physical health in elderly widows and widowers", *J. Gerontol.*, 39, 1984, pp. 309-314.

Prigerson, H., Silverman, G. K., Jacobs, S., Maciejewski, P., Kasl, S. V., Rosenheck, R., "Traumatic grief, disability and the underutilization of health services: a preliminary look", *Prim. Psychiatry*, 8, 2001, pp. 61-69.

(22) Zisook, S. & Shuchter, S. R., "Depression through the first year after the death of a spouse", *Am. J. Psychiatry*,

148, 1991, pp. 1346-1352.

(23) Erlangsen, A., Jeune, B., Bille-Brahe, U., Vaupel, J. W., "Loss of partner and suicide risks among oldest old: a population-based register study", *Age and Ageing*, 33, 2004, pp. 378-383.

Kaprio, J., Koskenvuo, M., Rita, H., "Mortality after bereavement: a prospective study of 95647 widowed persons", *Am. J. Public Health*, 77, 1987, pp. 283-287.

Li, G., "The interaction effect of bereavement and sex on the risk of suicide in the elderly: an historical cohort study", *Soc. Sci. Med.*, 40, 1995, pp. 825-828.

(24) Chochinov, H., Holland, J. C., "Bereavement: a special issue in Oncology", in Holland, J. C., Rowland, J. H. (eds.), *Handbook of Psychooncology: Psychological care of the patient with cancer*, Oxford University Press, London, 1989, pp. 612-627.（J・C・ホーランド、J・H・ローランド編『サイコオンコロジー――がん患者のための総合医療』河野博臣ほか監訳、メディサイエンス社、一九九三）

(25) Shneidman, E. S., "Postvention and the survivor-victim", in Shneidman, E. S. (ed.), *Deaths of Man*, Jason Aronson, New York, 1983, pp. 33-41.

(26) Zisook, S. & Downs, N.S., "Death, dying, and bereavement", in Kaplan, H. I. & Sadock, B. J. (eds.) *Comprehensive textbook of psychiatry*, 6th edition, Williams & Wilkins, Philadelphia, 1995, pp. 1963-1981.

(27) Lindemann、前掲論文、注（18）。

(28) Zisook & Downs、前掲論文、注（26）。

(29) Reynolds, C. F. 3rd, Miller, M. D., Pasternak, R. E., et al., "Treatment of bereavement-related major depressive episodes in later life: a controlled study of acute and continuation treatment with nortriptyline and interpersonal psychotherapy", *Am. J. Psychiatry*, 156, 1999, pp. 202-208.

(30) 天沼香『「頑張り」の構造――日本人の行動原理』吉川弘文館、東京、一九八七年

(31) 大西、前掲書、注（2）。

がん患者を親にもつ子どもへの病状説明と予期悲嘆

小島ひで子

一　はじめに

現在わが国におけるがん死亡率は、死亡数一〇万四五六一人中二八・一％（平成十九年）であり、子育て世代である四〇歳以上では第一位を占めている[1]。またがん患者への病名告知率（平成十九年）は平均で六五・七％、余命告知率は二九・九％にとどまっているのが現状である[2]。

そのような状況下で、がん患者を親にもつ子どもへの病状説明は、まだ十分には行われていないといえるだろう。がん告知を受けた患者および配偶者は、子どもへの病状説明についてどのように考え、どのように対応しているのだろうか。親の病状説明を受けていない子どもは、どのような思いを抱いているのだろうか。筆者は、医療現場でグリーフケアの活動をしている中で患者である母親から子どもに自分の病状をどのように説明するべきかという相談を受けることがある。そこで、患者の親子とのかかわりを通し、がん患者が子どもに病状をどのように説明するべきかについて検討したいと考えた。本文での予期悲嘆とは「子どもが親の喪失に気づき悲しみはじめること」とする。

二　子どもへの親の病状説明についての研究と現状

(1) がん患者の子どもの思い

親ががんになったとき、子どもはどのような思いを抱くのだろうか。彼らの思いと、その要因について文献に基づき検討をする。欧米では、親ががんについて子どもに話す傾向があり、子どもがどう受け止めたのか、その反応についての研究が数多く行われている。

フィッサー（Visser）[3]は、「親ががんになったとき、子どもにストレス反応が生じやすい状況要因として、ひとり親、一人っ子、長男長女など年長児などの家族背景や親の身体機能低下や精神的苦悩が生じたとき、治療による副作用が増強したとき」を挙げている。ビレンバウム（Birenbaum）[4]は、「がん患者を親にもつ学童期の子どもは、問題行動を生じる危険性が高く、その中でも六〜一〇歳の子どもたちの割合が高い。看護師は、がん患者の親と子どもとの関係をアセスメントし、適切な対応ができるようにかかわる必要がある」という。さらにホイジンガ（Huizinga）ほか[5]は、がんと診断後一〜五年の親をもつ子どものストレス反応を明らかにすることを目的とし、一六九家族の一一〜一八歳の思春期二二〇名、一九〜二三歳の青年前期六四名を対象に、情緒反応および行動について調査した。その結果、「男子の二一%、女子の三二%に臨床的ストレス反応を見いだした。とくに再発し悩んでいる親をもつ女子は、親の病気初発時と比較するとストレス反応が強く、また女子は男子より危機に陥りやすく、抑圧する傾向が生じる」と述べている。フィッサーほか[6]も、がん患者の子どもの情緒的反応や行動上の問題を親ががんと診断された一八六家族を対象に調査した。その結果、「年齢および性別因子が影響し、とくに思春期女子等が、情緒的問題が生じる危険性がある」という結果を見いだした。

以上の調査によれば、がん患者の親をもつ子どもたちには、情緒的反応や行動上の問題が生じていることがわかる。その要因として、年齢や性別、家族背景によって異なるが、多くの子どもたちに、親の病状に伴う身体的精神的苦痛が生じることが明らかになった。とくに性別では、男子と比較し女子、その中でもとくに思春期女子の情緒的問題の危険性が高いという結果が得られており、医療従事者、看護師などが子どもたちにかかわっていく上で、重要な知見であると考える。

またオズボーン(Osborn)(7)は、「がん初期にある親をもつ子どもたちへの影響について調査したが、「対象群と比較し、子どもたちの心理社会的問題は非常に高くはなかったが、内在化する危険性を見いだし、その中でも思春期女子が非常にマイナスな影響を受けていた。家族要因としては、とくに家族間コミュニケーションが、子どもの心理社会的機能に影響し、専門家としての介入が必要である」と報告している。ウェルチ(Welch)(8)は、がんと診断されてから一〇週間~四ヵ月後の患者である親とその子どもたち七六家族に対し調査した結果、「子どもたちは、さまざまな精神的苦痛を抱き、思春期女子は、より強い苦痛を表現したにもかかわらず、両親は子どもたちの思いに気づいていなかった。これらの結果から医療従事者が、そのような状況にある子どもの思いに気づき、認め対応することが必要だろう」と述べていた。シーゲル(Siegel)(9)は、ターミナル患者の学童期の子どもたち六二人を対象に、心理社会的適応について研究し、「その結果、対象の子どもたちには、高い抑うつと不安、自尊心の低下がみられ、親は、子どもの問題行動の増加および社会適応能力の低下を懸念していること」を報告した。

日本における同様の調査研究はまだ緒についたばかりである。日本では親からの病状説明はほとんどなされていない。筆者の研究(10)では、親が発病一年経過後、病名・病状説明を受けていない幼児後期の対象者が、抑うつや問題行動など同様の反応を示すことが明らかになった。それとともに、筆者との遊びのかかわりの中で、親の病状に伴い生じる日常生活や親のボディ・イメージの変化によって、予期悲嘆を抱きながら徐々に受け止めていく過程が見いだされた。つまり、徐々に母の喪失のイメージを抱き、その思いを表現し受け止めていく様子が見いだされた。

以上のことから、がん患者の親が初期から、その子どもたちは心理社会的問題を内在化する傾向があることがわかる。親のターミナル期には、子どもはより高い抑うつや不安反応、問題行動などの増加、社会適応能力の低下をきたすことが示された。さらに、病状説明を受けていない幼児後期の子どもでも、さまざまな親の病状に伴って生じる変化に反応し影響を受け、予期悲嘆の思いを表現することが明らかになった。しかし、子どもが強い精神的苦痛を表現していても、両親（患者およびその配偶者）はその思いに気づいていないという結果も出ている。これらの状況での家族間のオープンなコミュニケーションは非常に重要である。

子どもたちへの親の病状説明が一般化されていない日本の現状では、子どもたちはさまざまな予期悲嘆の思いを抱き、心理社会的問題行動を生じる可能性がある。医療関係者はこのことを念頭に置き、必要に応じて介入することが重要であろう。

それでは、そのような状況の子どもたちへの病状説明はどのようにすべきか、それについて以下に検討する。

(2) 子どもへの親の病状説明の現状

現在、日本では、がん患者への病名告知率は平均約七〇%、余命告知率は約三〇%にすぎない。そのような中で、医療従事者が、患者の子どもに親の病名・病状などについて説明することは、一般的ではなくタブー視される傾向がある。筆者が一般病棟医に実施した子どもに対する親の病状説明に関する面接調査では、[11]多くの医師はがん患者の子どもに対する病状説明は重要であると考えていたが、医療機関で子どもに安心して病状説明が可能な環境整備が不十分であること、過酷な労働条件で説明する時間を確保することの困難さ、子どもの死の概念や悲嘆プロセスに関する知識の不十分さなどの理由で、実践していないのが現状であった。

また親の問題として、死のタブー化という問題もある。現代は、死についてタブー視する社会とたびたび指摘される。反面、メディアにおいて死が頻繁に話題になり、死はタブーから解放されたとする見方もなされている。しかしそれに対し澤井[12]は「死のタブー化という認識の実質は、死にゆく者であれ、死別した者であれ、あるいは遺体に対してであれ、死を身に帯びた者との「関係」、すなわち死を身に帯びた者に身体的に近づき、精神的にかかわることに対する忌避の傾向の存在という点であり、それからは解放されていない」という。「まして子どもは、死から遠ざけたい」という大人の思いが強いのではないだろうか。日本においては文化的に死をタブー視する傾向が存在しているという背景があるだろう。[13]あえて死について語り親の病状を説明することは、子どもにつらい思いを抱かすことになる等の思いとともに、病状説明をする大人自身が、死への強い恐怖を感じ、子どもに心的外傷を与えてしまうのではないかと不安を抱き、否認という心の働きを作動させるといわれている。[14]このことについて、ベッカー（Becker）[15]は、死を恐怖し、それゆえそれを否定しようとすることは、人間の心理の普遍的特質であるとともに、人間のあらゆる活動の原動力は、自らの死を否定することであり、死を意識下に押し込めようとする営みであると述べている。

あしなが育英会の子どもの手記[16]に、「親の病状説明を受けず、親が亡くなった結果、『亡くなる前に病状を知っておきたかった』『何かもっとできたのではないか』」などの子どもの意見がみられる。亡くなった親への何もできなかったことへの後悔、無力感などが表現されている。さらに筆者の研究[17]でも、親の終末期の状況を亡くなる一ヵ月前に知らされたケースで、思春期の対象者が、親への罪悪感・後悔等を抱き、面会にも行けず、死後もその思いが持続していた。

バーンズ（Barnes）[18]は乳がん患者が診断病気の治療など病状説明について、タイミング、伝える情報の選択基準、専門家からの有効で適切な支援とは何かについて、ステージ1～2の乳がん患者三二人に半構成面接をした。その結果、「ほとんどの母親は、確定診断後、子どもに病名は出さずに話し始めたところ、子どもの質問、とくに死に関する質問への返答が難しいと述べている。母親は、主治医と病気や治療について、コミュニケーションが良好な場合でさえ、子どもへの病状説明を依頼することは少なかった。多くの患者は、医療従事者に対し、子どもの発達段階や現在の心理社会的状況を理解し、子どもの理解しやすい言葉で病状など専門的内容について説明することを望んでいた」という。筆者は、親の病名告知や親の死の可能性そのものを子どもに知らせることを推奨しているのではない。親が病気であるという状況を、子どもの発達段階に応じて説明し、家族間で情報共有し、その事実を受け止め、かかわっていくことが大切であると考える。その状況から、子どもを排除してほしくないという思いもある。

病状説明の際に、その家族の状況を把握している専門家が、身近に存在することが望ましいだろう。子どもが死の概念や悲嘆プロセスなど理解していることが重要である。

堂園[19]は、病状説明について次のような報告をしている。「クリニックで子どもへの親の病状説明に関し、可能な限り家族全員および、幼い子どもには理解できる言葉を使い説明している。子どもは気づいているが、聞くとしかられるのではと思い、親の病気について聞き出せない。その一方で、排除されていると感じ、亡くなった後なぜ知らせてくれなかったのかと心に傷を負い、大人への不信感を持ってしまうこともある。その際、絵本等を使用し、肉体的な死を説明しながら、精神的にはいつまでもつながっていることを理解してもらう努力をしているが、カウンセラーの役割が非常に大きい。病気の親の状況に対する子どもの質問に対し、子どもの人権を認め、誠実に受け止める姿勢でかかわっている」。やはりこのようなかかわりが、死別後を踏まえ、子どものグリーフケアの一歩になるのだろう。

さらに小澤[20]は、親ががんであるときの子どもへの病状説明の必要性について述べ、「子どもが適切な説明を受けない場合、子どもの中で否定的な病気のイメージを拡大し、とくに幼児期など、自分が悪い子だったからと考え、我慢し苦しんでいる。その誰にも言えない苦しさの中で耐える子どもの思いに気がつくことが必要である」という。

現在、全米がん協会（American Cancer Society）では、「When You Don't Know What to Say…」などの小冊子を作成し、親が子どもへ病状説明することを支援している。さらに、アン・コールドリック（Ann Couldrick）[21]の、親ががんになったときに子どもに対しどのように説明していったらよいかなどのガイド絵本などが翻訳され紹介されている。

わが国では、親ががん告知を受けた場合、子どもたちに親の病状説明をすることは、医療従事者の意識も含め、まだ一般的ではないのが現状である。筆者は、患者自身である親、子どもの状況を踏まえ、親が子どもの予期悲嘆や発達段階に応じた病状説明をできるように支援していくことが今後望ましいと考える。

以下にがん患者Aさんの子どもBちゃんへの病状説明の事例を通し、子どもが親の病状をどのようにとらえ、予期悲嘆を抱いているか、どのように対応したらよいのか、病状説明することへの意味について検討する。

この事例を報告するにあたり、筆者は、個人情報の漏えいなどによる人権侵害が起こらないように、調査対象者を匿名化した。Aさんに、口頭で説明し紙面にて同意を得た。さらにBちゃんの文書および絵を掲載するにあたり未成年のためAさんから同意を得、Bちゃん自身に、理解しやすい言葉で説明し了承を得ていることもお断りしておきたい。

三 事例

(1) 事例紹介

Aさんは、四〇代前半、消化器悪性疾患にて、三回の手術、化学療法、放射線療法を繰り返し、四年目を迎えた。家族は、会社員の夫、小学校中学年のBちゃんと三人暮らしである。夫は、仕事のため毎日帰宅時間は遅いが協力的であり、休日は、Bちゃんの習い事や遊びなどのために時間調整をしている。Bちゃんは、ピアノとバレエが大好きな女子である。Aさんの実家は遠方のため、地域の友人たちが手助けをしている。Aさんの病状を理解し、入院・外来治療時に、Bちゃんの習い事の送迎、食事等、日常生活について支援している。

(2) 子どもに対する親の病状説明

1 患者である母からの病状説明と子どもの予期悲嘆

Aさんは、三回目の手術後、再発し人工肛門造設術を受け、人工肛門（以下ストマと記す）で、排泄管理をしている（2008/1）。筆者は、Aさんから、「その事実を、Bちゃんに話したほうがよいか、話すとしたらどのタイミングで、説明したらよいか」について相談を受けた（2008/2/27）。筆者は、大学教員であり、子どものグリーフケアに関する研究および実践をしており、Aさんの二回目手術・抗がん剤治療開始後（2005）から、Bちゃんの予期悲嘆へのケアとして看護介入をしている。

はじめに、Aさんが「子どもへの病状説明」を考えるにいたったのは、以下のような経緯からである。

① Bちゃんに、死をイメージする「がん」という病名は知らせたくないが、共に日常生活をする上で、Aさん自身がストマケアを秘密にしながら過ごすことが非常につらい。

② 病状説明をしない場合、今までBちゃんと共にしていたこと——たとえば、お風呂に一緒に入る、長時間一緒に外出する、授業参観など学校生活への参加など——が困難となり、Bちゃんが次第に不安な思いを表出しはじめ、今後増強する可能性が高い。

筆者は「がん患者の子どもの予期悲嘆へのグリーフケア」をする看護師および研究者の立場としてかかわり、研究[22]をすすめた。Aさんが四年前手術後抗がん剤治療を開始してから、Bちゃんとは、遊びによるかかわりをもった。「遊び」とは、子どもが気持ちを表現しやすい方法、たとえばお絵かき、紙芝居、ドールハウス、キワニスドールなどであり、子どもの好みに合わせて工夫した。Bちゃんは、母の病状変化に伴い生じる日常生活および今まで抱いていた母のイメージの変化から、徐々に母親の喪失を予感しはじめた。そして、遊びによるかかわりの中でBちゃんは予期悲嘆を抱くとともに、現実と喪失の世界を結びつけ表現できるようになった。母を喪失するかもしれないというつらい思いを抱く半面、自分は健康に成長していきたいという両方の思いを抱いていることが認識された。

以下の引用部分は、患者である母との面接での聞き取り、および、研究者と会っていない間の子どもの様子を母に観察し記述してもらっているノート、子ども自身が遊びの中で表現している反応および、絵などの内容からである。

2　母からの手術・入院への説明

Aさんは、三回目の手術決定後、自らBちゃんに手術のために入院することを説明した。ただし人工肛門に関しては話していない。その際、Bちゃんは以下のような反応を示した。

Bに手術について話したら、イヤダーって大泣きでした。「早くなおしてくださいって神様にお祈りしているのに、全然なおらない。手術したあと、心臓がもたなくて死んじゃったらどうするの？　Bも病院にとまる……」。前回より成長しているかと思えば、いやな記憶・知識も増えて。（Aさんのノート　2007/12/27）

Aさんは Bちゃんが幼児後期のとき、治療の副作用による身体的精神的苦痛が強く、そのつらさをBちゃんに向けていた時もあったという。しかし、その後治療中止とともにAさんの症状は軽減し、在宅で家族と共に過ごし外来通院をしていた。そこで母の病状説明もないため、Bちゃんは、客観的に、以前より母の身体的苦痛も軽減したことから、回復願望を強く抱き、母の手伝いをしたりして過ごしていたようだ。そのような生活をしている中で、三回目の手術・入院について母から説明を受けた。Bちゃんは、二回目の手術終了時、母に声をかけたが覚醒せず、「死んじゃったかと思った」こと、待合室で誰とも話さず寂しかったことなどを筆者に話し、死への恐怖・孤独感・寂しさなどの思いがみられた。Bちゃんは母親の第三回目の手術についての説明によって、死への恐怖とともに、何が起こるかわからないという不安など、葛藤を抱いたのかもしれない。以下に示した入院後の母の話からも、それは継続していた様子がうかがえる。

入院しました。Bはあっけらかんとしていると思えば、ママがいないとがんばれないって、ぐずぐず言ったり。（Aさん　2008/1/7）

3　手術後のAさんの思いとBちゃんの予期悲嘆

Aさんは人工肛門造設術を受け、約一ヵ月間の入院生活を経て帰宅した（2008/2/2）。激しい創痛を伴いながら、食事や排泄調整を進めている状況である。さらに、再発や今後の治療法がないことへの不安、体力低下や人工肛門造設による行動制限・介護用品を使用せざるをえないつらさなどの思いを抱えていた。以下はAさんとの会話の記述である。

「授業参観もあったけど、教室がシーンとしているときに、ストマから腸蠕動《ぜんどう》の音が鳴るのではないかと心配で、行けない。行動がとても制限され、それがつらい」。

「手術をした時、主治医がびっくりしていた。リンパにまで入っているとは思わなかったと。今回子宮も全部取って、リンパに転移していたから、今後どこに出てくるかわからない。今後治療法がないから。どうしたらよいか」。

「残尿感があって。トイレも、一時間半おきくらいに行く。我慢できず、尿漏れパッドをして、介護用品のところで買うけど、この年齢で使うのは、とてもショックが大きい」。

Aさんの観察によると、退院後、Bちゃんは、母は三回も手術し、もう良くなったはずなのに、一緒に外出ができず、お風呂も一緒に入れない、授業参観も難しいなど、以前の日常生活ができないことへの疑問を抱いたようである。また、母の病気がどうなるのか不安が増し、母に質問を投げかけたようである。

［Bは］まだストマのことは知らない。だからお風呂も一緒に入っていない。どうして入れないのっていわれるけど。まだ主治医からいいよっていわれていないからって。Bは、お風呂に入る時に、一人で入るのが怖く、足のないおばあさんがいたのということがある。（Aさんのノート　2008/2/26）

4　Bちゃんとのかかわり

そこで、Aさん宅を訪問し（2008/3/6）、Bちゃんに風景構成方法で絵を描いてもらいながら話をした（図1）。これはBちゃんと幼児後期時からかかわっている「遊び」のうちの一つで、強制しているものではない。絵の解釈に関しては、臨床心理士のスーパーバイズを受けている。

絵の解釈　絵のアイテムの配置に問題はないが、人物、犬がやや小さい。家には窓、ドアがあり、本人と友人が描かれている。車はライトを照らしながら走り、左方向に走っている。背景は、筆圧が弱く煩雑である。自分の内的世界を見つめ、今の状況をどのようにしていったらよいか迷い、何とかしなくてはいけないと感じているとと

図１：Ｂちゃん（2008/3/6）

もに、余裕がなく現実に追われている様子がうかがえる。

Ｂちゃんは、母の入院中の様子を質問した筆者に、笑顔で以下のように話した。母に甘える様子はみられない。Ａさんは、土日は近くに一緒に出かけるが、排泄調整が難しく、遠出はしていない。


「お母さんが入院していたとき、面会室やお部屋でよくぬいぐるみに話をしていたの」

「さびしくなかったよ。おばあちゃんがご飯を作って、いろいろやってくれたから」

「ママはもう手術もしたし、げんきになるんだから」

「ママは、よくごろごろしている。お出かけもしない」

「今度ディズニーランドのお姫様祭りに、パパとお友達を連れていくの、ママはお留守番」

（Ｂちゃん　2008/3/6）

これらのBちゃんの絵と発言から、母親が入院中、孤独を感じていたが我慢していた様子、手術後の回復を信じ希望を抱いている様子、日常生活制限が以前と変わらないことへの疑問、怒りなどの思いが生じ、不安な思いを抱いていたことが推察された。そこで、筆者はBちゃんに、この時点でストマについて説明したほうがよいのではないかと判断し、Aさんと説明方法について話し合った。

父は治療にも協力的であり、土日は子どもとかかわることが多い。病状説明に関しては、母である患者の思いを尊重し、見守りの立場をとっている。

5　母からの病状説明

まず、Bちゃんの人体に対する理解度を把握し、対応することが効果的であると考え、説明上の留意点を提案した。

①　人の体に対する関心・理解度はどの程度かを把握すること。

子どもの身体への関心について質問をしたり、子ども自身が今抱いている人体のイメージを図式化してもらうという方法が考えられる。

小学校で人体について学ぶのは、三年生からである。Bちゃんは、身体のこと、たとえば「なぜ風邪のとき鼻汁や咳が出るのか」などや、性について関心を示しているという。

性の本を学校の図書館から借りてきて読んでいる。「セックスってなに」など質問してくるので、本をもとに、私［Aさん］が説明した。学校でも、胃や腸などのことも習ってきているし。どうしたらいいかしら。

（Aさんのノート　2008/2/26）

Bちゃんはこれまでのかかわりから絵を描くことが好きであり、抵抗感がないのではないかと考えた。そこで「体の中はどのようになっているか?」など絵に表現してもらうことを提案し、Aさんが実施することになった。

② 人体についての理解度を把握した上で、Bちゃんが表現した絵をもとに、「なぜストマを作ったのか」など病状について、Aさんから説明する。ただし、Aさんは「がん」は死をイメージするので、Bちゃんには不安を与えるだけになるのではないかと考えているため、病名は告げない。

③ Aさんが説明するとき、Bちゃんの質問に対しては嘘をつかないこと、即答が困難な場合は、新たに時間を設けて説明することをBちゃんと約束する。

④ 説明に際しては、夫に内容を話し、了解を得ておく。

図2：Bちゃんの身体イメージ
(2008/5/25)

以上の内容を踏まえ、Aさんは、説明する決断がつき、実施したとの連絡を受けた（2008/5/25）。その説明時に、Bちゃんが描いた人体内部のイメージを、図2に示す。

説明前のBちゃんの身体イメージは不十分であるが、消化器系を中心に描いていた。病名は伝えていないが、「おなかが痛い」「おなかの手術をする」など腹部症状を訴えていたため、人体の消化器系に関心をもち、図2のように描いたのかもしれない。その絵をもとに、ストマの位置および造設の理由、実際のストマを見せ説明したという。その時Bちゃんは納得し、驚く様子もなく、一緒に排泄物の入る袋（以下パウチと記す）の交換もしている。Aさんは、Bちゃんが気持ち悪がるのではないかと考えていたが、Bちゃんの反応をみて安心し、ストマケアを秘密にしないでも実施できるようになり、精神的な負担が軽減したとのことだった。

6　母からの病状説明後――Bちゃんの予期悲嘆の増強

病状説明後、約三週間経過したころ（2008/6）、Aさんから、Bちゃんの不安が増強し、病状を理解していない言動がみられると相談があった。

Bちゃんは以下のような思いを抱き、混迷している様子がうかがえた。

① ストマは理解しているが、造設理由について病気との関係で説明していないため、納得していない様子。

② 母子関係が強いためか、母と自分を同一視し、Bちゃん自身にも感染し、同じ病気や症状が生じるかもしれないなど将来への不安はある。それでも、母の症状について心配し一緒にいたいという思いがある。

③ 健康な母親像と異なるため、友人に知られたくないが、その反面、母を守りたいという強い思い。

先週末ころから腹痛訴えて、「Bは、悪い病気って言われるのも怖い……でも、先生に診てもらおうかな。親子だし、ママとずっと一緒にいる自分に袋付けたり、おなかが痛いのがうつるのはいや。でも一緒にいたいし。友だちにママのことがばれるのもいや。でもばれたらうつらないよってBが話す。二年の時、友だちから『ママ入院しているんでしょ』といわれて悔しかった。学校で体操着の着替えの時に、そーっと体操着をまく

り、ストマができていないか見てみるの」とBちゃんが話している。（Aさん　2008/6/12）

感染については、母から説明したが、気持ちは変わらない様子であるという。再度、Bちゃんの不安な思いを軽減する方法を考える必要があることを話し合い、医師から、専門的視点を交えて、Bちゃんの理解度に合わせて説明してもらうことについて提案した。

7　医師からの病状説明

(1)　病状説明への準備

Aさんから、Bちゃんと面識のある主治医から、現在抱いている不安について説明してもらうことを考えていると相談を受けた（2008/6/20）。予定は、主治医の予定として七月三十日ごろであるという。それを実施するにあたり、重要なことは、Bちゃんの思いを優先し確認することである、と考え以下のことを提案した。

① Bちゃん自身、説明をしてほしいのかどうかについて確認する。
② 説明を希望する場合、Bちゃんが何を聞きたいのかを明確にする。
③ Aさん自身、医師から何を説明してほしいか、何を避けてほしいかを事前に調整する。
④ Bちゃんが、緊張せずリラックスできる環境を調整する。
⑤ Bちゃんが理解しやすい方法は何かを検討する。
⑥ 説明終了後、本人の理解度および思いの確認をする。

①②に関しては、Bちゃんに話をすると、「ぜひ聞きたい」とのことであった。そこで質問内容を、Bちゃんに、ノートに書くように話した。Bちゃんは下記の九項目を記載し、説明に臨んだ。

「ママのおなかはどうなっているのですか」

「四回目のしゅじゅつはするのですか」

「なんでママはずっと入院しているのですか」

「どうしてふくろ［ストマのパウチ］をつけているのですか」

「ママがつけているふくろは、死んじゃうまでつけているのですか」

「ママが今つけているふくろは、うつるのですか」

「ママはふくろをつけたから、もう赤ちゃんは生まれないのですか」

「てんてきはどうしてやるのですか」

「てんてきをおわった時、なんでママはグロッキーなのですか？　いつも私が動かなくてはいけないのですけど」（Bちゃんのノート　2008/7/28）

③の説明内容については、死をイメージしないように、Aさんから主治医に病名は避けて病状説明することを依頼した。
④については、Aさんは、次回の外来時に、主治医と話し合い、外来では時間確保が難しいため、入院中、Bち

ゃんがリラックスし、緊張が緩和できるような環境として病棟の一室で実施することになった。

⑤については、Bちゃんが、体内の様子について、十分理解していないことがわかったため、キワニスドール[23]を使用し、医師から体内の臓器の説明を図式化してもらうこと、Bちゃんの質問に対し、Bちゃんが準備したノートに記載してもらうことをAさんから依頼した。

また、Bちゃんのノートには、医師に対する母の病気への思いが語られていた。母と一緒にいることができない寂しさ・孤独感、病気の母の体調が悪い時、その思いをBちゃん自身が受け止めなくてはいけないつらさ、近い将来自分も病気になり母と同じになるかもしれない不安など、母のことだけでなく、自分自身の将来への予期悲嘆を抱いていることが読みとれる。医師に何とかしてほしいというBちゃんの強い叫びも記されている。さらに周囲に負担をかけていることも自覚している。支援する側は子どもでもこのような理解と思いを抱く能力をもっていることを認識しておくことが大切になるだろう。

はやくママの病気を治して下さい。近所の人に迷惑をかけるのがいやだ。ママが入院しているときは、学校から帰ったときママがいないからくやしい。Bはママみたいにいっぱい病院に通うのがいやだ。たまに入院する前の日にしかいっしょにお出かけできないし。ずっとパパと一緒よりママと一緒の方がいい。ちょうしがわるい時は、何もしゃべらないか、おこるだけだし……。ほんと病気をもってるママがいやだ。おばあちゃんも入院してたっていってたから、Bがおおきくなったら入院するかもって思う（Bちゃんのノート2008/7/28）

図３：Ｂちゃん（2008/8/9）

⑵　病状説明の実際とその後の子どもの思い

説明当日（2008/7/30）、説明時間前に、筆者はＡさんの病室でＢちゃんと話をし、リラックスできるようにした。また説明時も、緊張の緩和を心がけ、Ａさんとともに同席した。Ｂちゃんは主治医より約三十分、キワニスドールや絵を描きながら説明を受け、真剣に医師の顔を見、うなずきながら話を聞いていた。終了後笑顔で、「よくわかったよ。ノートにかいてもらったから」と大事そうに、ノートを持っていた。

⑥については、筆者はＢちゃんが医師の説明をどのように理解したのか、それ以後のＢちゃんの思いはどうか確認することが大切であると考えた。Ａさんの退院後、Ｂちゃんの理解度を確認するため、Ａさん宅を訪問した（2008/8/11）。Ｂちゃんは筆者を待っていた様子であり、描いた絵（図３）を見せてくれた。

絵の解釈　図１より、筆圧が強い。山は家族の内的イメージを表現していると解釈できる。だが、山の中央に穴があきトンネルから、川が左方向に流れている。両親とBちゃんの家が対岸に配置され橋もなく、Bちゃんは一人で生活し、釣りをしている。自然の力で、自分では逆らえない何かが起き、自立せざるをえないことを示している。その中でも、自ら活動し獲得して生きていこうという積極的思いが感じられる。トンネル奥には、鍵の付いた宝箱が置かれているが、ピアニストになる夢・希望を表しているのではないだろうか。

さらに、母の「おなかの様子」を描いた。（図4）

図4：母とBちゃんのおなかの様子（2008/8/11）

母と比較し、B自身は、健康な体の中央に消化器系が描かれている。図2と比較するとより正確に描かれ、身体イメージが変化している。母のストマやパウチの様子を、「うんちの出る場所がなんでとまったの？　ママは大事なところが病気になったの、おなかに袋をつけています」と書き、筆者にその絵の説明をした。Aさんによれば、Bちゃんは医師に説明時に書いてもらったノートは「宝物」といって、大事にしているという。Aさんは、医師が子どもに確認しながら説明し、誠実に対応してくれたことで、Bちゃんも納得したのではないかという。その後不安の表出はみられなくなった。

この事例でのかかわりを通し、親が病気になったときの子どもの思いとともに、子どもへの親の病状説明について、考察する。

四　考　察

がん患者の子どもへの病状説明

本事例は、患者である母から子どもへの病状説明後、子どもの予期悲嘆が増強し、再度医師から病状説明をした結果、予期悲嘆から生じる不安症状が軽減したという例である。本事例を通し、子どもへの病状説明に関して、検討すべき課題が浮かび上がってきた。どの時期が適切か、誰が実施するのか、伝える内容基準は何か、その後の子どもの思いをどのように確認するのかなどである。実施するにあたり、その前提として、患者、その子ども、医療従事者とがオープンなコミュニケーションをとることの重要性が認識できた。さらに、子どもへの適切な病状説明は、子どもの予期悲嘆へのケアにとともに、闘病生活を送っている患者および家族へのQOL向上につながっていると考える。とくにAさんの場合、Bちゃんへの思いが強く、生きている間に、子どもにできるだけのことをしたいという思い、子どもを残していかざるをえない苦悩、生きることの意味ついての問いがあった。筆者はAさんに傾聴するかかわりをしながら試行錯誤しながら病状説明の課題を考えさせられてきた。

この事例をもとに、入院するがん患者が子どもへの病状説明をする場合、医療関係者がどのような支援をするかについて考察する。

第一は、がん患者の入院時、もしくはかかわる際に、家族の状況をアセスメントすることである。その際に親ががんにかかったときの子どものリスク要因を十分に考慮する必要がある。ひとり親、一人っ子、年長児であることなどの家族背景や、親の身体機能低下や精神的苦悩が生じたとき、治療の副作用が増強したとき、とくに六〜一〇歳に問題行動の危険性が高いこと、女子、とくに再発し苦悩する親をもつ女子にストレスと抑圧する傾向が生じ危機に陥りやすいことなどを把握しておくことが非常に重要である。[24] Bちゃんは、上記のリスク要因をもっていた。さらに親のがん初期時から終末期に向けて予期悲嘆に伴う心理社会的反応が増強するといわれている。[25] そのため、初期の段階からの子どもへの支援が重要であると考える。ただし、がん患者は、成人看護師が看護しており、その家族の子どもの状況をアセスメントして対応することは難しいだろう。

がん患者の子どもへの専門的医療従事者の必要性

そこで多数のリスク要因をもつ子どもがいる家族の場合、看護領域を超えて対応できる流動的立場の小児看護師などの医療従事者が必要となる。専門的に子どもに関与することが望まれる。これらの人々が、子どもを含む家族と面接し、患者である親の状況に伴い生じる予期悲嘆を把握し、継続的に介入することが大切である。さらに医療チームの中で患者の病状等の情報を共有し、家族が必要としていることは何かを検討し、病状説明が必要なときには、時期、説明者の選択、説明内容など、患者や子どもを含めた家族とチーム医療の中で話し合いをしながら進めていくことが望ましいだろう。とくに、バーンズ[26]も述べているように、患者家族から子どもに説明する際、とくに死に関することを説明することは難しく、医療従事者からの子どもへの説明支援があることが望ましいだろう。さらに病状説明後の子どもの様子を把握し見守ることも重要な事柄である。

今回取り上げた事例では、筆者は小児看護師であるので、患者である親、医療従事者、子どもとかかわることができた。そして、オープンなコミュニケーションをとりながら病状説明をし、子どもの予期悲嘆に備えることができた。筆者は、現在、終末期患者の子どものグリーフケアシステム構築に向けての研究をしているが、このような視点も取り入れていこうと考えている。

また、親が不幸にも終末期を迎え、亡くなった場合、死を迎えるプロセスの中で医療従事者、家族、そして子どもとの誠実でオープンなコミュニケーション[27]が重要であると考える。

キューブラー・ロス（Kübler-Ross）は「幼いときに肯定的な別れを経験した子どもは肯定的な判断をし、否定的な経験をした子どもは否定的な判断をする」[28]と述べ、喪失前からの子どもへのケアの重要性を強調した。またボウルビィ（Bowlby）は、「親の喪失前に子どもが両親と適度に安定した関係性を築いておくことが喪失後の生き方に重要である」という。そのためにはがん告知後から、患者である親と子どもおよび家族間での良好な関係維持へのケア、予期悲嘆へのケアが重要になると考える。

Aさんは、今後病状悪化が予測されるため、現時点から患者であるAさん、Bちゃんとの良好なコミュニケーションを維持し悲嘆ケアをしていくことが大切であると考えている。

今回の事例は、患者自ら病状説明について肯定的であったが、現在、患者の子どもに親の病名・病状などについて説明することは、一般的ではなくタブー視される傾向がある。筆者の実施した一般病院医師の子どもに対する親の病状説明に関する面接調査[29]も、がん患者の子どもへの病状説明は重要であると考えていたが、物理的環境・過酷な労働条件での困難さ、子どもの死の概念や悲嘆プロセスに関する知識の不十分さなどの理由で、実践していないのが現状であった。しかし、堂園[30]や小澤[31]たちは、子どもに、親の病状説明を実施しており、その必要性をあげている。まず、実際に子どもの思いを把握することが第一歩である。子どもおよび家族のニーズがある場合、説明のメリット・デメリットなども家族や患者と話し合い、子どもの予期悲嘆にどのようにかかわっていくかを話し合っていくこと、説明後のフォローアップをしていくことが医療従事者に求められることだろう。

筆者は、実際の子どもとのかかわりの中での予期悲嘆の表出方法として、Bちゃんと遊びを用いたかかわり（絵やキワニスドールなど）を実施した。この遊びでのかかわりをワロン（Walloon）[32]は「会話だけではわからない、連想や意味や感情の生まれる場」としている。子どもたちが悲嘆や死に際して、言葉で語るのは非常に難しく、子どもが絵を描いて表現することは、内面を整理し内省化していくプロセスを支援する一つの方法であり、価値があるという洞察的価値、また、絵は、対話相手である読者を必要とし、研究者がその意味を読み取り、子どもの思いをとらえていくことで、子どもの思いが伝達されるという伝達的価値があり、表現方法として重要で効果的であることが再認識できた。絵の解釈に関しては専門家の指導を受け、臨床心理士との連携をとり、多職種の人々と情報を共有し、子どもに対応することがよいだろう。

そこで医療従事者に求められていることは、がん患者および子どもを含めた家族アセスメントをし、子どもの死の概念および悲嘆プロセス等について知識のある子どもの専門家を含め、チーム医療の中で情報共有し、かかわっていくことだろう。

以下に、患者である母および主治医の立場から、子どもへの病状説明に対する思いについて記載する。一部を抜粋した。

(1)　患者である母の立場から子どもへの病状説明への思い（Aさん）

病状を説明しようと思ったきっかけは、娘の言葉でした。「私が袋（ストーマ）、学校で体育の着替えのとき、皆に見られてしまう」。親子だし、いつも一緒にいる自分にうつるのではないかと心配していました。今回いつも一緒にいる娘に隠し、ストマでの日常生活を送ることは困難でした。そこで、アドバイスをいただき、私なりに娘に話してみることにしました。気持ち悪がるかと思いましたが、娘はテッシュを持ってきて、一緒に拭いてくれ、気持ちが楽になりました。しかし、娘に新たな不安を抱えさせることになってしまっていたとは思いもよらず、ショックでした。娘は、「おばあちゃんも入院したことがあるから、ママも入院した。だから、私もいつか入院する」と考えていました。この先、私の状態が目に見えて悪くなったとき、たくさんの不安を抱えることになるでしょう。そして、私がいなくなった後、抱えきれない不安や悲しみの中、自分の死をいつも考えることになるかと思うと、娘のために苦しい治療も頑張って続けてきた私は、いたたまれない気持ちで一杯でした。私がいなくなった後の娘のことばかり考えながら、日常を送ってきたからです。娘の不安を取り除くためには、医師からの言葉が、より納得できるのではないかと思いました。しかし、聞くことによって、より病気を考えることになり、親の死をイメージしてしまうのではないかという心配もありました。日々の経過でわかってくるとしても、今はまだ死をイメージしないよう、言葉に気をつけ、統一してもらうように医師とも打ち合わせを行い、時間の調節しやすい夏休みに話をしていただくことにしました。先生は、ゆっくり丁寧にわかりやすく話してくださり、娘も一生懸命聞いてくれました。「ママの話より詳しくて、よくわかった」と言っており、娘の質問をまとめたノートに書いてもらった先生の返事を、大切にしまっていました。子どもの不安が少しでも取り除けたこと、これから出てくるいろいろな不安に対して、子どもからも話しやすいきっかけができたこと、主治医に治療をしている私の背景をより理解してもらえたこと、とてもよかったと思います。

(2)　主治医の立場から子どもへの病状説明への思い（C医師）

Aさんは、四〇代前半、大腸がんの診断で入院され、二〇〇五年二月に手術を施行しました。術中所見で後腹膜への浸潤が見られたことより、化学療法を施行していました。しかし、術後六ヵ月のCTで骨盤内再発が出現し、抗がん剤点滴静注による化学療法に変更、さらにその半年後に放射線治療施行し、その後も経口および点滴静注による化学療法を施行しました。副作用に耐えながら入退院を繰り返す日々を続け、何とか小康状態を保っていました。しかし、再発腫瘤は増大傾向となり、二〇〇八年一月に腹会陰式直腸切断術＋単純子宮全摘出術を施行、人工肛門を造設し、現在にいたるまでさらに追加の抗がん剤の投与を行っています。

初回手術時には就学前であった娘さんも、今回の手術時点では、小学生になっていました。はじめはお母さんがしばしば入院して寂しいという状態であったものが、次第に、なぜお母さんの病気は治らないのだろうと疑問に思うようになりました。そして、今回人工肛門を造設し、体表からも体の変化がわかるようになると、彼女の頭の中はわからないことだらけになりました。子どもにとっての病気は風邪のようにうつるものだという認識がありますから、いつかは自分もお腹に袋をつけて便を出さなければならなくなるのではないかとの不安が、生じるようになりました。彼女がどうしてお母さんの体がそうなったか、お母さんの病気は自分にもうつるのか等を訊いてみたいと言っていると患者さんから話があったときには、はじめは少し戸惑いました。われわれ医師は、患者本人や家族に説明するのは義務の一つで日常行っていることですが、小学生にがん患者である母親の病状説明をするなどは十七年間の外科医人生ではじめてだったからです。しかし、何より子どもだからこそ、これからのために間違った思いをもたないで、きちんとわかるように説明してあげなければいけないと思ったからです。患者さんが入院したときに、娘さんに来てもらって話をしました。私は実際の病名は伏せて、病気ができた場所のために肛門機能が残せなく人工肛門になったこと、入院を繰り返すのは予防のお薬を注射していて、その注射には三日間かかって大変疲れが出ること、お母さんの病気は風邪のようにうつる病気でないことを、彼女が持参した人形に絵を描いたり、ノートに書いたりして説明しました。

今回このケースで感じたことは、子どもも大人と同じように体の構造や病気に疑問をもち、さらには知識がないゆえに余計な不安をもってしまうこと、自活できない子どもならではの悩みのあることです。しかし、子どもが悩み不安に思っている姿をみるがん患者本人は、一層悩み、やがては精神的に落ち込み、治療に差し障りを生じることさえあります。核家族化、少子化の進んだ現在では、患者本人、その子どもともに相談する人も少なく、また乳がんなどは若年患者も増加しており、一層このようなケースが増加することが考えられます。もしまたこのようなケースがあれば、積極的なかかわりをもっていきたいと考えます。

まとめ

ここでは事例研究として、Bちゃんに対し、母への予期悲嘆などに応じて病状説明を進めていくことを紹介した。この実践介入を通し、親の病状の変化とともに子どもの予期悲嘆は変化し、その状況をアセスメントし、適切な病状説明をすることの重要性が、再認識できた。今後母の病状悪化が予想され、継続して介入させていただくことが想定される。

子どものグリーフケアは、家族を一単位とし、患者である親への告知時から始まり、死別後にかけて医療チームでかかわることが重要である。とくに適切な人的資源の配置、および多様な場所での情報提供および専門家の介入を考えたグリーフケアシステムの構築を筆者は検討している。

今回執筆するにあたりご協力いただきましたAさん、Bちゃん、主治医であるC医師に心から感謝いたします。

（追記　Aさんはその後病状が悪化し、二〇〇九年二月に永眠されました。ご冥福をお祈りいたします。）

注

（1）厚生労働省「国民衛生の動向　平成19年」。
（2）厚生労働省「延命中止手続き試案　平成19年」。
（3）Visser, Annemieke, "Parent Cancer Characteristics of Parents as Predictors for Child Functioning," *Cancer*, 106 (5), 2006, pp. 1178-87.
（4）Birenbaum, L. K., "School-Age Children's and Adolescents' Adjustment When a Parent Has Cancer", *Oncology Nursing Forum*, 26 (10), 1999, pp. 1639-1645.
（5）Huizinga, G. A., Visser, A., van der Graaf, Winette T. A., Hoekstra, H. J., Klip, Ed C., Pras, E., Hoekstra-Weebers, Josette E. H. M., "Stress response symptoms in adolescent and young adult children of parents diagnosed with cancer", *European Journal of Cancer*, 41 (2), 2005, pp. 288-295.
（6）Visser, A., Huizinga, G. A., Hoekstra, H. J., van der Graaf, W. T., Hoekstra-Weebers, J. E., "Parental cancer: characteristics of parents as predictors for child functioning", *Cancer*, 106 (5), 2006, pp. 1178-1187.

（7） Osborn, T., “The psychosocial impact of parental cancer on children and adolescents: a systematic review”, *Psychooncology*, 16 (2), 2007, pp. 101-26.
（8） Welch, A. S.,; Wadsworth, M. E., Compas, B. E., “Adjustment of children and adolescents to parental cancer. Parents’ and children’s perspectives”, *Cancer*, 77 (7), 1996, pp. 1409-1418.
（9） Siegel, K., “Psychosocial Adjustment of Children with a Terminally Ill Parent”, *Journal of the American Academy of Child and Adolescent Psychiatry*, 31 (2), 1992, pp. 327-333.
（10） 小島ひで子「親を喪失することへの子どもの予期悲嘆とグリーフケア」『日本臨床死生学会誌』12巻1号、二〇〇七年、九―一九頁。
（11） Kojima, Hideko, “Awareness of the Physician toward Grief-Care to children of Cancer Patients”, *The 13th Congress of the Asian College of Psychosomatic Medicine, 2008, Seoul*, p. 112.
（12） 澤井敦「「死のタブー化」再考」『社会学評論』53巻1号、二〇〇二年、一一八―一三四頁。
（13） 澤井敦『死と死別の社会学――社会理論からの接近』青弓社、二〇〇五年。
（14） ダナ・カストロ『あなたは、子どもに「死」を教えられますか？――空想の死と現実の死』金塚貞文訳、作品社、二〇〇二年。（Dana Castro, *La mort pour de faux et la mort pour de vrai*, Albin Michel.）
（15） アーネスト・ベッカー『死の拒絶』今防人訳、平凡社、一九八九年。（Ernest Becker, *The Denial of Death*, Free Press.）
（16） あしなが育英会編、副田義也監修『お父さんがいるって嘘ついた――ガン・闘病から死まで、遺族たちの心の叫び』廣済堂出版、一九九七年。
（17） 小島ひで子「子ども時代の親との死別後の悲嘆とソーシャルサポート」『日本臨床死生学会誌』9巻1号、二〇〇四年、一七―二四頁。
（18） Barnes, J., “Qualitative interview study of communication between parents and children about maternal breast cancer”, *British Medical Journal* (International edition), 321, 2000, pp. 479-482.

(19) 堂園晴彦「遺される子どものための絵本の処方箋」『ターミナルケア』12巻2号、二〇〇二年、一二八―一三〇頁。
(20) 小澤竹俊(2002)「小さな子どもへの説明：親ががんであるとき」『看護技術』48巻12号、二〇〇二年、一〇頁。
(21) Ann Couldrick『お父さん・お母さんががんになってしまったら』阿部まゆみ、田中しほ訳・編集、Pilar Press、二〇〇五年。(Couldrick, Ann, *When Your Mum or Dad Has Cancer*, Sobell Publications, 1991.)
(22) 小島、前掲論文、注(10)。
(23) 綿を詰めた白無地の人形で、小児科医が子どもに病気や治療の説明をする際に、子どもたちから恐怖心を取り除きつつ、診察や治療をスムースに進めるのに役立たせるものである。一九八八年ごろ南オーストラリアで使われ、日本では東京キワニスクラブが、二〇〇一年十月ボランティア活動として、一〇〇以上の病院に寄贈している。
(24) 前掲論文、注(3・4・5・6)。
(25) 前掲論文、注(7・8・9)。
(26) 前掲論文、注(18)。
(27) E・キューブラー・ロス『死後の真実』伊藤ちぐさ訳、日本教文社、1995一九九五年、一三九―一六二頁。(Kübler-Ross, E., *On Life after Death*, Celestial Arts.)
(28) J・ボウルビィ『母子関係の理論 Ⅲ対象喪失』黒田実郎、吉田恒子、横浜恵三子訳、第9版、岩崎学術出版社、二〇〇三年。(Bowlby, J., *Attachment and Loss, Vol.3 Loss: Sadness and Depression*, Hogarth Press, 1981.)
(29) 小島、前掲論文、注(11)。
(30) 堂園、前掲論文、注(19)。
(31) 小澤、前掲論文、注(20)。
(32) フィリップ・ワロン『子どもの絵の心理学入門』加藤義信、井川真由美訳、白水社、二〇〇六年、四七―九七頁。(Walloon, P., *Le dessin d'enfant*, Universitaires de France.)

闘病記とグリーフワーク
――遺族が書くことの意味――

門林　道子

一　問題の所在

一九九〇年代後半から、「患者中心の医療」を目指す動きの活発化とともに「闘病記」[1]への関心が高まった。「当事者から学ぶ」視点が強調され、医療従事者を目指す人たちの教育現場においても闘病記が用いられるようになっている。[2]さらには、二〇〇五年五月東京都立中央図書館に闘病記約一〇〇〇冊を集めた「闘病記文庫」が設立されたのを皮切りに、このような闘病記文庫や闘病記コーナーがある公立図書館や医学図書館は全国に広がった。[3]そこでは闘病記を通して病気や治療の情報を得たり、患者同士の支え合いが行われている。さらに、闘病記から病気との向き合い方・生き方の参考を得るなど、多くの人々に活用されている。

闘病記の出版も増加した。「闘病記」という特定のジャンルが存在しなかったために、[4]正確な数はとらえにくいが、毎年出版される闘病記は自費出版を中心に一五〇〜一七〇冊と推定される。[5]パソコンやワープロの普及は一般の人々にとっても出版を容易にした。その背景には一九八〇年代の自分史ブームや自費出版市場の拡大も見逃せない。

闘病記の書き手は、一九七〇年代までは凄絶ながん死を予防するための「がんの早期発見」の啓蒙の意味で医療従事者によるものも少なくなかった。しかし、現在では患者本人か家族によるものが大半を占める。

本稿では、患者の死後に遺族によって書かれた闘病記に注目する。闘病記を書き出版するという行為を通して「グリーフワーク」が行われていると考えられることを検証する。

「グリーフワーク」は、日本では「悲嘆の仕事」あるいは、「喪の作業」と訳されてきた。大切な人を「死別」というかたちで失った人間には、悲しみ、罪責感、孤独、不安、抑うつなどの悲嘆反応が生じる。グリーフワークは、「死別後に起こる死の否認の段階に始まって、愛する者の死を現実に受け容れていく過程」であり、悲哀の仕事（mourning work）とも表現される。(6) 悲嘆に陥った人が、その悲嘆を乗り越えていくまでの自らの努力ととらえることもできる。

遺族によって書かれ、出版された闘病記の諸相を取り上げることで、書かれた内容がどのようなものか、闘病記を書く行為が、書き手にとって意識無意識を問わず結果としてグリーフワークとなっていることを明らかにしたい。そこでは、トーマス・アティッグがいうように「喪失を崩壊した世界を『学び直す』プロセスはもとより、自己について『学び直す』プロセスを伴(7)」いながら、心理学者のロバート・A・ニーメヤーの指摘する(8)ような「意味の再構成」が行われているのではないか。すなわち喪失によってさまざまな課題を抱えた個人が闘病記を書くことで自分の意味体系を認識し直し、新しい世界を再構成していると考えることができる。そしてその「意味再構成」の内容が少なくとも六つに類別化されることについて本稿で触れていきたい。

二　グリーフワークと「闘病記」について

(1) 「グリーフワーク」について

「グリーフワーク」という言葉を最初に用いたのはフロイト（S. Freud）である。彼は、「悲嘆と憂うつ」と題する論文で、人生途上で遭遇するさまざまな喪失とそれに伴う悲嘆の関係に注目した。そして、愛着の対象となる人や物を喪失することを表現するのに、「対象喪失」という言葉を用いた。(9) フロイトによれば、悲嘆の目的は悲嘆する者（自己）と死者（対象）とのあいだにある絆を断ち切ることである。そのためには悲しんでいる者が多大な精神的エネルギーを投入する必要があると強調し、その作業を「グリーフワーク」と名づけた。

さらにフロイトは、治療においてもこのグリーフワークを重視した。喪失体験後に生ずる悲しみの感情から解放される過程が、その後の精神の治癒に大きな影響を及ぼすと考えたのである。悲しみに含まれる心理的プロセスを悲哀（mourning）という言葉で表したのもフロイトであった。このようなフロイトをはじめとする精神分析学者たちの考え方は、後の精神医学や心理学の治療法に大きな影響を与えた。

悲嘆の研究は、主として欧米の精神医学を中心に行われてきた。日本で出版される悲嘆に関する文献はその論拠を欧米の出版物に負うものが多い。アメリカの精神科医リンデマン（E. Lindeman）は、一九四四年のボストン郊外のナイトクラブで起こった火災事故の生存者たちの死別者たちに対する反応について研究し、(10) 急性悲嘆による心身症状を記録、人々の悲嘆反応に共通性がみられることをはじめて学問的に立証した。彼の研究によって正常な悲嘆反応と病的悲嘆反応が区別されるようになり、後者においては他者による援助の必要性が主張された。

わが国における悲嘆研究の第一人者、精神科医である平山正実は、「悲しみを乗り越えるためには主体性をもち、積極的に苦しみや悲嘆の体験を分析すると共にその心理状態を明らかにして悲しみと対決し、挑戦していくことが必要である」[11]と指摘している。

ウォーデン（J. W. Worden）は、「悲嘆の作業を成し遂げるためには四つの課題がある」と述べている。それは「一に喪失の事実を受容すること、二に悲嘆の苦痛を乗り越えること、三に死者のいない環境に慣れていくこと、四として死者に向けていたエネルギーを新たな関係に向け換える必要がある」[12]ことだという。彼によれば悲嘆完了の目安は死者を苦悩なく思い出せるようになったときである。

またレイク（N. Leick）とニールセン（M. D. Nielsen）による『癒しとしての痛み』[13]においても悲嘆作業について、同じような四つの課題が述べられている。それは、一に喪失を認める、二に悲嘆のさまざまな感情を解放する、三に新しい能力を身につける、四に感情のエネルギーを再投入することである。最初の三つが繰り返された後で、最後の課題として死者に最終的な別れが必要になってくると述べ、「最終的な別れが死者の思い出のすべてに別れを告げることではない」ことを強調した上で、「新しい関係に本当の意味で心が開けるようになるまでには、二年から三年かかるのが普通である」と指摘している。[14]

このように悲嘆作業、すなわちグリーフワークとは、故人の死を再確認し、追悼する作業である。そして、同時に遺されたものが、再生し、また新たな人生に向かって一歩を踏み出すための心理的成長の変容過程だといえる。

(2) 「二人称」の死

人は、それぞれの生涯で多くの死に出会う。自己の死は人生の最後に一度経験するのみであるが、他者の死は自己との関連においてさまざまなレヴェルで経験される。死を社会的行為の一つとしてみるなら、「人は他者との関連において死ぬ」[15]といえる。社会的行為とは、「ひとりあるいは二人以上の行為者の動機、意志、価値意識などが他者との行為と関係をもっており、その過程がこれに影響されるような行為」[16]である。社会学者の副田義也によると、自己の死にゆく行為は社会的行為としての死であり、他者とは「生き残る者であり、共に死ぬ者であり、あるいはすでに死んでいる者」[17]と規定される。

次男を自死で喪い、『犠牲（サクリファイス）――わが息子・脳死の11日』[18]を著したノンフィクション作家の柳田邦男によれば、死は「一人称の死」、「二人称の死」、そして「三人称の死」という三つの死に区別される。「一人称の死」とは「私」の死であり、「三人称の死」とは第三者の立場から冷静にみることができる死である。「三人称の死」によって人々はすぐに生活が一変することはない。問題になるのは「二人称の死」である。それは、配偶者や、両親、子ども、兄弟姉妹、恋人など身近な他者の死を意味する。人生を分かち合い共に生きた相手だけに、遺された者は多くの場合つらく悲しい試練に遭遇することになる。

病死の多くは家族を残しての死である。患者の死によって残された家族の社会的行為に注目する。もっとも悲しみが大きいとされる「二人称の死」を経験した人たちが書き手となる闘病記について、執筆し出版する時期をみていくと、半年から五年後、もっとも多いのは患者の死後二年から三年後である。[19]患者の死後に書かれる闘病記が執筆、出版される時期が二年から三年後というのは、前述した悲嘆研究の成果による「再生」の時期とおおむね重なる。この時期に「グリーフワーク」が行われていると考えられる。愛する人との死別から一定期間がたって、亡くなった人との人生を書くことに肯定的な意味を見いだすことは、自己の喪失感を癒す行為ともなる。

悲嘆研究で明らかにされた「新しい能力を身につけ、感情のエネルギーを再投入する」というのは、「世界を学び直す」ことを意味する。換言すれば、遺された人が故人なしに生きていくすべを見つけることであり、他者や故人との関係性を作り直し、自己と社会に対して新しいあり方を学び直すことである。次に、闘病記を書くことでこのような悲嘆作業が行われていることを論じたい。

三　遺族によって書かれた闘病記の諸相

(1)　余生のよすがに——「ありのままに生きる」

『パパごめんね——妻信子を看取って』を出版した河野通廣は、大腸がんで亡くなった妻に二年間付き添った。気がかりだった三人の息子が無事社会人になってほっとしたとたん、妻と共に闘った二年間を綴ろうと思った。それまでの六十年の人生の中でもっとも凝縮していたその期間を妻と自分との生きた証しとして書き残すことで、「余生のよすが」にしようとした。妻の死から四年が経過している。

「パパごめんね。ほんとうは、わたしが、パパの面倒をみてあげなければならなかったのに……。息子たちのことは、大変だろうけどお頼みします。パパは、やさしい人だったわ、ありがとう」。この言葉が、心の隅に染み込んで妻の死後も何とかもちこたえてきたのかもしれないという。

河野は、妻が五五歳で亡くなった後、「虚脱感が全身を襲い、目の前が真っ暗闇になってしまった」と述べている。

「なぜだ！　なぜわたしのこの愛しい伸子がこの若さで死ななければならないのだ。絶望と悔恨と怒り、罪責感、そして悲しみと寂しさ、それらがいっぺんにわたしの全身の隅々までしみ渡った。わたしの体の中にぽっかりと大きな空洞ができた。この伸子の死は、わたしの人生を百八十度変えてしまった。「わたしの人生は何だったんだろう？」と自問する日々が続いた[20]」。

河野は、著書の「結び」の部分で、「あるがままに生きること」を決意している。

また、須田壽子は、血液がんの専門医である夫を大腸がんで七カ月の闘病の末に失った後、『領巾振り日記――私たちの二百十八日』を約一年後に自費出版した。「いきいきと人生を楽しんでいた人が突然の病気に可能な限り抗い、そしてあのように粛々と死にしたがっていった哀れさに胸つかれる思いでいたが、ほぼ一年経って突然だった別れを振り返り、ささやかな記録にまとめてみようと思った」と述べている。そしてこの書を書くことが須田にとって喪失感を癒す作業となった。

(2) 病気の進行を克明に記録――社会の役に立ちたい

『いのちに限りが見えたとき――夫と「癌」を生きて[21]』の著者、星野周子は、闘病記を書いた動機を次のように述べている。「夫の病気を他言しないようにしてきたので、夫を中心にした親戚・知人・友人など関係者にいい意味での言い訳が必要だと思い、文章にするのがいちばんだと考え、いつかありのままを書きたいと思っていた」。

さらに「夫を失ってみて、あらためて私の中に占める彼の存在の大きさが私を打ちのめした。ぽっかり空いてしまった穴は何をもって埋めればいいのだろう。途方に暮れてしまったとき、そうだ、夫と生きた日々のことを書いてみよう。心の空白を、夫を悼み、追憶する文字で埋めてみようと思い立ったのである」と、著書の「まえがき」に書いている。星野が目的としたのは、病状や治療についての詳細を患者側の立場に立ってできるだけわかりやすい言葉で書くことであった。そしてその本が、同じ状況にある人々の励ましや支えになれば嬉しいと考えた。

星野は、いのちに限りが見えたとき、夫と「癌」を生きてきた六年間の日々の根底には、常に「クォリティ・オブ・ライフ」の考えがあったという。そしてそれは、病状が進むにしたがって、安楽死、尊厳死、終末期医療の問題へと展開した。

はじめのうちは、狭い範囲の読者を対象にしていたが、書いているうちに機会があれば夫の生きざま、死にざま、そばで見ていて感じたことを広く世の中の人に伝えたいと対象が広がった。また、自分自身が知りたいと思った事柄が従来の闘病記に書かれていないなかったことから、自らが知り得た事柄を伝えたいと思うようになった。星野の夫は医師で、病状の詳細を妻に説明していたことから、症状やプラクティカルな側面を書いて、資料としても同じ病を背負った人のために役立たせたいと考えたのである。

夫の死から二年、闘病記の構成に三ヵ月、書くために一年かけた。一枚の紙に六年間の夫の行動、闘病・病院の記録と社会的な仕事の記録、家族の記録、社会的に特筆することなどを書き並べて一覧表を作成したことでどのように書くか具体性がみえてきた。「心の中を全部吐き出すような形で書くことで本当に癒される気がした」という。

(3) 生きた証しを残したい――わが子を失って

岡田典子・岡田美穂『みぽりんのえくぼ』[22]は二〇〇四年六月、脳腫瘍のため一三歳七ヵ月で生涯を終えた少女の闘病を綴った母親の手記である。少女が病床で毎日書きためた三五八枚の絵手紙の中から六三枚あまりを載せている。「いつか本にしてね」と言って亡くなった愛娘と約束した本を一周忌までには出したい、そう決意した母親は、葬儀の二週間後には自費出版社の催す相談会に参加、絵手紙を選び、一ヵ月で原稿を書き上げた。

この本は絵手紙の中の一枚、少女のえくぼの自画像が表紙になっている。

「白血病の時や脳腫瘍の手術の時は、頑張ってと励まし続けた。でも、最後は、これ以上頑張れとは言えなかった」と、母親は言う。

『みぽりんのえくぼ』は、中日新聞（二〇〇五年五月二十三日）ほか、朝日新聞名古屋版（同年五月二十五日夕刊）や毎日新聞中部本社版（同年五月三十日朝刊）など各紙で紹介された。またその後、名古屋の書店を中心に何箇所かで相次いで絵手紙原画展が開催された。

母親は「美穂は家族にたくさんのものを残してくれた。絵手紙を見て、あの子の絵の上達と成長を感じてもらえたらうれしい」と感想を寄せている。

少女は二歳の時、急性リンパ性白血病と診断され、四歳上の姉から骨髄移植を受けた。その時の入院は四一九日に及んだが、移植は成功し、一命をとりとめることができた。小学校卒業までは水泳教室に通うほど元気だった彼女に再び病魔が襲ったのは、中学校へ入学した直後二〇〇四年四月だった。教室で頭痛と吐き気を訴えることが続いたことから病院へ行き、悪性の脳腫瘍（グリオブラストーマ）が見つかった。腫瘍はいったん、手術で摘出されたものの根治が難しい段階まで進行していた。「余命約一年」と医師から告げられた両親はその場で泣き崩れた。

絵手紙の道具一式は「絵手紙を書かせたいから」と父親が購入した。もともと、絵を描くのが好きだった彼女は、放射線治療のための入院後に絵手紙を描き始めた。両親の似顔絵や好きなキャラクター…と描いているうちに上達した。それと同時に、添える文章も味わいが増していった。描いた作品は額に入れてベッドのわきに置かれ、医療スタッフにも好評で、「まとめて本にしたらいいよ」と言われた。

これらの絵手紙からは、少女の素直さと優しさが伝わってくる一方で、厳しい闘病生活を希望をもって乗り越えようとした我慢強い性格も描かれている。また、わずか一三歳で逝った娘の「生きた証しを残したい」とする母親の思いが読者に強く伝わる本となっている。

(4) その他

1 社会に伝えたい、子どもたちに伝えたい

三六歳の夫を結腸がんでわずか四七日間の闘病で見送ったひらたまどかは著書[23]の出版動機を読者に対して「家族が生きている、今そばにいてくれる、普通の当たりまえのことを「あぁ幸せだな」と一瞬でも感じてくれればいい……」としている。まだ幼い二人の息子へのメッセージとして「お父さんはこうやってがんばって生きた。お父さんとお母さんはこんなにラブラブだった……」ことを知ってほしいという願いをこめている。ひらたによれば「夫が亡くなって半年ほど経ったときに、心の中にためてきたもの、そして初めて襲った死別というやり場のない寂しさと苦しさ、それらの心の整理が少しでもついていけば」とも思ってこの本を書き始め、夫の死後二年半後に出版した。

原稿を仕上げるまでには一年の歳月がかかり、書きながら、思い出しては泣いて、の繰り返しだった。しかしそれも「無駄な涙ではなかった」と出来上がった本を見て感じている。ひらたはここで夫の闘病中、そして死後をも振り返って家族や多くの知人に感謝し、生きる勇気を得たことを記している[24]。

2 いつか何かの形に――子どもたちに

天野彰は『小さな家の小さな日記帳』を私家版三〇〇部で出版した。天野は妻の死後ずっと、もっと早く妻を病院に連れて行けばよかった、体調の変化に気づいてやればよかったと悔やむ気持ちをもっていた。引き出しから出てきた妻の何冊かの小さな手帳を手にして、当初はさまざまなことが思い出され、とても全部は読み返すことがで

きなかった。そこには夫や二人の息子たちへの思いが事細かに記されていた。いつか何かの形にしたいと考えつつもなかなかそれができないでいた。「一人の女性であり、母親の短い生涯、短い愛の歴史を二人の子供たちがわかるようになったときのために書き残そう」と決意し、妻の死から二年後に出版したが、その時すでに著者は再婚し、新しい人生をスタートしていた。

3　夫の思いを社会に伝える

関根敦子は、肺がんのため四四歳で逝った夫の「果敢に立ち向かった苦闘の日」を想い、かけがえのない自分たちの人生を振り返りながら、その期間をどのように生きたかを書きたいと思った。夫の死から三年が経過していた。がんが恐ろしい病気であり、スポーツ万能で無類の健啖家であった夫の身体を予告もなく襲った肺・脊髄のがんについて「『健康だ、と自負している人が僕の轍を踏まないように、その警鐘にしたい』と申しました夫の遺志に沿いたい」(25)という想いがあった。さらには書き、出版することによって「不幸にして同じような場にいられる方がありましたら、自分の死を見つめながら癌と闘ったこの記録が、そのような方々の小さなはげましとなることができますように」と念じた。(26)「俺は生きたい。生きていたいよ」と夫が泣いた日から「我が命の短きを惜しむ」と言った日まで、夫が書き残した全記録である十一冊の大学ノートと、三人の子どもたちに書いたノートをもとに書き綴った。病気の間、亡くなったあとも自分たちを支えてくれた人たちへの謝意にも触れている。長女が成人し、その祝いに小さな本を作った。著者にとって子どもたちを無事に成人させたときが夫に約束した責任を果たし終える日だということが、結びの文章で述べられている。

(1)　遺族によって書かれる闘病記のパターン

冒頭で述べたように闘病記は自費出版が多い。商業出版はより広く社会へ伝える意味をもつが、出版できる人が限られている。あえて費用をかけても出版する、また出来上がった本を自費出版図書館に寄贈する人たちに共通なのは「故人の生きた証しを残したい」、「社会に伝えたい」という意志が強いことである。

患者の死後、身近で介護し看取った家族によって一定期間を経て書かれ、出版された闘病記にはおおよそのパターンが存在する。闘病記の「まえがき」の部分ではその本をなぜ書いたか、なぜ出版するかという書き手の動機に触れている。動機は「本人の生きた証しを残したい」、「凄絶ながんの苦しみを伝えたい」、「自らの経験を語ることで社会の役に立ちたい」とさまざまであるが、本文の構成においては遺族が書く闘病記にはおおむね共通点がみられる。

まず、大切な夫を妻を子どもを突然襲ったがんをはじめとする病気によって奈落の底へ突き落とされた家族の思いが切々と綴られている。そして大変な病気に見舞われた患者の無念へ思いを馳せている。次には病気になるまでの患者との人生の歩みを描き、そこで死にいたるまでの闘病、あるいは病いと共存、対峙したプロセスを綴っている。本人の闘病記や介護日誌などが挟まれる場合も少なくなく、その場合には患者の闘病と並行して記録されているだけに、患者本人、また看取るものの心理が生々しく描かれ、闘病の全体像が読み手側に赤裸々に伝わるものとなっている。注目すべきは「あとがき」である。「書いてすっきりした」、「書くことで癒されるような気がした」

との表現が多くの闘病記に見いだせる。

(2) 癒す作業としての「書く行為」

人間にとってもっとも身近な自己表出行為は「話す」行為であり、「書く」行為である。なぜ「書く行為」は「悲しみを癒す作業」となりうるのか。柳田の例にみてみる。次男を自死で喪った柳田は、前述した『犠牲(サクリファイス)――わが息子脳死の11日』を書くことが、自分自身のグリーフワークにとって大きな意味をもったと著書『『犠牲(サクリファイス)』への手紙』[27]の中で述べている。

さらに、中日新聞のインタビューに応えて『犠牲』を書くことは、「死んだ息子の人生をどうとらえるか、息子の死をどう意味づけるか、それと自分自身の主観的な物語としてつかみ直すための作業であり、喪の仕事であった」と語っている[28]。

柳田によれば、『犠牲』を出版することについては、大きなためらいが二点あった。プライベートな要素の多い出来事について、書けない家族の問題もあり、歯切れの悪い部分が残らざるをえないことと、心の病に苦しむ人々やその家族に無用のショックを与えるのではないかといった怖れであった。

あえて出版に踏み切った動機は、「息子がこの世に生きた証をつくる」ことと、「自分自身が混沌から抜け出して再出発しなければならないというエゴイスティックな衝動」からであった。

「書く行為」は、自らを冷静に客観化させ、頭の中を整理できる行為であり、他者指向性をもつ社会的行為といえる。S・クライツが「人間の経験は物語の性質をもつ」[29]と表現したように、人生そのものあるいは経験そのものが物語として構成されている。そして、その「『経験の物語性』のおかげで過去(記憶)と、未来(期待)を現在に結びつけることができ、自分の人生を多少とも一貫したものであると感じることができる[30]」のである。

社会学者の井上俊は、「まず人生があって、人生の物語があるのではない。私たちは、自分の人生をも他者の人生をも、物語として理解し、構成し、意味づけ、自分自身と他者たちとにその物語を語る、あるいは語りながら理解し、意味づけていく――そのように構築され語られる物語こそが私たちの人生にほかならない[31]」と述べている。さらに、「物語の重要な働きの一つは、自分の人生を自分自身に納得させるということにあり、このことは、簡単には納得しがたい状況におかれた時、とりわけはっきりする[32]」としている。

(3)「故人との関係を学び直す」ということ

遺族が「書く行為」に及ぶ場合には、柳田がそうであったように、故人の生きた証しを残すとともに、自らの再生につなげたいという目的を意識的にもつ場合も少なくない。

その行為は換言すれば、「故人との関係を新たに学び直す」ことにつながる。T・アティッグはその著書『死別の悲しみに向き合う[33]』で、「故人との関係の学び直し」について触れられており、興味深い。アティッグによれば「死別のあと『世界を学びなおす』というのは、この世界で生き、行動するすべを学ぶことである[34]」という。

「故人との関係を学びなおすことは、新しいアイデンティティが現われ、私たちが生活、個人史、自分を越えるものとのつながりに新たな完全さを獲得するのに貢献する。(中略)私たちはかつて故人と生きた人生を解釈しなおし、現在の生き方を変え、未来に新たな希望と目的を抱きながら、いまでは終わってしまった人生の価値と意味を自分自身の人生の物語に組み込む[35]」。

アティッグは残された家族や周囲との関係性の中で、生前とは異なる故人との一変した関係を組み入れることで、自分の人生の物語を解釈し直し、作り変えることができると示唆している。そして、そこで自分の世界を学び直すことができ、故人との新たなつながりを保つすべを得たり、前とは違ったかたちで愛をもち続けることが可能になるという。

終わってしまった人生の物語を思い出すことにより人は、その物語がもつであろう意味と価値を再確認することになる。故人と生きた人生の物語を再構築し言語化することにより、それまでの人生を有意味にとらえ、次の人生に新たな決意を抱き、向き合う用意ができるといえるのではないか。

柳田は、「息子を喪った喪失感、挫折感、悲しみを抱えながらどう生きていくか、息子のたましいを紡いでみて息子の人生に納得できて初めて再出発できる」と書くことで癒されたことを述べている。また闘病記を書いた多くの人々が、書くことによって、生きた証しを確認し、自らが再生されたことに触れている。このことは、とくに「あとがき」の部分で書いている場合が多い。

グリーフワークの過程では、日航機事故で娘を喪った野田正彰がいうように[36]、「遺志の社会化」が同時になされることも少なくない。「遺志の社会化」とは、故人の残された意志を聞きとって、それを社会につなげていこうとする遺族の行為である。患者が亡くなったあと、いちばん身近で看取った配偶者や家族によって書かれ、出版される闘病記には、故人の追悼や自己の癒し、再生だけでなく、病気で体験した患者本人の思いや自らの苦悩を広く社会に伝えて、同病で苦しむ人々のために役立てたいという動機も強く感じられる。

(4) 「意味再構成」としてのグリーフワーク

ここで論述した内容を踏まえて「闘病記の諸相」で取り上げた闘病記をみていくと、最初から明確な「再生」の目的をもたずとも「あとがき」の部分で「書いてすっきりした」、「ほんとうに癒された気がした」と書いている場合が多くみられるように、著者が故人の闘病記を書くことによってグリーフワークが行われているといえよう。ニーメヤーは、「グリーフワークは極めて能動的な行為」であり、「喪失によってさまざまな課題を抱えながら、自分の意味体系、すなわち「意味の世界」を認識し直し新規にその体系ないしは世界を再構成することである」[37]と述べている。

ニーメヤーが指摘するように意味の再構成はグリーフワークの中心的な役割を果たすと考えられるが、前述した闘病記にみられる内容に着目すると、少なくともグリーフワークを次の六つに類別化できる。

1 「気持ちの整理」ができたことで次の人生へ移行

河野や須田の場合は、闘病記を書くことによって気持ちの整理ができ、次の人生へと移行している。河野は書くことによって、「あるがままに生きる」という新たな人生哲学を得ている。須田にとって、闘病記を書くことは、「大いに有意義」であり、「その仕事が自分を癒してもくれ、これも夫からの贈り物だったかと思う」と「あとがき」に記している。さらに須田は夫の意に沿い無宗教で葬儀をしたため、埋葬について日にちを迫られることがなかったため夫の骨壺を抱えて暮らしていたが、亡骸やお骨に対する恐れが消え、ただ慕わしいものへと気持ちの変化がでてきたことにも触れている。[38]

2 「社会に役に立つことを目指し実行」できたことで納得

星野は同じ立場にある人や社会に役立てることを目指し、実行したことで納得している。星野については筆者が、著書への反響等に関してのインタビューを行っているのでここで多少具体的に触れておきたい。

星野のもとにはたくさんの手紙が寄せられた。夫を慕う後輩、自分をよく理解してくれる女子大時代の友人、そして見ず知らずの人からの感想が寄せられた。自分の本をよく読み込んでいるとわかる手紙が、とくに嬉しかったと星野は言う。

知人以外から寄せられた三〇通の手紙の差出人は、四通を除いて介護者の立場である著者と体験を共有する人々、患者本人である著者の夫と体験を共有する人々とに大別される。がんの患者を看取った配偶者による手紙が多い。家族をがんで失った人が、自らの体験と著者の体験を重ね合わせて喪失体験者の共通感覚を見いだし感想を述べている。

星野の著書は、NHKラジオ「私の本棚」でも朗読されたが、その放送を聴いた人たち、本を読んだ見ず知らずの人たちからも手紙や葉書が寄せられた。女性が多く、愛する人をがんで失くした人、自らががんを体験した人、あるいは、その時点で本人や家族ががんをはじめとする病気で闘病中である人など、同じような体験を共有する人が大部分を占めた。

手紙は自らの苦難を『いのちに限りが見えたとき』に重ね合わせて、綿々と綴ったものが多かった。読者のそれぞれの人生の重みが、星野の闘病記に投影されたといえる。「手紙を書く」行為も、闘病記を書く行為に似て「自己確認」の意味を帯びる。自分の痛みや苦しみをさらけ出して手紙を書くことは、自分自身のグリーフワークともなるのであろう。

星野の闘病記は、はじめは狭い範囲の夫を中心とした親戚や同僚たちに他言しなかった病気のことを知らせたいと書かれた。しかし、書くうちに夫の生き方を広く社会に伝えたい、さらには、それまでに闘病記に書かれていなくて自分が知りたいと思ったことを書いて、同病で苦しむ人のために役立てたいと考えるようになった。その願いは十分に満たされたといえる。

星野のもとへは現在も闘病記の読者からまだボツボツと手紙が届く。星野は、「自分がなにか役に立てたならとてもうれしい」と述べている。(39)

3 「一体化・内面化」することで喪失感が和らぐ

岡田の場合は、病気で逝った子どもの生きた証しを残すとともに、さらに子どもを一体化・内面化することで喪失感が和らいでいる。母親は、筆者のインタビューに対して亡くなった娘のことを「いる。いないんじゃない。いつもどこへいくのもいっしょ」だと話し、「絵手紙はみぽりんの生きた証し・宝もの」であり、「多くの人に娘の絵を見てもらえたら嬉しい」としている。また、闘病記を書き出版したことについては、「書きたいことを書いただけ、泣かせようとか響かせようとか思って書いたわけではなく、そこから何かを感じ取ってくれたら嬉しい」としている。

さらに「毎日、泣きながら書いた」が「書いたらすっきりした。もう泣かない」、そして「人を傷つけることは書かないようにした」、「全く美穂のことを知らない人たちが読んで泣いてくれる。それが不思議。でも親としてとても嬉しい」と述べている。(40)

4 「生きる勇気を得る」、「区切り――切り離し」、「遺志の社会化」

ひらたの場合は自己の気持ちの整理と社会への啓蒙ができたことで「生きる勇気」を得ている。

天野の場合は、「再婚」ということもあって前妻の記録を子どもたちのためにも残したことで「区切り」ができている。「あとがき」で筆者は「私と二人の息子は優しい妻と母を得て、心と日常の落着きを取り戻しつつ」あり、このことを「御仏となった彼女の恩顧」だととらえていること、また、「新たな未来を思うことも、持ち前の心の盛況を取り戻すこともしつつある」ことに触れている。[41]
関根の場合は夫が望んだ「凄絶ながんの実態を社会に伝える」という「遺志の社会化」を行うことで生きる支えになっている。

前述したように闘病記は自費出版される場合が多い。遺族の書いた闘病記にいちばん多くみられるのは1の「気持ちの整理」である。広く社会に伝えたい、同じ体験をしている人に役立ちたいとなると商業出版が効果的だと考えられるが、出版事情は厳しくそれは一般には困難である。
子どもを失くした場合には「わが子の生きた証しを残したい」として主として母親が書いているものが多く、近年そのような闘病記はとくに増加している。[42] このような場合は書き終えても「いつもいっしょ」だと一体化・内面化していくことが多い。子どもを喪った親には、伴侶など他の家族を喪ったときとは異なる哀しみや痛みが残存するといわれる。ランド（T. Rando）は、子どもを亡くした親には、子どもを守れなかったという親役割の失敗感や罪責感、子どもが亡くなっているのに自分がまだ生きていることへの罪悪感などが伴うことを明らかにしている。[43]
子どもの生きた証しを書き残すことによってわが子の人生を意味づけ、いつも自分たちと一緒にいるのだと受け止め、納得することで癒しの作業が行われていると考えることができる。
ここで考察したように闘病記からみるグリーフワークのかたちは著者によりさまざまである。故人との関係を「一体化・内面化」する場合もあれば「区切り」によって気持ちの上での「切り離し」が行われている場合もある。これは伴侶の死後に「再婚」しているなどの場合に多くみられる。また「遺志の社会化」は、がんがまだ「死に至る病い」で痛みのために悶え苦しむ病気だととらえられていた時代の闘病記に、たとえばがんの凄絶さを伝えるために、また早期発見の大切さを啓蒙するために多くみられた。

五　おわりに

遺族が闘病記を書くということ——すなわち死別による喪失を書くという作業は、それを繰り返し行うことによって著者が他者に語るという意味をもつと同時に、遺された者が、自己の喪失について反芻しながら考える機会を得ているといえる。その結果、闘病記を書くという作業は著者にとって意識無意識を問わず、自己を癒し、自己を再生するグリーフワークとなっている。失った人の人生の物語をつむぐことは、故人を悼みつつ、自らの再生の一歩を踏み出すことにつながる。そこでは、さまざまな困難の中から死別を自分なりに意味づけ、故人なしに生きていくための新しい意味をそれぞれのかたちで再構成しているのである。

闘病記を書くことが喪失感を癒す行為であり、「再生」につながるというなら、その行為はまた、死者との関係をいったん整理した上で、新たな世界を組み直すポジティブな作業であるといえよう。換言すればそれは遺された者の「ストレスが関与する成長」という重要な側面をもつといえよう。闘病記を書くことによってさらに人々は、「死生観の変化」、「ライフスタイルの変化」、「人間関係の再認識変化」、「人生哲学の獲得」、「自己の成長」等を客観的に認識することになるといえるのではないか。

本稿で論じたように闘病記を書くことがグリーフワークになるというなら、これは遺族ケアにとっても有用である。まだ闘病記を書くことをグリーフケアに用いるという実践的な試みの報告は国内外を通して見あたらないが、たとえばアメリカ合衆国コロラド州のホスピスでは、家族を亡くした人たちに、書くことで癒されるという内容のサポートグループにおけるグリーフケアを行っている。[44] 主として地域で発展、展開してきたアメリカのホスピスでは常にコミュニティのニーズを第一に考え、グリーフや「死と死にゆくこと」についての教育もホスピスの大切な使命の一つと受け止めている。

死別から一定期間を経て闘病記を書くこともまた、多様なグリーフケアの一方法論として個々の必要に応じて取り入れていく試みを提案していきたい、というのが筆者の今後の課題である。

付記・インタビューにご協力いただきました方々に感謝申し上げます。

注

(1) 筆者は「闘病記と死」(河野友信、平山正実編『臨床死生学事典』日本評論社、二〇〇〇年、一四一―一五頁)において「闘病記」を「病気と闘う(向き合う)プロセスが書かれた手記」と定義している。

(2) 筆者は二〇〇一年度から看護短大や薬科大学で「闘病記を用いて患者の気持ちを理解する」ことを目的とする授業を行っている。また、大阪の看護大学では闘病記を用いて大学院生が読者会を開いて討議する場をもっていることが報告されている(NHK「生活ほっとモーニング――闘病記で生きる力を」二〇〇八年一月三十日放送)。

(3) 二〇〇八年一月現在、三八カ所。

(4) 公共図書館などでも闘病記は、ノンフィクションや手記、医療などさまざまに分類されている。

(5) 闘病記専門古書店主である星野史雄氏による。

(6) 河野友信、平山正実編『臨床死生学事典』日本評論社、二〇〇〇年、二三二頁。

(7) ロバート・A・ニーメヤー『大切なものを失ったあなたに――喪失をのりこえるガイド』鈴木剛子訳、春秋社、二〇〇六年、一三九頁。

(8) 同上書、一四三―一四四頁。

(9) 「残された家族への〝グリーフワーク（悲嘆の仕事）〟について」『透析ケア』二〇〇一年、第七巻第五号、四八―五五頁。Freud, Sigmund, "Trauer und Melancholie", 1917.『悲哀とメランコリー』井村恒郎訳、井村恒郎［ほか］編、フロイト著作集6『自我論・不安本能論』、人文書院、一九七〇年。

(10) Lindeman, E. "Symptmatology and management of acute grief", *American journal of psychiatry*, 101, 1944, pp.141-148.

(11) 平山正実、アルフォンス・デーケン編『身近な死の経験に学ぶ』春秋社、一九八六年、八頁。

(12) J・W・ウォーデン『グリーフカウンセリング――悲しみを癒すためのハンドブック』大学専任カウンセラー会訳、鳴澤實監訳、川島書店、一九九三年。

(13) ニニ・レイク、マリアンネ・ダヴィットセン＝ニールセン『癒しとしての痛み――愛着・喪失・悲嘆の作業』平山正実、長田光展監訳、岩崎学術出版社、一九九八年。［Nini Leick and Marianne Davidsen-Nielsen, *Healing Pain: attachment, loss, and grief therapy*, translated from Danish by David Stoner, Routledge, 1991 (*Den nodvendage smerte*, 1987, Denmark).］

(14) 同上書、八九―九〇頁。

(15) 副田義也編『死の社会学』岩波書店、二〇〇一年、v頁。

(16) 副田義也による。前掲書、注（1）。

(17) 同上。

(18) 柳田邦男『犠牲（サクリファイス）――わが息子・脳死の11日』文藝春秋、一九九五年。

(19) 門林道子「病いの語り――グリーフワークとしての闘病記」『日本女子大学大学院人間社会研究科紀要』第八号、

二〇〇二年、一二三―一三八頁を参照。

(20) 河野通廣『パパごめんね――妻、伸子を看取って』ごま書房、一九九六年、四頁。

(21) 星野周子『いのちに限りが見えたとき――夫と「癌」を生きて』サイマル出版会、一九九六年。

(22) 岡田典子・文、岡田美穂・絵『みぽりんのえくぼ』文芸社、二〇〇五年。

(23) ひらたまどか『お父さんは太陽になった――ガン闘病47日間の記録』新風舎、二〇〇五年。

(24) 同上書、「おわりに」。

(25) 関根愛三・関根敦子『敦子俺は生きたい――いのち燃ゆる日日』創芸社、一九七八年、二七二頁。

(26) 同上。

(27) 柳田邦男『『犠牲（サクリファイス）』への手紙』文藝春秋、一九九八年。

(28) 同上書。

(29) Crites, Stephen, "The Narrative Quality of Experience", *Journal of the American Academy of Religion*, 39 (3), 1971, pp. 291-305.

(30) Crites, Stephen, "Storytime: Recollecting the Past and Projecting the Future Narrative Psychology", in Sarbin, T. R., (ed.), *Narrative psychology: the storied nature of human conduct*, Praeger, 1986, pp. 152-173.

(31) 井上俊「物語としての人生」、井上俊［ほか］編『ライフコースの社会学』岩波書店、一九九六年、一四頁、岩波講座現代社会学9。

(32) 同上。

(33) トーマス・アティッグ『死別の悲しみに向き合う』林大訳、平山正実解説、大月書店、一九九八年。［Attig, Thomas, *How we grieve: Relearning the World*, Oxford University Press, 1966.］

(34) 同上書、一二二頁。

(35) 同上書、二一五―二一六頁。

(36) 野田正彰「遺志の社会化というプロセス」、A・デーケン、柳田邦男編『〈突然の死〉とグリーフケア』春秋社、一九九七年、生と死を考えるセミナー第6集。
(37) ニーメヤー、前掲書、注(7)、一四二―一四四頁。
(38) 須田壽子『領巾振り日記――私たちの二百十八日』東京印書館、一九九六年、二〇五―二〇六頁。
(39) 星野周子さんへのインタビュー、一九九九年六月二九日、星野さん宅。
(40) 岡田典子さんへのインタビュー、二〇〇六年三月七日、文芸社にて。
(41) 天野彰『小さな家の小さな日記帳――亡き妻に捧ぐ』自費出版、一九八一年、一一六―一一七頁。
(42) 自費出版最大手「文芸社」の出版統括プロデューサー足立潮氏によると闘病記の出版希望者は年々増加しており、母親が亡くなった子どもの「生きた証しを残したい」と出版するケースを中心に、最近は家族が故人の闘病を書きつづるケースが増えているという(二〇〇五年八月、文芸社でのインタビュー)。
(43) Rando, Therese A., "Bereaved Parents: Particular Difficulties, Unique Factors, and Treatment Issues", *Social Work*, 30 (1), 1985, pp. 19-23.
(44) Hospice Care of Boulder & Broomfields Countiesで二〇〇五年にオープンしたグリーフ&エデュケーションセンターで、悲嘆のサポートとしてHeart to heart writing groupによるグリーフケアを行っている。死別六カ月後から参加が可能で二週に一度「書く」ことによる、計四回のセッションが行われ、二カ月で終了する。

II

社会における死とグリーフワーク

在宅医療におけるホスピスケア
——実現に向けての教育とシステム構築の提案——

大西奈保子

一　はじめに

日本は長期にわたり七〇万人台にとどまっていた死亡者数が一九九〇年（平成二年）に八四万人となり、さらにその後は毎年二万人以上増加し、二〇一二年（平成二十四年）には死亡者数が一四〇万人を超えるものと推計されている。これは戦後の混乱期を除き大正時代から記録したもっとも多い死亡者数であり、その後は近代医療が経験したことがない死亡者数になるといわれている（『厚生白書』平成七年版）。また、日本の死亡者数の増加の特徴として、七五歳以上の高齢者の死亡の割合が高くなっているのが特徴である。

歴史的にみても数十年前までは家で最期を迎える人が多く、家族は親族や地域の人たちの協力を得ながら死を看取っていた。それが、場所別でみた死亡の割合をみても、一九七七年に施設内死亡は全体の死亡者数の五〇・六％、施設外死亡は全体の四九・九％というように施設内死が施設外死を上回るようになり、二〇〇三年には施設内死が八四・二%と上昇傾向は続いている（厚生労働省大臣官房統計情報部編『人口動態統計』二〇〇三年度、第5表「死亡の場所別にみた年次別死亡数百分率」）。

人類の長い歴史の中で現代のように病院の中で死を迎えるのはここ数十年の出来事である。それまで人は生活の中で死を迎えていたのであり、人が最期を迎えるときに八割の人が病院で亡くなるという現代社会の状況は、人類の歴史から考えても正常なこととはいえないのではないかと思われる。そこで、ここでは在宅における高齢者の看取りとがん患者の場合とに分けて、在宅ケアの問題を明らかにし、在宅医療・ケアにおけるホスピスケアのあり方について考察する。

二　高齢者の看取り

前述したように、わが国は近い未来に現代医療が経験したことのない死亡者数の増大の時代を迎える。そのため、八割以上の人が病院で亡くなる現状のままターミナルケアを実践することは厳しい状況になる。死亡者の割合が増えるのは、高齢者、とくに八五歳以上の後期高齢者の数が増大するためといわれている。さらに高齢者の死亡場所の推移をみると、全年齢の場合と同様に一九八〇年ごろに病院での死亡者数が自宅での数を上回り、現在では七八%の高齢者が病院で亡くなっている。これらの事実が示すように、今後は高齢者のターミナルケアのあり方を検討していくことが必要になると考えられる。そのため、看取るその瞬間だけを問題にするのではなく、死までの生活を支えることこそが、高齢者の在宅での看取り（ターミナルケア）になることを念頭に置きながら議論を進めていきたい。

(1) 日本における高齢者ケアの流れ

宮崎[1]によると寝たきり老人が社会的に問題になってきたのは一九六〇年後半以降であり、このように近年、寝たきり老人・痴呆老人が社会問題化した背景として、急激な人口の高齢化や平均寿命・平均余命の延長による要介護老人の急増が考えられる。また、六〇年代まで前述したように寝たきり老人は、短期間で静かに看取ることが中心で、障害を抱えながらも寝たきりでなく快適に過ごさせるような介護はなされていなかった。つまり、寝たきりにさせておけば床ずれや肺炎などにより、比較的早く死亡することが考えられるが、介護・看護の仕方が変化すれば、寝たきり老人であっても長生きできるようになる。さらに、核家族化・共働きの増加などによる介護にあたる嫁の不在、そして、家族制度の中で嫁が老人の世話をするのが当然とされていたが、老人の介護を家族、とくに女性がしなくてはならないという意識に変化が起こっていることも、高齢者の介護問題がクローズアップされてきた理由であると考えられている。

寝たきり老人の場合、社会問題となる以前も寝たり起きたりという老人を家族が介護していた。このような「虚弱老人」状態で隠居ということで長く生きる老人はいたが、現代の介護保険の要介護度でいう「要介護4、5」レベル、つまりトイレまで自分で行けなくなった、あるいは他人による下の世話が必要になった状態で、長期間、寝たきりになっていたのではなく、寝付いてから比較的早い時期に死亡していたというのが普通であった。つまり、高齢者は重い病気になっても病院に入院することはほとんどなく、多くの高齢者は数日から数週間で床について亡くなった。

一方、痴呆老人の場合は、寝たきり老人とは違った処遇を社会や家族から受けていたという。痴呆老人は歩き回り周囲に迷惑をかけたので、「檻」や「座敷牢」といわれるものに閉じ込められていた人も少なくなかった。このような扱いは、かつて精神分裂病（現在でいう統合失調症）などの精神障害者の場合と通じるものがあるという指摘もなされている。

このように寝たきり老人・痴呆老人は基本的に家族の介護を受け、そして在宅で亡くなっていくのが普通であったが、家族がいない場合、家族が介護できない人は、施設・病院に入らざるをえなかった。福祉分野では特別養護老人ホームや有料老人ホーム、医療分野では老人病院、精神病院などの施設・病院である。一九八四年から特別養護老人ホームが痴呆老人を受け入れ始めたが、それまでは精神病院と老人病院に収容された可能性が高い。つまり、それ以前は、痴呆老人は福祉の対象ではなく医療の対象とされていたのである。

このような背景の中、現在の高齢者の施設内死（病院や高齢者施設で亡くなること）を諸外国と比較すると、欧州諸国が介護施設での死が多いのに対して、日本の場合、施設内死はほとんど病院内での死となっているのが特徴である。この特徴の一つの要因として、日本では一九七〇年代に欧米のように看護師が中心で高齢者の看護・介護をする「ナーシングホーム」のような高齢者施設を造らなかったということが指摘されている。それが、結果として高齢患者の入院を主たる対象とした老人病院を大量に増やすことにつながり、病院の中で高齢者をみるという現在の状況が生まれたと指摘されている。日本でも一九七〇年代にナーシングホームの制度を作って、大量に受け入れ先を確保していれば、老人病院は存在しなかった、あるいはかなり軽度なものにとどまっていただろうと考えられている。(2) つまり、日本では、高齢者の介護問題をも「病院」で解決しようとした結果、高齢者の死亡が急激に増加している現在、もしくは近い未来に、その「病院」が高齢者の介護や看取りの機能を果たせなくなると予想されている。

(2) 在宅ケアの歴史

前述してきたように、現在、日本では高齢者を病院の中で看取っている現状がある。そのため国は、増え続ける医療費削減目的もあり、地域で高齢者介護を支えようとしている。その一つとして、国は在宅ケアに力を入れ始めている。一九九一年（平成三年）の老人保健法一部改正により、在宅の寝たきり老人などに対して老人訪問看護制度が創設され（平成四年四月施行）、一九九四年（平成六年）には健康保険法の一部改正によって老人医療の対象外の在宅の難病患者、障害者などを対象にした訪問看護療養費の支給に関する条項が追加された。また、同年に「在宅末期医療総合診療料」という診療項目が設定され、これはあらかじめ都道府県に届け出ている保険医療機関が末期がんで通院が困難な患者を対象に居宅で行った医療について、一週間単位で定額制の報酬制度が適用されるものである。これらの政策により、訪問看護ステーションが数多く創設され訪問医療が人々に広く認知され、財政的にも成り立つようになってきた。

その後、二〇〇〇年（平成十二年）には介護保険法の施行に伴い、訪問看護は居宅サービスの一つとして位置づけられ、在宅で療養する者とその家族にとって医療だけではなく在宅での生活を支える仕組みが出来上がった。通常、医師の訪問診療などの医療行為を除いて、介護保険と医療保険の併用は認められないが、がん末期患者（その他の例外疾患・規定あり）については訪問看護を医療保険で請求できるという特例が認められており、がん患者の在宅療養者の生活面の支援が強化されてきた。このような流れを受けて、二〇〇六年（平成十八年）度の診療報酬改定で、二十四時間連絡を受ける医師または看護職員を配置し、他の保険医療機関や訪問看護ステーション等との連携により、緊急時入院や二十四時間訪問看護を提供する「在宅療養支援診療所」が創設された。[3] この制度は「一般診療所で行う訪問診療と在宅療養支援診療所が行うそれとの間に格差を設ける点数設定」というもので、在宅療養支援診療所で行った訪問診療に高い点数加算をする制度である。また、二〇〇七年（平成十九年）四月から施行された「がん対策基本法」においても、在宅における医療を推進するために連携協力体制の施策を講じており、これまでの病院中心医療から在宅医療へと国の政策も移行している。

そこでここでは、今後増えるであろうと予想される在宅ケアがこれまでどのようになされてきたのかについて、在宅ケアにかかわる医師（往診）、看護師（訪問看護）、ホームヘルプサービスについて概観していきたい。

1　医師の往診

宮崎(4)によると江戸時代から医師の往診はあったが、一九六一年の国民皆保険が開始されるまでは一般庶民は医療費を払うことができず、死に際に医師に診てもらうのが関の山だったという。それ以降は急病人からの依頼に往診というかたちで医師が応じるようになっていった。しかし、通院というかたちをとることが一般的であったため、寝たきりなどの高齢者には、家族が医師のところへ行き病状を話し、薬だけもらって内服させるという「無診投薬」もまれでなかったという。

一九七〇年ごろから、急性疾患の初期対応のためではなく、寝たきりで通院不可能な障害のある病人の定期診察のための往診が、通称「定期往診」と呼ばれ、月に一、二回定期的に行われるようになり、家族に対して介護などのアドバイスなどもするようになっていった。しかし、一九八〇年ごろ、日本では開業医が高齢化していることや、往診・訪問診療報酬が低い、二十四時間体制などにより負担が大きいこと、さらに患者の大病院志向などの理由により、往診する医師数・往診件数ともに激減していた。

このように往診が減っている中、一九八六年に国は在宅医療についての診療報酬をかなり大幅に値上げした。それを受けて四〇歳前後の若い医師が、往診・訪問診療に重きを置いた診療所を開設する動きがみられるようになっていった。この動きは、寝たきりなどの高齢者の在宅ケアだけを促進したのではなく、後で説明するホスピス・緩和ケア病棟などで働く医師による末期がん患者のケアを中心とした在宅ホスピスケアにも影響を及ぼすこととなる。

2 訪問看護

新村[5]によると、一九九〇年代に組織化された派出看護婦が訪問看護師の前身といわれている。大正末には看護師全体のおよそ六割を派出看護婦が占め、家庭看護の要となる主婦が病気であったり、専門的な看護知識・技術をとくに必要とする伝染病などの場合に活躍し、家での看取りも支えていた。しかし、一般病院が増えるにしたがって病院に定着する看護師が優勢となり、病院に完全看護が導入された一九五〇年以降になると派出看護婦のかつての職場は家政婦・付添婦にとって代わられることになった。

一九七五年ごろより在宅で寝たきり患者が適切な治療を受けられずにいることが社会問題となり、日本中で訪問看護のさまざまな試みが始まっていった。訪問看護師は、入浴介助や清拭などの介護にかかわるケアや、傷の手当といった医療処置や家族に介護方法を指導するなどのケアを行っていた。これには二つの流れがあり、一つは医療機関での訪問看護活動であり、医師の往診同行から独立して看護師だけで訪問看護を行う流れである。もう一方の流れは、自治体（役所や保健所）からの訪問看護指導事業で、日常生活上のケアを中心に家族への介護指導を主な目的として全国に普及していった[6]。

3 ホームヘルプサービス[7]

在宅ケアには欠かせないヘルパー派遣サービスは、一九五六年に長野県の家庭奉仕員（一九九〇年、ホームヘルパーに名称変更）に始まるとされているが、その後一九六三年制定の「老人福祉法」で全国的に普及していった。家庭奉仕員制度の対象は、当初、要保護世帯のみで、一九六五年に低所得家庭も含むようになった。一九六九年には寝たきり老人に対する援護事業として重視され、奉仕員が大幅に増員された。六五歳以上で常に臥床している低所得者で、日常生活に支障があり、家族以外の者に介護されているか、または家族が病弱などで介護が著しく困難である場合に派遣されるもので、援助内容は家事援助が主で、入浴などの介護は対象になっていなかった。一九八二年に対象要件が変更になり、所得要件が撤回され、派遣を要する世帯すべてに対象が広がり、それとともに負担能力に応じた費用負担制度が導入された。これにより、一部負担をすればヘルパー派遣を受けることができるようになったが、もともと低所得の貧困世帯向けだったため、そのイメージから抜けきらず、ヘルパー派遣が予想より進まない理由の一つになっていた。

さらにヘルパーの技術向上に向けた研修などの取り組みが非常に遅れたこともあり、援助の姿勢や方法がまちまちであった。このため厚生省の在宅福祉充実のための施策の一つとして、ホームヘルパーの質の向上のために一九九一年に段階的研修制度が創設された。また、それと前後して一九八七年には社会福祉分野におけるわが国初の国家試験制度「社会福祉士及び介護福祉士法」が制定され、介護が専門的な知識と技術に基づいて教育されることになった。

4 在宅医療と福祉のかかわり(8)

前記してきた医師の往診と訪問看護に関しては在宅医療の枠組みでとらえることができると思うが、在宅で高齢者を支えるには、もちろん医療だけでは支えられない。そこで、ここではホームヘルプサービスと訪問看護サービスの関係をあげながら、在宅医療と福祉のかかわりについて述べる。

日本では一九八〇年代後半以降に「医療改革」が進み、九〇年代に入り急性期医療と長期ケアの区分が行われるようになり、長期ケア対象者が在宅にシフトするようになった。一九七〇年代の老人医療費無料化を背景に高齢者ケアが医療の場に広がったが、八〇年代には数多くの老人病院が造られ、「長期入院」や「社会的入院」が顕著になり問題となっていった。その後、九〇年代に在宅重視の考え方のもと、今まで医療の対象とされてきた患者が在宅ケアの対象者に含まれるようになっていった。つまり、ホームヘルプサービスの対象者に「医療対象者」が増えていくことになったのだが、それと同時にホームヘルプサービスの業務内容が、家事援助中心だけでは在宅ケアが成り立たず、介護型へ変化していった。

この時に問題とされてきたのが、たとえば、痰の「吸引」のような処置を必要とするような患者もホームヘルプサービスの対象者になっていったことである。その「吸引」という医療処置をヘルパーが行うべきかどうかが議論となってきたのである。

もちろん、在宅ケアを充実させるためにはホームヘルプサービスと訪問看護サービスが地域に同時に整備されることが必要であるが、一方が他方の肩代わりをするような発展をしてきたのである。つまり訪問看護師が食事や排泄を援助するというようなことが在宅ケアではしばしばみられたが、この場合は非効率的であっても、あまり問題にはならなかったが、反対の場合、つまり、先ほど例にあげた「吸引」のような医療処置をヘルパーが行うことの是非が問題になったのである。しかし、現実的には緊急時も含め、ヘルパーがその第一発見者となることも多く、在宅ケア対象者の生活を支えるという面では、ヘルパーが医療処置の一端を担う必要が出てくると予想される。今後、在宅ケア対象者に「医療対象者」がますます増えていくことが予想されるのであるから、さまざまな場合を想定した具体的な議論がなされるべきであろう。

三　末期がん患者のホスピスケア

在宅ケアの変遷を高齢者ケアという側面から概観してきたが、今度は、末期がん患者のターミナルケアを中心に述べていく。なぜ、高齢者の在宅ケアと末期がん患者の場合とを分けて考えるかというと、在宅で死を迎えた割合は、高齢者の死亡原因の代表疾患の一つでもある脳梗塞の場合と、悪性新生物（がん）で死亡した場合とを比較すると、圧倒的に後者、つまり、がんで死亡した人の割合が少ないといわれるからである。つまり、それだけ在宅で最期までがん患者が生活することは困難な現状があるということを示しているものだとも考えられる。在宅ケアを困難にしている原因の一つに症状コントロールが難しいという事実があげられてはいるが、近年、日本では末期がん患者の在宅ケア（在宅ホスピス）を推進していこうという試みがなされている。ここでは、こうしたがん患者を取り巻く在宅ホスピスを中心に議論を深めていきたい。

(1)　ホスピスケアの歴史

ホスピスという言葉は、ラテン語の主人と客の両方を表す言葉、ホスペス（hospes）が起源とされている。そしてこの言葉からは、ホスト（host＝主人）、ホステス（hostes＝女主人）、ホテル（hotel）、ホステル（hostel）、ホスピタル（hospital＝病院）、ホスピタリティ（hospitality＝親切なもてなし）など、さまざまな言葉が出ている。ホテルやホスピタルをはじめとしたホスペスに由来する言葉は、共通点としてホスピタリティ＝親切なもてなしという概念で貫かれている。(9)

この終末期医療の代名詞でもあるホスピスケア精神の起源は、山形[10]によると古代ローマ時代に始まったといわれている。当時、キリスト教に対する激しい迫害の時代でもあったが、その迫害を受けながらも、キリスト教徒は最底辺の人々を熱心に助けいたわっていた。そこにおけるケアの基本精神は「わたしの兄弟であるこれらの最も小さい者のひとりにしたのは、すなわち、わたしにしたのである」(マタイによる福音書二五・四〇)のイエスの言葉であった。そして、中世ヨーロッパの修道院が疲れた巡礼者や貧病人を収容看護していた施設にも、その精神は引き継がれていった。「これらの最も小さい者」にした行為とは、「空腹のときに食べさせ、かわいていたときに飲ませ、旅人であったときに宿を貸し、裸であったときに着せ、病期のときに見舞い、獄にいたときに尋ねてくれ」る行為であった(マタイによる福音書二五・三五、三六)。この行為の有無が最期の審判の日の分かれ目とされていたのである。この句の意味するところは、これらの行為があれば救われるというのではなく、救いはあくまで信仰によるのであり、信仰によって義とされるということを前提にした上で、真の信仰をもつ者であれば、かかる行為を自らするものであり、それを行わないものは偽りの信仰者として裁かれるというのである[11]。すなわち信仰の証しとして、そのような行為がなされていたのである。

しかし、十六世紀に入るとルターによる宗教改革が起こり、プロテスタントの台頭とともにカトリックの伝統をもつ多くのホスピスは、プロテスタントの国では力が減退し、カトリックの内部でも「修道院の医学は、その秩序を俗化させる」という理由で修道院医療が禁止されるようになり、ホスピスは次第に衰退するようになり、ホスピスや病院は救貧院に変貌し、収容所と化して多くの貧困者と重病人が押し込まれるようになり、〝ホスピタリティ〟不在の状況が続いていった[12]。

近代ホスピスの誕生については、十九世紀にフランスのヴァンサン女子修道会のメアリー・エイケンヘッドによって、不治の病を患った人のためのホスピスが創設されたのが、その始まりとされている。その流れが、近代ホスピス運動の先駆者シシリー・ソンダースのセント・クリストファー・ホスピス（一九六七年開設）へとつながっていったといわれている。このような末期患者を支える「近代ホスピス」運動を担ってきたのは、どちらかといえば医療界の主流に属さない修道士・修道女や看護師たちの献身的奉仕であった。ホスピスが医療の専門分野として確立し一般的に認知されるようになるのは、二十世紀後半の医学としての「ホスピス・緩和医療学」が登場してからである。(13)

近代ホスピスの創始者といわれるシシリー・ソンダースは、聖ルカの家（St. Lukes House）（一八九三年開設）、セント・ヨゼフ・ホスピス（St. Joseph Hospise）（一九〇八年開設）の影響を強く受けており、患者ケアという点ではこれらのホスピスとセント・クリストファー・ホスピスとは大きく異なるところはないものの、ソンダースの意図したホスピスは、これらのホスピスと少なくとも二つの点において異なっていた。一つは症状とくに痛みの緩和のための近代医学を積極的に導入したこと、二つには末期患者のための施設・ホスピスを世に知らせ広めるのに労をいとわなかったことである。(14)

一方、米国のホスピスは当初から社会運動として発展してきた。一九五〇年代から一九六〇年代にかけての米国社会全体を覆った一連の運動——消費者運動、黒人の権利拡大運動である公民権運動、患者の知る権利運動などの下地の上に、ホスピス運動は開花したのである。元同僚の依頼を受けたソンダースは、一九六三年、イェール大学の看護学生ならびに末期医療に関心を抱く人たちを対象に末期医療に関する講演を行った。そして、米国のホスピス運動はこのソンダースの訪米を機に進展していったのである。(15)

(2) 在宅ホスピスケア

ホスピスケアは、治療不可能な疾患であっても終末期のQOL(Quality of Life 生活の質)を高められるように援助するものである。セント・クリストファー・ホスピスでは、開設二年後から国の政策も伴い在宅医療にも力を注ぎ、その結果、在宅ホスピスのシステムが急速に普及し整備されていった。しかし、日本の場合はイギリスのホスピスの開設から三十年後の一九九〇年に緩和ケア病棟が認可されたが、緩和ケア病棟の認可は当初から施設型に対してのものだったため、結果として在宅型ホスピスの整備は不十分にならざるをえなかった。つまり日本のホスピス・緩和ケアは、欧米のホスピスのように在宅でホスピスケアを受けるのが主流で施設は一時的な収容施設と位置づけているのとは一線を画している。日本のホスピス・緩和ケアの中で在宅ホスピスの必要性が指摘され始めたのは、ホスピスや緩和ケアの理念でもある患者や家族にとっての最高のQOLの実現がその第一目的であるため、「施設」の中でのケアに限界があったのが主な理由の一つとなる。患者・家族のQOLを最優先すると必然的に在宅でのケアが必要になるが、そうなると今度は地域に末期患者を受け入れるシステムが整っていなかったのである。

しかし、それでもそれぞれの医療機関で在宅ホスピスケアの実践がなされ、報告されるようにもなってきたが、これまで在宅ホスピスケアの基準が示されていないこともあり、その内容は実践者によってまちまちであったり、医療従事者のボランティア的な試みであったりする場合も少なくなかった。そのためシステムとして確立していくことが、在宅ホスピスを拡大していく一つの鍵となる。

在宅ホスピスをシステムとして確立させるためには患者・家族のQOLを支えるためのさまざまな職種との連携が必要になる。また、在宅ホスピスが対象とする人は、在宅ホスピス協会の「在宅ホスピスケアの基準」によると主に末期のがん患者とその家族ということになる。「在宅ホスピスケアの基準」についての解説[16]では「在宅ホスピスケアの対象疾患に関しては、末期がん、エイズだけに限定するのか、あるいは米国のように末期の慢性疾患を含めるのか、委員会でも意見が分かれた。がんでは延命の限界が比較的はっきりしているのに対し、神経難病などの場合には、人工呼吸器などによる延命効果が明らかである。さらにわが国では、自己決定に基づいた医療を徹底するというコンセンサスが、未だ一般的ではないので、基準の中に末期の慢性疾患という言葉を敢えて用いず〝余命が限られた不治の患者（主として不治のがん患者）〟という表現にとどめた」ということになっている。末期がん患者は痛みをはじめとしたさまざまな症状が出現するため、その症状コントロールが従来の医学教育では対応しきれないことや、余命が比較的はっきりしている、病名が死をイメージしやすいなどの理由により、より精神的・心理的なケアが必要なことなどがあげられている。そのため慢性疾患や老衰の人の在宅医療・ケアとは違い、「緩和医療」の知識・技術が新たに必要になると指摘されている。

在宅ホスピスケアの対象者を末期がん患者としているのは、在宅ホスピスにかかわらず、日本のホスピス・緩和ケア病棟自体も欧米のそれとは違い、入院対象者を末期がん患者に限定していることによる。つまり、ホスピス・緩和ケア病棟のケア理念を対象者も含めそのまま在宅へ移行したということになる。もちろん「在宅ホスピス」を掲げて開業した医師の多くが、ホスピス・緩和ケア病棟、もしくはがん医療にかかわってきた医師ということも関係する。つまり、日本の「在宅ホスピス」は、十数年の歴史しかなく、注目を集めるようになってきたのはここ最近の出来事である。それは国ががん医療、もしくは在宅医療に力を入れ始めていることも関係し、それまでの高齢者の在宅医療に対する財政補助が、がん末期患者にも拡大していったのである。さらに二〇〇七年度からは「がん対策基本法」の中にも在宅ケアの充実が盛り込まれるようになり、国の後押しがさらに強まってきたことも関係すると考えられる。現在、がん患者の九割以上が病院で亡くなっているが、こうした流れは、末期がん患者であっても最期まで家で生活し続けられるチャンスが増えたということになる。

四　家で生活し続けるためには

前述してきたように在宅での高齢者ケアとがん末期患者の在宅ケアは、それぞれ成り立ちの違いがある。しかし、高齢者の場合であってもがん末期患者の場合であっても、家で最期まで生活が送れるためには生活を支えるケアが必要になるのは同様である。ここでは、生活を支えるケアを中心に、高齢者の場合とがん患者の場合とで相違点を明らかにしていきたいと思う。

(1)　生活を支えるケアとは

在宅で生活を続けていくには、その人の生活を支えるケアが必要になる。がん患者は、他の慢性疾患の患者と比べてＡＤＬ（Activities of Daily Living　日常生活動作）が保たれているということが指摘されているが、それでも終末期が近づけば近づくほどＡＤＬが低下してくる。つまり、一人では生活ができなくなり、在宅で生活を続けるための何らかの援助が必要になってくる。

そこで生活を支えるケアとはどのようなものか、増子らが在宅ケアを実践しそれらをまとめた報告[17]によると、在宅でのケアは、デイリーケア（Daily Care）、ウィークリーケア（Weekly Care）、クオリティーケア（Quality Care）の三層に分類できる。

デイリーケア（Daily Care）とは、毎日数回日常生活上で必要なケアであり、モーニングケア、食事ケア、排泄ケア、移動ケアなどである。

ウイークリーケア（Weekly Care）とは、週単位で必要になるケアであり、洗濯、掃除、買い物、生活習慣の違いにもよるが入浴や清拭などの清潔ケアなどである。

クオリティーケア（Quality Care）とは、日常生活を支えるという意味ではデイリーケアとウイークリーケアで大まかには保障できるが、それ以外に喜びや生きがいを保障するようなケアであり、具体的には散歩や趣味や旅行などへの援助ケアである。これらクオリティーケアに対して、デイリーケアとウイークリーケアはクオンティティーケア（Quantity Care）と言い換えることもできる。つまり、生活を支えるケアというのは、デイリーケアとウイークリーケアといった量的なケアの基盤の上にクオリティーケアがあると考えることができる。すなわち、この量的なケアを二四時間三六五日、いかにシステムとして支えるかが重要だといえる。

ホスピスケア・緩和ケアで患者やその家族の最高のＱＯＬを実現することが重要だと考えられているが、生活の質を高めるためには、こうした日常的で量的なケアを地道に援助することが必要であり、単に狭い意味でのクオリティーケアのみに注目するのは不十分である。ここであげられたデイリーケアやウイークリーケアのような量的ケアは、病院や施設でのホスピス・緩和ケアで日常的に行われていることであるが、患者・家族のＱＯＬを保障するようなケアとなると、どうしても狭い意味でのクオリティーケアに偏りがちであるといえるのではないかと思われる。日本の在宅ホスピス・緩和ケアは、まず施設としてのホスピス・緩和ケア病棟の認可だったため、在宅型ホスピスの整備が不十分であった。そして、施設型ホスピス・緩和ケアを行っていくうちに、患者とその家族の最高のＱＯＬの実現のためには在宅ケアが必要になったわけである。このような流れからも、ホスピスや緩和ケアでいう在宅ケアとは狭い意味でのクオリティーケアととらえられがちなのではないだろうか。つまり、散歩や旅行や趣味といった狭い意味でのクオリティーケアなら、そのときの援助者の情熱や思いで成し遂げることは可能だろうが、量的なケアとなるとそうではなくなる。システムとして整備させなければ在宅ケアは成り立たないのである。

(2) 対象者のADLの問題

末期がん患者であれ、その他の慢性疾患患者であっても同様に在宅で生活し、または在宅で最期を迎えるにしても、患者やその家族の生活を支えるということが必要である。そして、前述したように生活を支えるにはデイリーケアやウイークリーケアのような量的なケアを欠かすことはできない。とくにその中でも食事援助と排泄援助が重要になるといわれている。太田[18]は東京都社会福祉総合センターが行った都内の調査で、現場で在宅ケアの限界に突き当たった事例をみると、介護問題では食事と排泄の援助が図れないときが限界となって在宅生活を断念しているケースが多く、反対に入浴などの清潔に関する援助が図れないということは、施設ケアに移る要因にはなっていないと述べている。また、増子らの調査[19]では、食事援助が必要な人はほとんどの場合、排泄の援助も必要であるという結果になっている。図1は、在宅ケア対象者にみる要排泄介助者の割合を示したものである。つまり、在宅ケア対象者の一部に排泄介助が必要な人が含まれ、その要排泄介助者の中に食事介助が必要な人が含まれるということになる。そのようなことからも「排泄ケア」が在宅で生活し続けるための重要な鍵になると考えられる。このため在宅ケア対象者のADLと「排泄ケア」に注目して、在宅ケアが続けられるための要因を次に考えてみたいと思う。

図2は、死亡前にベッドや椅子への乗り降りに不自由をきたす割合を疾患別に示したものである[20]。ベッドや椅子への乗り降りに不自由をきたすというADLについて説明を加えると、排泄が自立できていないということを示していると考えられる。反対にベッドや椅子などへの乗り降りができるということは、ベッドサイドに置いたポータ

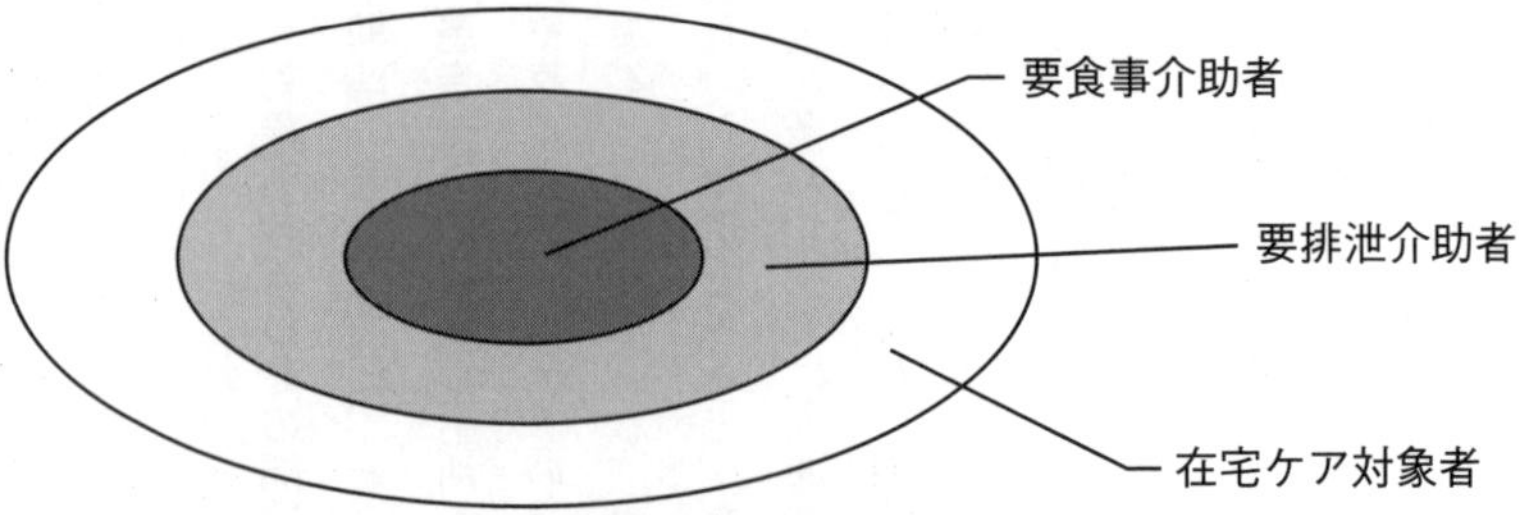

図１　在宅ケア患者にみる要排泄介助者の割合
出典：増子忠道・宮崎和加子編『最期まで家にいられる在宅ケア』
中央法規出版、1996、127頁より一部作成。

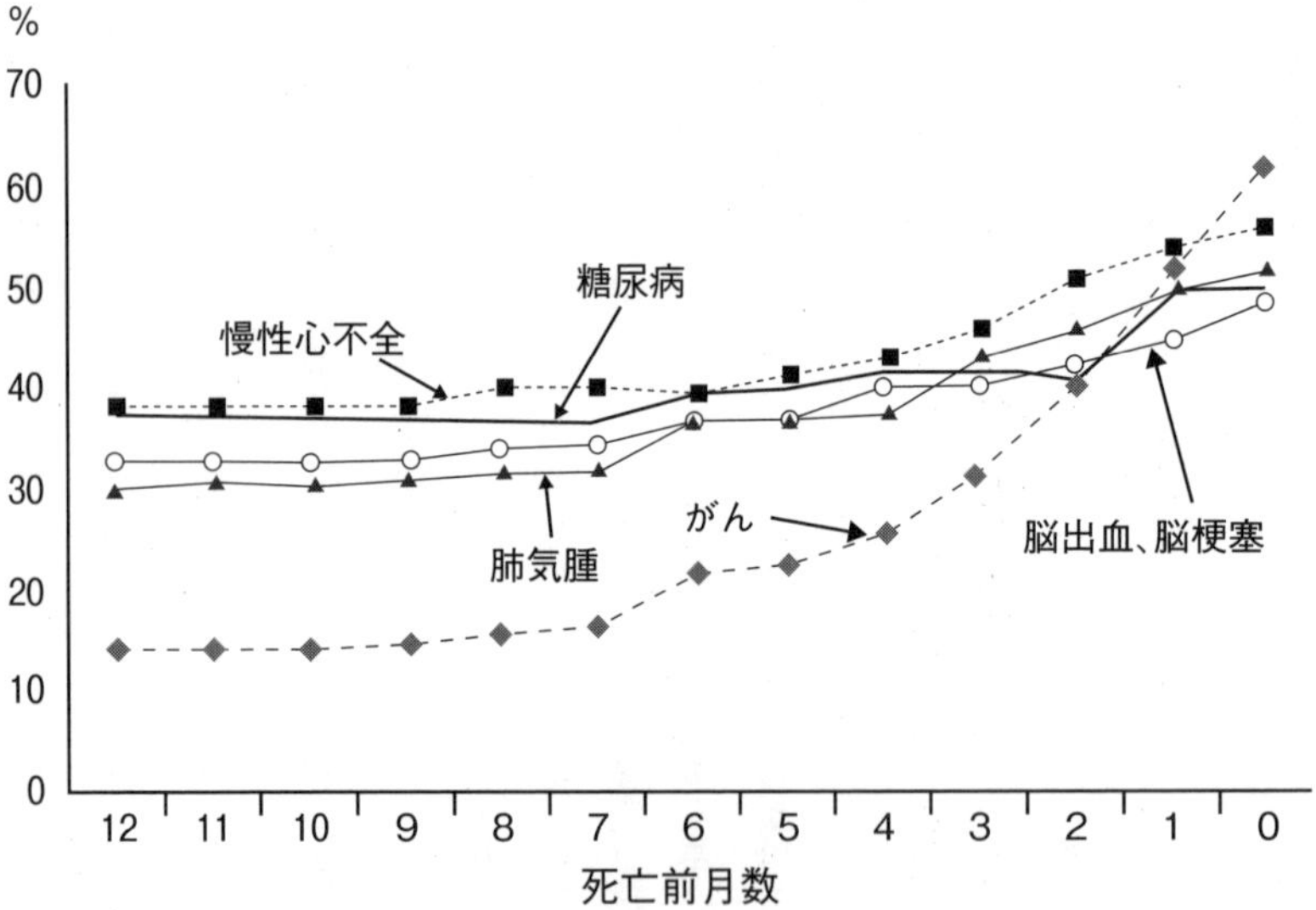

図2　死亡前にベッドや椅子への乗り降りに不自由をきたす割合
出典：J. M. Teno, “Dying Trajectory in the Last Year of Life : Does Cancer Trajectory Fit Other Diseases?”. Fig. 2〈http://www.chcr.brown.edu/dying/downloads/functtraj.pdf〉（2009/09/15）より作成。

ブルトイレへの移動が自力でできるということを示す。もちろん、排泄が自力で行えるということADL能力を総合的に考えると、ベッドや椅子への移動ができるということだけで排泄が自力で行えるということにはならず、下着の上げ下げの動作や尿意や便意の感覚があるとか、トイレで排泄をしたいという気力といったようなことも含まれる。しかし、多くの場合、ベッドや椅子などへの移動ができれば、ポータブルトイレでの排泄が自力で可能となる。またポータブルトイレへの移動が自力で可能であれば、援助する側としては排泄の後始末をすればよいのである。反対に自力でトイレに移動ができないのであれば、移動への援助が必要になり、これは援助者側にとって肉体的に負担のかかるケアとなり、それがトイレの度ということになるのだから負担の大きな援助となる。さらにベッドからの起き上がりも無理な状態なら、ベッド上での排泄、つまり、オムツでの排泄となり、これもまた援助者にとって負担の大きな援助となる。

このようなことを念頭に置きながらこの図をみると、慢性心不全、糖尿病、肺気腫、脳出血・脳梗塞の患者は、死亡月の十二カ月前から、ベッドや椅子への乗り降りに不自由をきたしている割合が高いのがわかる。反対にがんの患者は不自由をきたしている割合が亡くなる三カ月前くらいから増加し始める程度で、他の疾患の患者とは明らかにADLが長期間保たれているといえる。つまり、がん患者の場合、排泄行為が自力でできる期間が他の疾患の場合より長く、自力で行えないのは終末期の短い期間に限定されるということである。これらのことから、「排泄」が自力で行える期間が保たれているがん患者のほうがADL的にみて在宅で過ごすことが可能である条件がそろっている。しかし、ほとんどのがん患者が最期まで在宅にて過ごせていない現状は、痛みのコントロールや症状緩和などの医学的な問題が大きいのではないかと考えられる。

五　これからの在宅ホスピスケア

これまで在宅ケアの問題を高齢者の場合と末期がん患者の場合とで比較してきた。ここでは、両者が最期まで在宅で生活が続けられるために必要と考えられる課題をあげる。

(1)　教育の問題

1　医療従事者

がんで亡くなる人の九割以上が病院の中で亡くなっている現状は、がんによる症状コントロールが困難であるという事実が関係する。しかし、反対にその病状のコントロールがきちんとできさえすれば、がん以外で在宅療養を受けている高齢者の場合よりADLは保たれているのだから在宅生活を続けられる可能は高まると考えられる。そのためには、がんによるさまざまな症状を緩和する「緩和医療学」の知識・技術が重要である。「緩和医療学」の知識・技術は、医学部でも教えられてこない知識・技術であり、「緩和医療学」の知識・技術をもった医師が少ないことが問題としてあげられている。しかし、医療技術・知識は学校で勉強しただけでは、本当の意味では身につかない。それらは多くのがん患者の症状緩和の経験を積んで習得されるものであるので、臨床経験が積めるような教育プログラムが臨床の現場に用意されていることも必要になる。

これらのことは看護にも同様にいえることで、基礎的な緩和ケアやホスピスケアの知識や技術を学校教育で受け、臨床の現場でそれらをフォローアップするシステムが必要になる。現在、看護学領域の中ではがん専門看護師やホスピスケアなどの認定看護師の育成に力を入れ始めている。しかし、その看護師たちのほとんどは施設内でのケアを中心にしており、在宅看護まで浸透していないのが現状である。今後は、施設内ホスピス・緩和ケアの現場だけではなく、在宅ケアの分野まで拡大していくことが必要である。

2 介護職員

次に介護職員に対する教育の問題があげられる。もちろん医療従事者だけでは在宅ケアは成り立たない。とくに長期間、ADLの悪い状態で生活をしていかなければならない高齢者の場合はなおさらである。その生活を支える重要な役割を担っている介護職員に対して、生活の延長でもある死を看取ることができなければ、本当の意味で生活を支えることはできない。しかし、現代社会では、施設での死が八割以上を占め、生活の中で死を看取った経験がなくなってきてしまっている。つまり、現代社会において死は医療の中で起こることであって、医療従事者以外は死を看取るという経験がほとんどできない状況にある。そのため介護職員も死を看取るという経験がない人がほとんどである。その看取りの経験のない介護職員が、生活の延長に死があるといわれても、そう簡単に看取れるものではない。

筆者が臨床で働いていたころ、長期間、在宅ケアを受けていた独居の高齢者が、いよいよ看取りの段階に差し掛かったとき、どこで最期を迎えることがこの患者にとっていいのかということが、関係者の中で議論になったことがある。その時に行政の介護職員の責任者が、ヘルパーが家に訪問したときに亡くなっていたら、ヘルパーの心理的なダメージが大きいので、どこか施設を探してほしい、自分たちは最期までケアできないということを訴えたことがあった。結局、独居の高齢者にとって、生活を支える要である介護職員がケアするのが無理となれば、在宅で最期まで生活するのは無理にならざるをえない。この出来事は、現在の介護職員が死を看取ったことがないために看取りに不安が強いということを示していると思われる。このため、介護職員に対して看取りの知識や経験をさせていくような教育が必要になると考えられる。また、介護職員に関しては介護の知識や技術にばらつきがあり、その知識や技術水準を一定レベルまで引き上げることが求められており、そこもあわせた教育のあり方が重要になると考えられる。

3　一般人への教育

最期まで在宅ケアが続けられるためには、それを受ける患者や家族、そして地域に住む住民たちの理解が必要である。在宅で看取った家族に対して、「なぜ家族が付いていていながら病院に連れて行かなかったんだろう」といった類の話は耳にするところである。今まで述べてきたように、生活の中で死がなくなってきた現代社会において看取りの経験がない、つまり、看取りの文化が地域社会の中になくなってしまっているということが考えられる。人々は看取るにあたって、家族や友人、宗教家、地域住民たちによって行われるさまざまな看取りの儀礼や風習によって、その死を看取ってきたのである。これらの儀礼や風習には、死の看取りにまつわる悲しみや不安を和らげる作用があった。その文化を失った現代社会では、より看取りに対する不安が強いと考えられ、そのサポートが求められる。そしてそのサポート役に医療従事者や介護職員はならざるをえなくなるとは思われるが、援助者側の援助によって最期まで在宅での生活ができることで、家族の死の看取りに対する不安が軽減されるという一面もあるといえる。最期まで在宅で生活できる人が増えることによって、在宅で看取るといったときに起こる偏見の類を地域社会から減らすことにつながるだろうと考えられる。

(2) システムの問題

人が最期まで家で暮らし続けるための在宅ケアは、そのときの思いや情熱だけでは成り立たない。システムとして二四時間三六五日、生活を支えるケアができなくてはならない。前述してきたように、がん患者の在宅ケアの場合、がん病変の進行によりさまざまな症状が現れ、その症状を緩和していく技術や知識が必要である。その「緩和医療学」の知識や技術を在宅ケアに携わる医療従事者が持ち合わせていることが理想ではあるが、すぐにその知識や技術が習得できるほど簡単なことではないのも事実である。そこで、「緩和医療学」の知識や技術を習得している医療従事者がいる診療所と、これまで主に高齢者などの在宅医療に携わってきた診療所とが連携していくことが必要になる(21)。そうすることで、今まで症状のコントロールが難しく在宅ケアをあきらめていたがん患者を中心に、「緩和医療学」の知識・技術をもった診療所に紹介していくことをしていけば、最期まで在宅で生活していけるような援助になると考えられる。

また、一つの診療所、訪問看護ステーションなどで、二四時間三六五日、生活を支えるのは厳しい。なぜなら、平成十八年度の診療報酬改定で制定された「在宅療養支援診療所」に届け出ている診療所の多くは医師一人体制であり、訪問看護ステーションの場合は届出基準が二・五人の常勤体制であることが関係する。夜間の緊急の呼び出しなどに応じるためには、複数の人数でローテーションを組んでいかなければ続かない。そのためにはいくつかの診療所、訪問看護ステーションがグループを組むなどして協力体制をとるなどの対策を考えていかなければならない(22)。さらに電子カルテなどを使用して遠隔地からでも情報のやり取りができるように仕事の効率を高める工夫も必要である。

(3) 在宅介護の問題

国の医療政策が在宅に移行しているため、在宅医療に点数加算がなされるようになってきたが、何度も述べているように在宅ケアは医療だけでは成り立たない。日本では介護などの福祉に対する予算が少なく、低賃金のため在宅介護を担うホームヘルパーが不足している事態を引き起こしている。また、介護福祉士(介護福祉士とは、一九八七年制定の法律に基づき、一九九〇年に登場した高齢者介護についての国家資格の専門職。従来からの家事援助だけではなく身体介護も行う)は、施設を中心に働いている場合が多く、介護職員の中でヘルパーは在宅介護、介護福祉士は施設介護といったように棲み分けができてしまっている。そして、施設に介護福祉士が充足して在宅に出回るまでにはあと何年かはかかるのではないかという指摘もある。[23] ヘルパーは介護福祉士のような国家資格もなく、比較的容易になれてしまうところもあり、介護の質にばらつきがあるということが指摘されてもいる。在宅介護の質を上げるには福祉職員に対する財政的な保障と教育の強化が必要である。

さらに、看護と介護の仕事内容の棲み分けができていないとの指摘もあり[24]、訪問看護と訪問介護のチーム形成がうまくいっていない現状がある。介護の質の問題もあるが、訪問看護師は病院で技術や知識を積んできた人がほとんどで、その病院では看護師の重要な機能の一つでもあり、介護とダブる「療養上の世話」の部分を看護師が一手に引き受けてきたということも関係し、看護師にとって在宅看護も病院看護の延長上にあるととらえ実践していることも要因としてあげられる。今後、どのように介護と看護が協力し合い、在宅ケアを支えていくかが課題となる。

六　おわりに

在宅ケアは、その対象者一つとってみても、その成り立ちもケアの中で生じる問題にも違いがある。すなわち高齢者の在宅ケアと末期がん患者の在宅ケア（在宅ホスピスケア）をすべて同じように扱うことができない。しかし、現在は在宅ホスピスケアというと末期がん患者を対象としているため、高齢者の場合や難病患者の場合は想定されていない。もちろん、末期がん患者の在宅ケアには困難な条件もあり、今後整備していかなければならないことも多い。しかし、ホスピスの歴史からみても、ホスピスケアはがん末期患者のみに開かれているものではない。ホスピスの語源の一つであるホスピタリティは「親切なもてなし」であり、近代ホスピスの創始者のエイケンヘッドも、その思想を引き継いだソンダースも不治の病を患った人をホスピスケアの対象者にしているのである。難病患者はもちろん、高齢者に多い慢性心不全や脳梗塞、認知症、そして老衰、どれをとっても不治である。そのことを援助者は忘れるべきではないと思う。

注

（1）宮崎和加子「寝たきり、痴呆老人の戦後史」、川上武編著『戦後日本病人史』農山漁村文化協会、二〇〇二年、五五五―五八一頁。
（2）増子忠道『介護保険はどう見直すべきか』大月書店、二〇〇二年。

(3) 川越厚「在宅ホスピス・緩和ケアと在宅療養支援診療所(1)――在宅療養支援診療所新設の意義」『緩和ケア』17巻2号、二〇〇七年、一四三―一四七頁。
(4) 宮崎、前掲、注(1)、五五五―五八一頁。
(5) 新村拓『在宅死の時代――近代日本のターミナルケア』法政大学出版局、二〇〇一年、九八―一〇九頁。
(6) 宮崎、前掲、注(1)、五七〇―五七二頁。
(7) 同上書、五六五―五六八頁。
(8) 太田貞司「ホームヘルプサービスと医療対象者」、大島巌、平直子、岡上和雄編著『精神障害者のホームヘルプサービス』中央法規出版、二〇〇一年、四九―六四頁。
(9) 黒田裕子「もてなしと奉仕の精神」、日本ホスピス・在宅ケア研究会編『ホスピス入門――その〝全人的医療〟の歴史、理念、実践』行路社、二〇〇〇年、三一―三二頁。
(10) 山形謙二「古代ローマから現代へ」、日本ホスピス・在宅ケア研究会編、同上書、三三―五〇頁。
(11) 新村拓『ホスピスと老人介護の歴史』法政大学出版局、一九九二年。
(12) 山形、前掲、注(10)、三三―五〇頁。
(13) 同上書、三三―五〇頁。
(14) 円山誓信「ホスピスの歴史」、黒岩卓夫編集責任、中川米造監修『宗教学と医療』弘文堂、一九九一年。
(15) 同上。
(16) 「『在宅ホスピスケアの基準』についての解説」『在宅ホスピス協会』二〇〇八年四月一日〈http://www005.upp.so-net.ne.jp/zaitaku-hospice/〉
(17) 増子忠道、宮崎和加子編『最期まで家にいられる在宅ケア――東京・千住地域の巡回型24時間在宅ケアの実践』中央法規出版、一九九六年。
(18) 大田貞司「施設へつなぐ在宅ケアから在宅生活を目指す在宅ケアへ」、増子、宮崎編、同上書、二二三―二二八頁。
(19) 増子、宮崎編、前掲書、注(17)。

(20) 岡本祐三「変貌する終末期医療と介護」『経済セミナー』二月／三月号、二〇〇七年、四〇―四四頁。
(21) 山崎章郎、佐原康之、岡部健、角田直枝「座談会　在宅療養支援診療所と在宅での看取り――ホスピス・緩和ケアを地域に広げるために」『緩和ケア』16巻6号、二〇〇六年、五一七―五二三頁。
(22) 岡部健「地域における緩和ケア提供体制を変える」『緩和ケア』16巻6号、二〇〇六年、四八五―四八七頁。
山崎、佐原、岡部、角田、前掲、注(21)。
(23) 増子、前掲書、注(2)。
(24) 山崎、佐原、岡部、角田、前掲、注(21)。

自殺と責任をめぐって
――自殺予防と自死遺族の悲嘆克服のために――

五十子敬子

二〇〇九（平成二十一）年五月発表の警察庁統計資料[1]によると、二〇〇八（平成二十）年度の自殺者数は三万二二四九人で、二〇〇七（平成十九）年度の三万三〇九三人に比して八四四人減少し、ピークを記録した二〇〇三（平成十五）年度の三万四四二七人からは二一七八人少ないものの、一九九八（平成十）年以降十一年連続で三万人を超えている。

一　自殺について

(1) 死

自殺とはどのような「死」であろうか。そして「死」を分類すると自殺はどのように位置づけられるであろうか。ここではまず死について概観する。

1　死の分類

死の分類には本人に着目した視点と行為に着目した視点とがある。

Ⅰ　本人に着目した死の分類

a　客観的視座

①自然死

病気および老衰による死

治療の中止および差し控え

いわゆる尊厳死

②不自然死

事故死

自殺

他殺

中間に位置するものとして

幇助された自殺・安楽死・嘱託殺人

b　主観的視座

①非意識的な死

自然死

事故死

他殺

②意識的な死

自殺

幇助された自殺・安楽死・嘱託殺人

II　行為に着目した死の分類
　a　自然死および無過失とされる事故死
　b　不自然死　①他殺（故意・過失）②自殺および自己の過失死

死の分類をa客観的視座からみると、①自然死と②不自然死となり、①自然死には病気および老衰による死、治療の中止・差し控えによる尊厳死が、②不自然死には事故死、自殺、そして他殺があり、自殺幇助・安楽死（広義の嘱託殺人に含まれる）・嘱託殺人は自殺と他殺の間に位置する。

自己の死をb主観的視座からみると、①非意識的な死と②意識的な死に分類される。非意識的な死には自然死および他殺ならびに事故死が、②意識的な死には自殺および幇助された自殺・安楽死・嘱託殺人が含まれる。

次に死をII行為に基づいて分類すると、a自然死および無過失の事故死と、b不自然死の①他殺（故意・過失）、②自殺および自己の過失死に分類できよう。

2　「殺」という問題

不自然死にみる死には「死」および「殺」という問題が浮かび上がる。「死」は生命機能の停止またはその状態をいうが、[2]「殺」は殺す、殺されるの関係があって成り立つ。「殺す」は他の生命を絶つことをいい、[3]一方、不注意で死なせた、または手を尽くしたが死に至らせたという気持ちをこめていう「死なせる」「亡くす」の意ももつ。[4]英語ではkillは「殺す」、そして-cideは「―殺（行為）」「殺す人」の意味をもち、[5]die, deathは「死ぬ」、「死」を意味する。[6] -cideが語尾に付く関連の英単語をあげてみると、homicide（殺人）、suicide（自殺）、genocide（集団大虐殺、民族皆殺し）、patricide（父殺し）、matricide（母殺し）、fratricide（兄弟、姉妹殺し・同胞殺し）、regicide（国王殺し、大逆罪）、feticide（胎児殺、堕胎）、neonaticide（生後一ヵ月以内の新生児殺）、infanticide（生後一年以内の嬰児殺）など殺す行為のときに-cideが用いられている。自殺が単数であるのに対して自殺以外は殺す人、殺される人およびその行為を幇助する人の複数がかかわる。

諸橋轍次編『漢和大辞典』によると「死」は人と残骨を意味する語の合字で、「人命尽きて残骨と化する」[7]という意味をもっている。また「殺」は「メ（刈り取る）＋朮（もちあわ）＋殳（動詞の記号）」の会意文字で、秫（もちあわ）の穂を刈り取り、実をこそぎとることを示す。[8] これらを総合すると、死には生命機能の停止が、殺には積極的に生命を奪う意が含まれているといえよう。

3　日本人の死生観

霊魂は永遠に生きるという思想は日本にも古くから存在していた。たとえば、弘法大師は高野山で生きながらにして埋められ、入定《にゅうじょう》という儀式を行い、霊魂を永遠に生きさせ、普遍の存在になったとされている。[9]

さて、日本人の死生観の歴史的な展開を概観してみよう。

記紀の神話では、この世は混沌から説き始められ、国生みの神々がこれを造り固め、その御業を人間が継承するものと語られている。死についての記述は、国生みの祖神・伊邪那岐命《いざなぎのみこと》の「黄泉の国」訪問がある。そこでは、死は神でさえいかんともなしがたい不幸として受け止められており[10]、一方、死を穢《けがれ》として、禊祓《みそぎはらえ》をする[11]風習も伝えられている。

六世紀に仏教が伝来し、奈良時代（八世紀）には天皇自ら仏弟子を称し、その信仰の深さを示すために、国をあげての大仏鋳造に力を注いだ。[12] それと同時に、この世を無常とし来世にかける思いが広がっていった。万葉集には次のような無常観を思わせる歌がみられる。

巻向《まきむく》の山辺《やまへ》とよみて行く水の
　水沫《みなわ》のごとし世の人われは
　　（柿本人磨　巻七、一二六九番[13]）

この世にし楽しくあらば来む世には
　虫にも鳥にもわれはなりなむ
　　（大伴旅人　巻三、三四八番[14]）

庶民が健康や長生きということを考えられるようになったのは、江戸時代の元禄（十七世紀末）以後である。その背景として、全国耕作面積が江戸初期（十七世紀初め）の一五〇〇万町歩から三〇〇万町歩となり、食生活も一日二食から三食が一般になったことも指摘できるであろう。[15] 今日の日本的生活の原型はここにできあがったのである。[16]
十八世紀半ばの小林一茶に次の句をみる。

花の陰寝まじ未来がおそろしき

その意は、西行の「願わくば花の下にて春死なん……」[17]などとんでもない、まったくわからない未来など恐ろしくて、うっかり花の陰などで寝ていられようか、ということで、ここには他力本願による来世願望の強いといわれてきた日本人の生き方は見受けられない。[18]生死の考え方が宗教から離れ、人間的になってきたといえよう。

一茶自身は、「ぽっくりと死ぬが上手な仏哉」と詠んでいるように、文政十（一八二七）年、六五歳で願っていたとおりの死を迎えた。[19]

また、良寛（一七五七—一八三一）はいよいよ臨終の近づいた時に、看護していた貞心尼が、「生き死にの境はなれて住む身にも　さらぬ別れのあるぞ悲しき」と詠じたところ、「うらを見せおもてを見せて散るもみじ」と返したという。

裏表つまり「生死」は一体で、そのあいだにはっきりとした断絶を考えず、「生と死」というようにあいだに「と」を入れていない日本語独特の連続的なつながりにその特有の一体の思想がよく示されている。[20]

寛政三（一七九一）年、八二歳で『翁草』新編二百巻を完成した神沢貞幹は、[21]「辞世とは則迷い唯死なん、唯終焉静かに眠るが如しと聞くのみぞ、いともめでたけれ」と安楽な死を望んでいた。そして四年後八六歳で「静かに眠るが如く」息を引き取った。[22]

上記のように、知識人には人間主義的な考えもでてきたが、儒教道徳や極楽への往生願望が広く民衆に行きわたっていたといわれる。こと生命にかかわる場面では、むしろ土俗的な民間信仰が民衆の心性と習俗の中により根強く生きていたと考えられる。その点では、医者にかかりながら、一方で癌封じ寺や身代わり不動、とげ抜き地蔵などに詣でる現代日本人もあまり変わりはないのである。[23]

しかし、こうした自由な発想とは異なり、支配層としての武士には、武士道が形成され、定着していった。それは武士が支配層であることに伴う倫理であり、また武士が武士として生きるために作られた理念でもあった。そこで武士道における死について、要約しておこう。

「人固有一死、或重於大山、或軽於鴻毛(24)（人もとより一死あり、或いは大山より重く、或いは鴻毛より軽し）」という司馬遷の言葉はよく知られている。ここにいう「死」は、言うまでもなく、自然に訪れる死ではなく、人為として選ばれた死である。あるいは重いといい、あるいは軽いというのは、その死が「義」にかなっていないか、「義」にかなっているかによる。

たとえば、「命縁義軽(25)（命は義によりて軽し）」という言葉や、「義は泰山より重く、命は鴻毛より軽し」という言葉はよくそれを示している。

「義」とは人として行うべきすじ道であり、それに伴う死をきわめて軽いものとするこの考え方は、儒教道徳として日本でも伝統的に形成されていった。江戸中期の書『葉隠』の、「武士道と言うは、死ぬ事と見付けたり(26)」は、その道徳のもっとも端的な表現であろう。切腹という、外国人には奇異と感じられた行為も、その類縁にあると考えられる。義の第一は、「主従は三世」といわれる君臣の義である(27)。君主あるいは君国に尽くす「誠」の道としての忠義は、日本封建社会の道徳の中心に位置するものであった。切腹の中でも追腹殉死は、君主への真心の表明であり、主従は三世の証明でもあった(28)。

このような自ら死する行為を広く死生観という視点からとらえれば、殉死は君主との縁を断ち切らず続けるということであり、生そのものが、「縁」として存在していることを示すものともいえよう。したがってそこには、自身と君主の縁の連続だけでなく、「家」の存続という現実的な思いも含まれる。最後の殉死といわれた乃木希典が、その遺言において、養子をとることなく乃木家の断絶を望んだのは、[29]「至誠」[30]をもっとも純粋に貫きたいと願ったからであろう。

ヨーロッパにおいては、キリスト教に支えられた「個」の観念が確立しているが、日本社会の中では、「個」の観念は稀薄であり、その死生観にも「縁」が深く刻み付けられている。

現代における「死」の問題を考える際にも、この「個」と「縁」の観念も、看過されてはならないのである。

(2) 処罰からみた自殺

1 自殺処罰の推移

自殺をまず処罰という局面から考えてみる。

処罰の歴史的推移をみると、古代ギリシャのアテネでは自殺者は権利が剝奪され、正式な埋葬は許されず、四肢は切断されて埋められたという。また古代ローマ最後の王とされるタルクィニウス尊大王は自殺者の死体を放置し、野生の鳥や獣の餌食にしておくことを命じたという。しかし、ギリシャでもローマでも国家に申し立てて理由が妥当とされれば自殺は法的に許容され、自然死と同じ扱いを受けた。[31]その後キリスト教社会の形成に伴い自殺は徐々に禁止に向かった。ではヨーロッパ社会において、自殺はどのように位置づけられてきたのであろうか。

最初に自殺に反対する考えを示したのは、アウグスティヌスで、モーセの十戒の第六戒「汝殺すなかれ "Thou shalt not kill"」を冒すとして反対した。

キリスト教における最初の自殺の禁止は、四五二年のアルルの教会(司教)会議(the Council of Arles)で、単に召使の自殺を禁ずるものであった。最初の否認はオルレアンの教会会議(the Council of Orleans)で明らかにされ、教会は刑死者にさえ聖体を授けることを許していたのに、自殺者にはそれを許さなかった。五六三年のブラガの教会会議（the Council of Braga）は、「自殺者にはいかなる追憶の祈祷もあたえられてはならず、遺体は賛美歌によって送られてはならない」という決定を下している。六七三年のヘレフォードの教会会議（the Council of Hereford）で、教会法はイングランドに継受され、九六七年エドガー王の教会法が明確に自殺者に対する埋葬儀式の否定を再確認した。そして一二八四年のニームの教会会議（the Synod of Nîmes）は自殺者を墓地に内密に埋葬することさえ拒否した。(32)

トマス・アクィナス（St. Thomas Aquinas 一二二五?—一二七四）は次の三つの理由から自殺は不法であると述べている。

1 自殺は自然の意向に反するものである。そしてすべての人は人自身を愛するという慈しみに反するものである。

2 すべての人は共同体の一員である。

3 生命は神から人にあたえられたものであるので、自身の生命を奪う者は神にそむくものである。

マルティン・ルター（Martin Luther 一四八三—一五四六）およびジャン・カルヴァン（Jean Calvin 一五〇九—一五六四）もまた自殺に異議を唱えている。(33)

英国においても近代以前は自殺は処罰の対象であり、自殺者の財産は没収されることになっていたが、(34)一八七〇年の「反逆罪と重罪を理由とした没収を廃するため、およびその関連法規を修正するための法律（An Act to

Abolish Forfeitures for Treason and Felony, and to otherwise the Law relating thereto)」の制定によって改正された。その後一九六一年に「自殺法（Suicide Act）[35]」が制定され、自殺は犯罪でないとされた。そこではじめて、一九五七年の「殺人法（Homicide Act）[36]」の第四条から自己殺（killing himself）」の文字が削除された。自殺法制定の過程で、違法とならない自殺および自殺未遂を幇助した自殺幇助罪が違法となるのは矛盾するとして自殺幇助罪についても検討されたが、それは犯罪として残され現在に至っている。それには、もし医師が末期の患者の要請に応えて安楽死させたならば、医師は免責されないということが含まれている。

（1）―2で自殺以外は殺される人と行為者を含めて複数がかかわるとした。「-cide」または「―殺」のつくものは処罰の対象となり犯罪とされている。自殺が処罰の対象でないならば、それは自殺ではなく自死とされるべきという考え方もある。

2　自殺幇助

日本の刑法二〇二条前段は「人を教唆して若しくは幇助して自殺させ」と記しているが、「教唆して自殺させる」というのは、まだ自殺の決意をしていない者を自殺の決意をさせ自殺の決意に導くことなのであり、ここではひとまずおく。それに対して「幇助して自殺させ」とは、すでに自殺の決意をしている者に対して、自殺の方法を指示したり、器具や薬剤を与えたりして自殺行為を援助し、自殺させることである[37]。アメリカではオレゴン州尊厳死法S.3.14に、「本法は医師またはいかなる人にも、致死の注射、慈悲殺または安楽死により患者の生命を終結させる権限を付与するものではない」と記しており、致死の薬剤の処方箋を出すことも自殺幇助に含まれると考えられている。オレゴン州では、一九九八年から二〇〇五年までに二四六名が尊厳死法[38]（The Oregon Death with Dignity

Act）に基づいて尊厳死している。[39] オレゴン州保健省（Department of Human Services）では尊厳死法に基づいて生命を終結した人について法施行以来毎年報告書を公表している。

英国では、一九六一年に自殺法が制定され、自殺は合法となった。一方、自殺教唆または幇助は一四年以下の自由刑と規定されているが、実際には年に平均一件か二件が起訴され、ほとんど執行猶予となっている。しかし教唆はともかくとして、違法ではない自殺を幇助すれば有罪というのには矛盾があるのではないかということであろうか。末期患者への自殺幇助に関して、英国の刑法学者グランヴィル・ウイリアムズ（Glanville Williams）教授が、彼の著書『Textbook of Criminal Law』の中で、法がなぜそれを妨害するのかと疑問を投げかけながら、[40] 一方、同意殺人（consent-killing）については殺人となるだろうと次のように指摘している。

「医師が末期の患者の死を早めるために、患者の同意に基づいて毒物を注射すると殺人になるが、患者の横に毒薬を置き、患者がそれを飲んだ場合には、患者が自殺をして、その医師は自殺幇助をしたことになり、一九六一年制定の自殺法により、医師は自殺幇助罪になり、殺人にはならない」。[41]

ヨーロッパの国々の中で、スイスとスウェーデンは思いやり（compassion）からの自殺幇助については違法性が阻却され、一方デンマークでは三年以内の自由刑とされている。なお、オランダ、ベルギーではいわゆる安楽死法が施行されている。[42] またフランスでは安楽死は許容されないが、二〇〇五年四月十三日、すでに下院を通過していた末期患者の人工延命治療拒否権を認めた法案が可決されている。[43]

英国では、安楽死法は幾たびか国会に上程されたが、いずれも通過していない。判例の積み重ねにより治療方法の選択権は認められているが、意思無能力者の治療の中止が許容された場合は、一九九三年のトニーブランドの事例以後二十数件である[44]。さらに二〇〇二年に国内法で敗訴したダイアン・プリティ（Diane Pretty）はストラスブールにあるEU法による欧州人権裁判所に提訴し、夫に自殺幇助を求めた。しかし、四月二十九日の判決で敗訴となった。ダイアン・プリティは十二日後の五月十一日に失意のうちに死亡した[45]。また、同年十一月七七歳の英国人男性がスイスで自殺幇助により死亡した事例がある。当時の英国自発的安楽死協会（VES）はそれを「死を求める旅行（Death Tourism）」と呼び、多くの英国人がそのようなスイス旅行をすることになってはいけないと警告している[46]。

二　自殺をめぐる責任について

自殺にかかわる責任として次の四つが考えられる。（1）自殺者本人の責任と責任能力、（2）自殺にかかわる社会の責任（3）過労自殺と責任、（4）自殺事故と精神科における責任。

(1)　自殺者本人の責任と責任能力

自殺者本人の責任については、日本では自殺が犯罪でないということで、自殺をしたことに対して責任が問われることはない。一方、商法六八〇条一号は、保険者の法定免責事由とし「被保険者が自殺、決闘[47]その他の犯罪または死刑の執行に因りて死亡したる時」は「保険金を支払う責に任ぜず」と規定しているが、保険会社の約款では「責任開始日から二年（会社により三年）経過すれば全額支払われる」とされている。一方、自殺者の八〇％以上に精神異常を認める(48)とすると、生命保険の免責期間に満たない場合でも自殺したときには判断能力がなかったとして保険金が支払われることもある。しかしその場合商法六七八条に規定する「被保険者が悪意または重大なる過失により重大なる事実を告げず又は不実の事実を告げたる時」に該当することがあり、保険に加入する前に発症していたか否かが問題となる。さらに「判断能力がない」という責任能力に関して言及すると、刑法三九条一項は心神喪失の場合には責任無能力ということで違法性が阻却されることを規定し、二項では心身耗弱の場合の限定責任能力としての刑の減軽を規定している。これは、自殺は犯罪ではないことから、本人が自殺した場合には、前述の生命保険の法定免責期間に関する場合以外に問題となることはない。しかし、心中の場合に、片方が亡くなってしまい、片方が未遂であった場合に殺人罪を問われることがあり、責任能力が問題となることもある。責任能力のあるかないかは精神鑑定によって判断される。ここで、精神鑑定について述べることとする。

精神鑑定には二つの場合がある。一つは「精神保健及び精神障害者福祉に関する法律(49)」による精神鑑定で、たとえば、路上で異常に大騒ぎをしている人を連れて来て、精神保健指定医という免許をもっている医師が診察し、この人を強制的に入院させるか否かを判断する。精神科への入院のさせ方は次の三通りである。

①措置入院といわれるもので、強制的に入院させることをいい、二人の指定医が診て、一致して自傷他害のおそれがあるから入院させる必要があるという場合で、都道府県知事の命令で本人の承諾なしでも入院させうる。②医療保護入院といわれるもので、強制的に入院させるほどではないけれど、本人は拒否しても、家族の承諾を得て入院させうる。③任意入院といわれるもので、自分の意思での入院である。

精神鑑定の二つ目は、刑事事件の場合で、裁判所、または検察庁が犯行当時の精神状態がどのようなものであったかを精神医に鑑定を依頼する場合と、民事事件の遺言や離婚の場合の精神状態を鑑定する場合等がある。

(2) 自殺にかかわる社会の責任

自殺未遂者や自殺者親族に対する支援については、昭和四十年代(一九六〇年代後半)に民間団体による電話相談が開始されたとはいうものの、自殺未遂者や自殺者親族等に対する行政レベルでの支援はほとんど行われてこなかった。その後自殺者数の増加に対応するために厚生労働省に設置された自殺防止対策有識者懇談会によりその報告書『自殺予防に向けての提言』が二〇〇二(平成十四)年十二月に公表された[50]。二〇〇五(平成十七)年には参議院厚生労働委員会において、「自殺に関する総合対策の緊急かつ効果的な推進を求める決議」[51]が行われ、また、二〇〇六(平成十八)年には「自殺対策基本法」が制定され、自殺未遂者や、自殺者親族に対する支援が明文化された。翌年には「自殺総合対策大綱」が閣議決定された。

さらに二〇〇八(平成二十)年三月には、自殺は、健康問題や家族問題だけでなく、失業、倒産、多重債務、長時間労働などの社会的な要因が複雑に関係していることを踏まえ、保健医療、福祉、心理、経済、法律等さまざまな視点からの支援が必要である、とガイドライン作成の際に必要とされる指針が報告書としてまとめられた[52]。徐々にではあるが、行政機関も含めて自殺を予防し、また不幸にも亡くなってしまわれた方の遺族のケアに向けて支援をしていこうと動き始めた。

(3) 過労死自殺と責任

二〇〇四(平成十六)年の労働者(管理職+被雇用者)の自殺者数は八五四七人[53]で、労災事故死のおよそ五倍強、同年の殺人事件の認知件数一四一九件[54]のおよそ六倍、そして同年の交通事故死数七三五八人[55]をも上回る数である。

しかし、従来、過重労働や業務に対する心理的な負荷がうつ病等の精神的疾患を招き、自殺を選択してしまうという過労死自殺は労災認定の基準を満たさないと判断されていた。一九八九（平成元）年には過労死（ヤマハ発動機自殺死）事件の民事訴訟が静岡地裁にて勝利的和解をし、[56] 一九九九年七月には、労働省の委託により「精神障害等の労災認定に係る専門検討会」の報告が出され、これに基づいて九月には労働省が新しく「心理的負荷による精神障害等に係る業務上の判断指針」[57] を示していた。二〇〇〇（平成十二）年の電通・大島自殺事件最高裁判決では差し戻しとなったものの、企業側に安全義務違反を認めるもので、東京高裁で、勝利的な和解となった。[58] 厚生労働省では、二〇〇二（平成十四）年二月に「過重労働による健康障害防止のための総合対策」を策定した。[59] 法定の限度や通達の限度目安（月一〇〇時間）を超える長時間残業による業務上の疾病に対しては二〇〇六（平成十八）年には「過重労働による健康障害防止のための総合対策について」に基づき対策が進められてきた。[60] 二〇〇八（平成二十）年三月七日には「過重労働による健康障害防止のための総合対策」も一部改訂され、[61] 常時五〇人未満の労働者を使用する事業場においても長時間にわたる時間外・休日労働を行った労働者に対する面接指導の実施が義務づけられ、同年四月一日から施行された。実際にはサービス残業、名目上の管理職などという問題もあり、より良き労働環境を作り出すことは容易ではない。長期的にみると労働環境は徐々に改善の方向に進みつつある。

二〇〇八（平成二十）年八月二十五日には福岡高裁で、上司のいじめが原因で自殺した海上自衛隊の男性三等海曹の両親が国に損害賠償などを求めた訴訟の控訴審判決は、原告の訴えを認め国に三五〇〇万円の支払いを命じた。過労死自殺の事例ではないが、職場での自殺として、付記しておく。[62]

(4) 自殺事故と精神科における責任

医療行為において、たとえば手術の際に、不幸にも患者が死亡してしまったような場合に、刑法上の責任が問われることがある。過失犯は不注意によって犯罪事実を実現するものであり、客観的な注意義務——結果の発生に対する客観的な予見義務と回避義務——に反する場合にはじめて過失犯の構成要件該当性が認められるのである。それゆえ、客観的に要求される相当の注意を払っても結果を回避することができなかったであろうような場合は、法が社会生活の上でこれを容認するもの、社会的相当性ゆえに違法性がない(63)と考えられる。そのような場合にも、民法上の損害賠償請求をすることができる。

自殺者の八割は自殺する時には精神に異常をきたしていたと前述したが、ここでは、そのような心理状態ではなく、入院中または通院している精神障害者が病院内、または病院外で自殺した場合に、その遺族が病院ないしは医師を相手取って民事責任を追及するという場合について述べる。

患者と医師との間の診療契約の法的性格は、請負契約ではなく、法律行為ではなく事実行為であるから、通説・判例は準委任契約(民法六五六条)であるとしている。準委任契約に関しては請負契約にかかわる諸規定が準用され、受任者(医師)は(健康の回復という)委任の本旨に従い、善良な管理者の注意義務をもって委任事務(診療行為)を行う義務を負うとされる(民法六四四条)。したがってこの義務を怠り患者に被害を与えると債務不履行に基づく損害賠償をしなければならない(民法四一五条)。あるいは「故意または過失によって他人の権利または法律上保護される利益を侵害した、として損害賠償責任を負うこととなる(民法七〇九条)」。過失とは、一定の事実を認識すべきであるのに、不注意により認識しなかった場合で、医師は結果予見義務と結果回避義務が含まれる注意義務を負っているのである。精神科の患者は自殺念慮が強い場合もあり、自殺防止措置も重要な医療行為の一つといえる。そのような状況において、医師および医療従事者がその診療当時の医療水準に基づいて行った診療の過程で自殺という結果がでてしまっても、そのことから直ちに医師・病院側に注意義務違反があったとすることはできない。過失判断について、弁護士木ノ本直樹は「精神科における自殺事故と民事責任」で、下記のように述べている。

「当該患者の具体的精神症状、病院設備、人員体制等に照らし、自殺防止を含めた患者の安全に対する配慮が具体的かつ誠実になされているかが過失判断の分かれ目ということになるであろう。結果として自殺事故が発生しても、それは直接的には過失判断の要素とはならない(64)」。

また、精神科医鶴田聡は、「政府や医師会は、自殺の大半がうつ状態から引き起こされるので、そうした前兆に気づいたら精神科医に相談しましょう、というキャンペーンを行っている。確かに精神科医に相談することで救われる人はいるが、精神科医は自殺を的確に予測し阻止できるだろうか?」と、疑問を呈している。鶴田医師の患者で自殺した人は二十年間に五六人、そのうち一ヵ月前の精神状態が中程度以上のうつであったものは八人にすぎないと、うつの状態と自殺衝動の強弱、実行してしまう行為とは必ずしも直結せず、精神状態から自殺を予測するのはきわめて難しいと述べ、自殺予防は社会全体で取り組むことが必要であろう(65)、と述べている。しかし、精神科医に相談したことにより、救われる人がいるのであるから、「精神科医に相談しましょう」というキャンペーンも意味をもつであろうし、聖学院大学大学院教授平山正実の主催する「グリーフケア・サポートプラザ」の自殺者の遺族のサポート活動も、社会に自殺予防を訴えていくという意味で有意義なものであると考える。

以下に精神に障害のある患者の自殺事件判決を示す。

(1) 医師または医療施設側の債務不履行責任または不法行為責任が認められた事件

裁判所	判決年月日	判例集	患者	概要	
①福岡地裁小倉支部	S49.10.22	判タ320.253	M51	初老期うつ	入院中縊死
②福岡地裁	S55.11.25	判タ433.52	M29	統合失調	入院中縊死
③大阪高裁	S57.10.27	判タ486.161	F18	思春期混乱	レク療法中飛込自殺
④東京地裁	H7.2.17	判タ901.209	M15	うつ	入院中縊死
⑤福岡地裁小倉支部	H11.11.2	判タ1069.232	M52	統合失調	入院中縊死
⑥横浜地裁	H12.1.27	判タ1087.228	F23	統合失調	入院中焼身自殺未遂
⑦東京高裁	H13.7.19	判タ1107.266	M36	うつ	入院中縊死

(2) 請求棄却された事件

裁判所	判決年月日	判例集	患者	概要	
①福岡地裁	S51.11.25	判時859.84	M21	うつ	入院中投身自殺
②福岡高裁	S54.3.27	判タ388.142	M51	(1)①の控訴審	
③福岡地裁	S.57.1.26	判タ465.173	F51	うつ	入院中縊死
④東京地裁八王子支部	S59.12.26	判時1158.216	F14	脳性まひ	入院中転落死
⑤大阪地裁	S61.3.12	判タ599.61	M22	統合失調	投身自殺
⑥名古屋地裁	S62.6.24	判タ660.180	M63	認知障害	入院中投身自殺
⑦東京地裁	S62.11.30	判時1267.82	M28	うつ	許可を得て外出中自殺
⑧東京地裁	H2.2.27	判時1369.120	M24	うつ	許可を得て外出中自殺
⑨東京地裁	H3.10.29	判時1461.78	F23	うつ	入院中投身自殺
⑩広島高裁	H4.3.26	別冊ジュリ p.168	F不詳	統合失調	入院中縊死
⑪鹿児島地裁	H9.10.24	判例自治 183. p.35		統合失調	通院

判タ：判例タイムズ、判時：判例時報、別冊ジュリ：別冊ジュリスト

三 「死は死である」という認識について

音楽学の学理を専門として大学で教鞭をとっていた筆者の姉は、とくに中国の琴・箏曲の研究で文学博士となり将来を嘱望されていたが、五三歳で直腸がんのために世を去った。十九年前のことである。研究者として惜しい死であった。死期のせまる姉と病室に二人となった時に、ふと姉は「悔しい」とつぶやいた。姉の口から出たこの言葉が、死そのものが悔しかったのか、まだ研究途上であることを悔しく思ったのか、今となっては知る由もないが、「悔しい」という語は、以来私の心に特別の位置を占めるようになっていった。

一九九七年以来、日本の年間自殺者数は三万人を超えている。自殺した方の思いは一義的に決めることはできないが、生前の暮らしの中で交わりをもった人々にとっては、それが「悔しさ」として長く尾を引いている。そうした観点から、自殺も生命倫理の視点で考察しなければという思いにかられる。

自殺というものを一つの自己決定と措定した場合、そこでは自分の意思のみが決定的に尊重される。しかし、個が確立しているとされる欧米でも、自らの生命を絶つということに対しては許容にくみせず限界を設けている。日本でも欧米でも自殺は犯罪とはされていないが、自殺者の死を幇助することは多くの国において自殺幇助として犯罪となる。そこには自殺を「死ぬ権利」としてみることへの限界が示されているといえよう。

四　「生」と「死」にかかわる教育について——社会が負う責任

自殺を防げなかったということで自殺者の遺族が味わう自責の念や、社会の目を気にしての顧慮が働くということをよく耳にする。そうした遺族の精神的な負担を少しでも軽減できるように生と死にかかわる教育が必要であると一部でいわれるようになって久しい。生と死について考察する集まりが発足して四半世紀が経過した。しかし、それはまだ一部にとどまり、教育カリキュラムの中に取り入れられているわけではない。生と死にかかわる教育を行っていく過程で、他者への思いやりを深めること、さらに予防を含めて自殺という行為についてを考えさせていくことなどに着手するべきではないだろうか。

次に世界保健機関の自殺予防対策について触れることとする。

世界保健機関（ＷＨＯ）では、二〇〇〇年にはおよそ一〇〇万人の人が自殺によって生命を絶ち、さらにその一〇倍から二〇倍の人が自殺を試みるであろうと予測した。これは四〇秒に一人が亡くなり、三秒ごとに一人が自殺を試みることになる。そこで、一九九九年に「ＷＨＯ自殺に関する問題点と現況[66]」が採択された。そこでは、世界自殺予防戦略（WHO : SUPRE）と世界自殺予防デー（九月十日）などの自殺予防対策を実施し、全世界に向けてその推進のための働きかけを行っている。ちなみに二〇〇四年九月八日ＷＨＯは、二〇二〇年には年間自殺者数が一五〇〇万人になることが見積られるとして、世界自殺予防デーを設けるとともに、国際自殺予防協会（the International Association for Suicide Prevention）と共同で、世界に向け自殺予防を訴えていくと表明している[67]。日本では、平成十七年の自殺対策関係省庁連絡会議も相談体制等の充実の項目で、「児童生徒が命の大切さを実感できる教育の推進」をうたっているが、児童生徒のみならず大学においてもカリキュラムの中に含める等の必要があるのではないだろうか。

生と死にかかわる教育により自殺予防を訴えていくということは、社会が負っている責任ということができよう。

五　結びに代えて――自殺か自死か、遺族の気持ちを考える

「殺」か「死」かについて、日本語・英語の言葉の意味、および成語過程からみると、死には生命機能の停止が、殺には積極的に生命を取る意が含まれており、「自死」すなわち自ら死ぬということが、自ら殺す「自殺」と同義とされることには抵抗がある。しかし従来もっぱら「自殺」という言葉が使われてきた。たとえば『日本国語大辞典』の「自死」の意味は「自殺」に同じとなっている。そうした自死をも含めて自殺は現代の日本はもとより、多くの国々で違法とはされていない。確かに自殺は狭義ではその人自身の問題といえるが、そこには深く社会にかかわる問題が含まれている。すなわち身内を含めて直接まわりにもたらす諸問題の他に、生きることの責任を果たすようサポートしきれなかった痛みを社会に残すことも見逃すことができない。そうした点からもＷＨＯが世界に向けて自殺予防対策を打ち出したことは大きな進展ということができる。

本稿においては、二「自殺をめぐる責任について」において、自殺者本人、行政、医師および医療機関の責任という問題を考察した。医師鶴田聡も触れているフランスの十九世紀の社会学者エミール・デュルケムは一八九七年の『自殺論』の中で、社会的共同体で「個々人の連帯を高める」ことが自殺予防に必須であると述べている。[68]社会をあげてさまざまな角度から自殺予防に向けての改善を計ることが望まれる。それは今後の社会に課せられた重い

「責任」といえよう。

注

（1）警察庁「平成20年中における自殺の概要資料」〈http://www.npa.go.jp/safetylife/seianki81/210514_H20jisatsunogaiyou.pdf〉（2009/06/01）
「自殺者数の推移（統計）」ティーベック（株）メンタルヘルス関連データ〈http://www.t-pec.co.jp/mental/2002-08-4.htm〉（2009/06/01）
朝日新聞、二〇〇八年、六月十九日夕刊、三版、一頁。

（2）「殺人罪ノ客体タル人ハ犯罪ノ当時生活機能ヲ保有シタルモノナルヲ以テ足リ其健康状態カ善良ニシテ相当ノ天寿ヲ享ケ得ハカリシ者ナルコトヲ要セス」（明治四十三年（れ）第七〇九号、明治四十三年五月十二日宣告、明治四三・五・一二刑録一六巻、八五七頁）

（3）『日本書紀』崇神天皇十年九月・歌謡「大き戸より窺ひて許呂佐（ころさ）むとすらくを知らに姫遊びすも」、および日本国語大辞典刊行会『日本国語大辞典』第8巻、一九八〇年、四五八頁。

（4）日本国語大辞典刊行会『日本国語大辞典』第8巻、小学館、一九八〇年、四五八頁。

（5）Burchfield, R. W., *THE ENGLISH DICTIONARY*, 2nd ed., Clarendon Press Oxford. cide:Vol.3, p. 213. kill:Vol.8, p. 427.

（6）Burchfield, R. W., *THE ENGLISH DICTIONARY*, 2nd ed. Vol.4, Clarendon Press Oxford. death:p. 303. die:p. 631.

（7）諸橋轍次『漢和大辞典』第六巻、大修館書店、一九七六年、六四四五頁。

（8）藤堂明保『学研漢和大辞典』学習研究社、一九八〇年、六九三頁。

(9) 五来重「日本人の死と死生観」、安平公夫監修『生命の意味』思文閣、一九九二年、三〇頁。
(10) 武田祐吉訳注・中村啓信補訂『古事記』角川書店、一九八七年、二七三頁。
(11) 同上書、三〇頁。
(12) 『日本宗教辞典』広文堂、一九八五年、一八八頁。
(13) 斉藤茂吉『万葉秀歌』上巻、岩波書店、一九九四年、二二一頁。
中西進『万葉集第七巻』(二) 講談社、一九八〇年、一二三頁。
(14) 斉藤、前掲書、注(13)、一四七頁。
(15) 立川昭二『見える死、見えない死』筑摩書房、一九八八年、九頁。
(16) 立川昭二『江戸人の生と死』筑摩書房、一九九三年、九頁。
(17) 「願わくば花の下にて春死なんそのきさらぎのもち月のころ」、西行『山家集』、春歌。
(18) 立川、前掲書、注(16)、二五二頁。
(19) 同上書、一五六頁。
(20) 同上書、二五八頁。
(21) 神沢貞幹編述、池辺義象校訂『翁草』巻一一七、歴史図書社、一九七〇年、一七六三―六四頁。
(22) 立川、前掲書、注(16)、三六頁。
(23) 同上書、二五七頁。
(24) 諸橋轍次『大漢和辞典』巻六、大修館、一九五七年初版、1985年、七四〇頁。
(25) 後漢書、朱穆伝、『大漢和辞典』巻二、大修館、一九八四年(一九五六年初版)、九六六頁。
(26) 奈良本辰也責任編集『葉隠』中央公論社、一九六九年、五八頁。
(27) 新渡戸稲造『武士道』、矢内原忠雄訳、岩波書店、一九三八年、七九頁。
(28) 勝部真長『日本人の思想体験』角川書店、一九七九年、九九―一〇三頁。
(29) 松下芳男『乃木希典』吉川弘文館、一九九四年(一九六〇年初版)、二〇九頁。人物叢書。

(30) 夏目漱石「模倣と独立」、『漱石全集』一六巻、岩波書店、一九六七年、四二三頁。
(31) 宮島喬『デュルケム自殺論』有斐閣、一九七九年、一五九頁。
(32) Williams, Glanville, *The sanctity of life and the criminal law*, Faber & Faber Ltd., 1958, pp. 231-232.
(33) COMPASSION IN DYING, 79 F.3d 790,1996 WL94848 (9th Cir. Wash.),Thomas J. Marzen, et al., Suicide: A Constitutional Right?, 24 *Duq. L. Rev.*, 1. 1985, pp. 27-29.
(34) An Act to Abolish Forfeitures for Treason and Felony, and to otherwise Amend the Law relating thereto, 4th July 1870, 33 & 34 Vict.c.23.
(35) Suicide Act 1961, 9 & 10 Eliz.2.c.60.
(36) Homicide Act 1957, 5 & 6 Eliz.2.c.11.
(37) 大塚仁『刑法概説』(各論)、有斐閣、一九九二年、二〇頁ほか。
(38) The Oregon Death with Dignity Act, Oregon Laws, 1995, c.3
(39) Eighth Annual Report on Oregon's Death with Dignity Act, Department of Human Services, 2006. March, 10. 2005.
(40) Williams, Glanville, *Textbook of Criminal Law*, Stevens & Sons, 1978, pp. 530-531.
(41) Ibid., pp. 531-532.
(42) VE NEWS, Issue 79, 2003, p. 12.　なおVEは現在、Dignity in Dyingと呼称を変更している。
(43) La Loi du 22 avril 2005 relative aux droits des malades et à la fin de vie, Gazette du Palais - Recueil Mai-Juin 2005 p. 1823.
(44) 五十子敬子「末期患者の人権と成年後見制度――刑事法および民事法よりの考察」『21世紀における刑事規制のゆくえ　中谷瑾子先生傘寿祝賀』現代法律出版、二〇〇三年、一六〇頁。
(45) Humphry, Derek, Death of Diane Pretty, Right-to-die@efn.org, May 12, 2003.
(46) VE NEWS, Spring, 2003, p. 14.

(47) 決闘罪に関する件（明治二十二年十二月三十日　法律三四号）で決闘を禁止している。

(48) 平山正実『見捨てられ体験者のケアと倫理――真実と愛を求めて』、勉誠出版、二〇〇七年、四六頁、（精神科医からのメッセージ）。

(49) 施行　昭和二十五年五月一日、一部改正　平成十四年　法律第一号。

(50) 〈http://www.mhlw.go.jp/houdou/2002/12/h1218-3.html〉（2009/06/01）

(51) 〈http://www8.cao.go.jp/jisatsutaisaku/whitepaper/w-2007/pdf/pdf_honpen/h198.pdf〉（2009/06/01）

(52) 〈http://www.mhlw.go.jp/shingi/2008/03/s0328-2.html〉（2009/06/01）

(53) 警察庁「平成16年中における自殺の概要資料」（平成十七年六月）。〈http://www.npa.go.jp/toukei/chiiki5/jisatu.pdf〉（2009/06/01）

(54) 平成十七年警察白書。〈http://www.npa.go.jp/hakusyo/h17/hakusho/h17/data/datindex.html〉（2009/06/01）

(55) 同上。

(56) 労働法律旬報一二五三号、二五頁。

(57) 平成一一年九月一四日付け労働省基発五五四号。〈http://www.mhlw.go.jp/bunya/roudoukijun/rousaihoken04/dl/090316c.pdf〉（2009/06/01）

(58) 平成一二年三月二四日最高裁判決　裁判所時報一二六四号、七頁。〈http://f26.aaa.livedoor.jp/~nanase/saiji/sj1264.htm#7-1〉（2009/06/01）

(59) 厚生労働省基発第〇二一二〇〇一号。〈http://www.oshdb.jp/topics/pdf/t0201.pdf〉（2009/06/01）

(60) 厚生労働省基発第〇三一七〇〇八号。〈http://osaka-rodo.go.jp/doc/anzeneisei/pdf/ka060317008a.pdf〉（2009/06/01）

(61) 厚生労働省基発第〇三〇七〇〇六号。〈http://www-bm.mhlw.go.jp/bunya/roudoukijun/anzeneisei12/pdf/05.pdf〉（2009/06/01）

(62) 日本経済新聞、二〇〇八年八月二六日、13版、三九頁。

(63) 団藤重光『刑法綱要』第三版、創文社、一九九〇年、三三九。

(64) 判例タイムズNO.1163、二〇〇五年一月一日、六六頁。

(65) 朝日新聞、二〇〇八年八月二九日朝刊、13版、一八頁。

(66) World Health Organization. Figures and facts about suicide. WHO, Geneva, 1999.

(67) World Health Organization. Suicide huge but preventable public health problem, 2004.9.8.〈http://www.who.int/mediacentre/news/releases/2004/pr61/en/index.html〉(2009/06/01)

(68) 宮島、前掲書、注(31)、一八五頁。

カンボジア大量虐殺からの悲嘆克服への道程
――民族のグリーフワークを考える――

吹抜　悠子

一　はじめに

　東南アジアのインドシナ半島の中ほどにあるカンボジア。この国の人々が一九七〇年代から経験した出来事は、二十世紀世界史の上でも大きな民族的悲劇の一つにあげられる。内戦、ポル・ポト政権（クメール・ルージュ）による圧政・虐殺の時代、その後の混乱の時期含め約二十年もの間、困難な状況が全土に存続した。「民族存亡の危機」の声も聞こえたほどの凄惨な経験であって、その傷は深く、強烈な痛みと根深い爪痕は、われわれの理解の域を超えていると思われた。これに先立つ一九六九～七〇年、日本の文部省派遣留学生としてカンボジア王国の首都プノンペンに在住していた筆者にとって、この悲劇は自分自身の悲嘆と喪失体験でもある。(1)

　本稿では、第一にカンボジアの人々が経験した深甚な悲嘆に焦点をあて、さらに、この民族の「悲嘆の作業」をいくつかの文献に基づいて跡づける。

悲嘆の作業は個人の死別、喪失体験を前提とすることが多いが、人類の歴史の中で考える場合、ホロコーストなど民族全体に及ぶ「死」、そして喪失体験があり、その悲しみから立ち直り悲劇を克服するための民族のグリーフワークも重要な課題であろう。

第二として、この民族の「悲嘆の作業」に真摯に取り組む一人の映画作家リティ・パニュを取り上げる。彼がポル・ポト政権下のカンボジアで負った心的外傷、その後の年月における思索と実践について考察する。リティ・パニュは、映画作家として精力的に創作を続け、時には言論の上でも注目される先覚者である。ここでは彼の言辞に着目し、民族的悲劇の傷から真の意味で立ち直る道程を探りたいと思う。

二　カンボジア現代史における民族的悲劇

(1) カンボジア現代史――苦難の略史

カンボジアは、九世紀から十三世紀にわたり「アンコール王国」の名をとどろかせたが、その後は衰微し、近代史はノロドム王の時代にフランスの保護領に入ることで幕が上がった。第二次世界大戦後、一九五三年に独立を果たし、Norodom Sihanouk（日本では通称シアヌーク。以下、現地語の発音に従いシハヌークと記す）国王のもと、立憲君主制のカンボジア王国がスタートした。一時シハヌークは父に譲位して自らは国家元首となり、実権を握り続け、超大国米国・ソ連の対立する冷戦の時代の国際社会を綱渡りしつつ、この国の舵取りをした。しかし、一九六〇年代ベトナム戦争が激化すると、隣接するカンボジアは大きく影響を受け、米国と国交断絶してフランスおよび社会主義諸国に接近するシハヌークの姿勢に対する不満が増大し、「ベトコン支援」との非難が高まった。

一九七〇年、当時の首相ロン・ノル将軍がクーデターによって、外遊中のシハヌークを追放し、親米政権の共和国を樹立した。シハヌークは、中国・北朝鮮など社会主義諸国に支援を受け亡命政権を建て、クメール・ルージュの一部と結びついた。

クメール・ルージュはすでに一九六〇年に組織されていたが、ポル・ポトに率いられて勢力を拡大しロン・ノル政権に対抗して戦闘を展開した。一九七五年四月十七日、クメール・ルージュはついに首都プノンペンを制圧し、「ポル・ポト政権」の時代が始まった。極端な全体主義をとり、国民の全階層に及ぶ「浄化」を開始した。都市の住民を追放し地方に強制的に移住させ、過酷な労働を課した。従来からの地方在住者を「旧住民」として優遇し、「都市から移住させられた『新住民』を厳しく差別し酷使した」とされる(2)。

「一九七七年から翌年におよぶ飢饉の時期に、数十万人を超える「新人民」が開墾に従事させられ、西洋医学に基づく医療もない中で、マラリヤ罹患、過労、あるいは栄養失調によって、数多くの人々が命を落とした(3)」という。

とくに、知識人が迫害を受け、一七〇万人以上が殺害されたといわれる。ある研究者はそれ以上の犠牲者数を推定し、「重大であったのは、異様な革命観の下、中国の支援を受けたカンボジアのポル・ポト政権の二百万人とも三百万人とも推定されている自国民大量虐殺・大量餓死政策であった。この事実は世界に深い衝撃を与えた」と論じる(4)。後述するように、「S21」として悪名をはせたトゥール・スラエンの拷問所は、後に、ポル・ポト政権の恐怖と残忍さを象徴する「虐殺博物館」として公開されるようになった。当時、ここには、「わずか三名による密告があれば容疑者とされ、……何百、何千もの無実の人々が連行されてきて、尋問され有罪とされた。尋問を受けた者は全員、殺害された」という(5)。D・P・チャンドラーは、ポル・ポト政権に支配されていた一九七五年四月から一九七九年一月までのカンボジアを「トラウマ(心的外傷)の時代」と記し、「貨幣、市場、公教育、仏教、出版、私有財産、服装・移動の自由が失われてしまった」と述べている。(6) すなわち、既存文化を否定し、教育・文化・芸術と関連のものすべてを破壊したのであった。

この時代、鎖国政策をとり国際社会と断絶していたため、カンボジア国内の凄惨な状況は世界に知られることがなかった。この政権は、一九七六年にシハヌークが辞任してキュー・サンパンが元首となり「民主カンプチア」と称したが、ポル・ポトが実権を維持した。

一九七八年十二月、ベトナムがカンボジアに侵攻し、一九七九年一月七日、プノンペンが陥落し、ベトナムの影響のもとに新政権が成立して、新たな内戦の時期が始まる。

一九八二年、シハヌークは連合政権を樹立し、一九八九年ベトナム軍の撤退、一九九一年、国際社会の注視のもと、パリ和平協定が結ばれ、ようやく停戦が実現され、国連の主導により、カンボジア復興の道が開かれた。

一九九三年、シハヌークを国王とする王政復古、国政選挙の実施を経て、復興は緩やかに実現してきたとみなされ、「国連の関与により最も和平と復興の実現に成功した国である」との評価を受ける。一方、「経済復興の裏で貧富の差が広がり、住民を追い立てながらの都市開発が進み、日本をはじめとする外国の援助に頼り続け、未だ依存体質から抜け出せないこと、一部行政機関に腐敗が見られること、しばしば人権が軽視されていること」等の問題点も指摘された。(7)

(2) ポル・ポト時代の一般の人々の心傷的体験（事例）

カンボジア人がポル・ポト時代の経験を綴った著書は、これまでは、カンボジア国内より先に国外においていくつか出版され、日本語で出版されたものもある。(8) その中から、久郷ポンナレットの著書『色のない空』を取り上げ、事例研究とする。この時期の個々人の経験は、言うまでもなく千差万別であるが、ポル・ポト政権下における一般の人々の困難な状況の共通点が現れていると思われるからである。

1　生い立ち

久郷ポンナレットは、一九六四年、カンボジアの首都プノンペンに生まれた。父は国会図書館長、母は女学校教師、兄弟姉妹八人の七番目、四女として、暖かい家庭の中で恵まれた幼少期を過ごす。一九七〇年にロン・ノル将軍のクーデターが起こり、追放されたシハヌーク派がクメール・ルージュと手を組んで武力反攻を始めたことで内戦状態になった。そのような状況のもとでも幼稚園・小学校に通い、読み書きや歌を覚えた。やがて進級してフランス語も学ぶようになった。

2　首都プノンペンからの強制退去、目的地の定まらない移動

一九七五年四月十七日の昼間、人々が旧正月の休暇を楽しんでいたプノンペン市内に、国道を軍用トラックがやってきて、「解放軍」を名乗った。新政権「カンボジア民族統一戦線」の成立が宣言され、驚くべきことに、プノンペン市民一〇〇万人全員に立ち退きの命令が下された。目的地も手順もなく、ただ追い出すだけのものだった。野宿をしながら朝夕の冷え込みに戸惑い乏しい食料に悩む移動だった。

3　父との別れ

「軍人、政治家、役人は国家再建のために政府に出頭せよ」という新政権の呼びかけに対して、使命感から父は登録に署名し、軍服姿の男に連行されていった。学者・知識人を一掃するための罠にかかったのである。父とは二度と会うことがなかった。

4 強制労働・集団生活

行き着いた先の村では、共産主義が敷かれ、収穫した米は「サハコー」(強制労働収容所)に運び、人々はあらためて配給を受ける。「オンカー」(革命組織)の指示どおりに行動するようになっていた。

一九七六年になると新たな移動命令も出され、三〇家族一五〇人ほどが各地から、一つの村へ同じころに転入した。人々はグループに分けられた。子供、青年男子、青年女子、所帯持ち、老人などと小分けされる。家族はばらばらにされ、完全な集団生活をさせられた。

5 家族との度重なる別れ

長姉は、病気にかかり、一七歳で帰らぬ人となった。一人の兄は、タイへの逃亡を企てていたのか、「ダム造りに行く」と言って出かけたままになった。やがて、ある日命じられて行ったということを聞いたが、「プノンペンの知識人」ということで処刑の対象になったのだと推測した。

6 孤立無援、その中での慰め

現地の人々は自分たちを「旧人民」、プノンペンから移動させられた者を「新人民」と呼んで、仕事の面でも配給の面でも差別した。「新人民」たちは、炎天下で重労働を強いられ、栄養失調から病気になり死にいたる者が続出した。虫けら以下の命として扱われていた。困難の中で、時に次兄と会える機会もあり、励まし合い助け合った。

7 処刑の事実の伝聞

処刑が行われ始めていることをうかがわせるうわさを伝え聞くこともあった。

三　現在の課題――民族の悲劇克服に向けて

現在のカンボジアは、ポル・ポト政権崩壊からすでに三十年、パリ和平協定締結からも十五年以上が過ぎ、表層的には一九七〇年代の凄惨な状況を想起させるものはみられない。それで、「もはや内戦終結後の復興過程にはない。そろそろカンボジアを『内戦』や『虐殺』のイメージから自由にしてやりたいと思う……。歴史の検証は重要である。しかし、共産党政権崩壊後に誕生した人口がすでに過半を大きく超えている今、彼らの未来はそれだけでは展望しえない」という天川直子の見解は、多くの賛同者を得るかもしれない。(9)

では、「内戦」や「虐殺」のイメージから自由になることは、また、カンボジアの新世代の未来を展望することは、どのようにして実現できるのだろうか。「悲嘆」研究の知見によれば、死別喪失の悲しみを乗り越えるためには、数年から十年以上の時間を必要とするといわれる。民族の「悲嘆の作業」はいかにして可能であろうか。

(1) 国際法廷

ポル・ポト政権崩壊から三十年以上の年月を経て、ようやく国際法廷の開廷が実現した。ポル・ポトが死亡した今、「遅きに失した」との声も聞かれるが、大量虐殺の悲劇における責任を明らかにし、「正義の回復」を実現するための大きな第一歩を進めることができたといえよう。「国連に支援される形で実現に漕ぎつけたカンボジア政府だが、裁判のあり方をめぐり、国連との間の交渉が長引いた。話し合いの結果、この法廷の組織の人員構成が、カンボジア人と外国人の両方が協働する混合方式を採っており、国内司法官が多数を占めるという点では、……特異」といわれるものとなった[10]。

そして二〇〇九年二月より、実に待ちわびた「カンボジア特別国際法廷」が開廷される運びとなった。

(2) ポル・ポト時代の経験を語ることの困難、沈黙と忘却

まず、資料の収集により民衆の経験に向き合うことがある。

1 史料センター等の収集による記録

ポル・ポト時代を通じて、まさに筆舌に尽くしがたい過酷な経験を数多くの人々が負ったが、それらの人々が自らの経験を語った記録が収集されはじめた。まず、カンボジア史料センター(Documentation Center of Cambodia 略称DC-CAM)の採録による同センター所蔵の約二万ページに及ぶ資料がある。このセンターは、米国における「カンボジア・ジェノサイド・プログラム」から独立し、一九九五年、ヨーク・チャン(Youk Chhang)を所長としてプノンペンに置かれた。一九九七年、非営利の不偏不党のNGOとして整えられた。センターの「使命」として、「このセンターの活動は二つの目的があり、その一番目は、クメール・ルージュ時代を記録し、次世代のために歴史を作成すること。二番目は、クメール・ルージュ裁判の証拠を提供することである。その目的を遂行することによって、『記憶』と『正義』の実現に寄与できるし、『法秩序』を建て、真の意味での和解の成立を成し遂げることである」と述べている[11]。

なお、カンボジア視聴覚資料センターの設立と働きについては、後述する。

2 著作等による記録

カンボジア人が、ポル・ポト時代の経験を綴った著書について前述したが、これらの原著は、外国に移住した著

者のものであった。それに対して、カンボジア人がカンボジア語で著したものとしては、医師ミー・サムディー氏の『生き延びて他者の生に尽くす』（二〇〇〇年）などがある。また、オム・ソンバット著『地獄の一三六六日――ポル・ポト政権下での真実』（大同生命国際文化基金、二〇〇七年）がある。翻訳者の岡田知子は、「プノンペンでもどちらかといえば貧困層で育ち、現在までカンボジアを出ることなく国内に留まり、また著名人でも職業作家でもない一般庶民による記録が本となって出版されたのははじめて」と記す。

このような記録が出版されにくい理由について、岡田は次のように推論する。「自分自身の実際の話を他人に読ませるのは恥ずかしいというような認識がカンボジア社会にはあるようだ」。ソンバットの記録も一九八〇年に書き上げられていたにもかかわらず、実際に出版されたのは、一九九九年である。その後の政治的状況の中で一般庶民が自由に作品を発表することは不可能と判断していたようだ。一九九〇年代に世界各国の支援を得て和平が実現し、総選挙を実施、カンボジアが王国として再出発し、九八年にポル・ポトが死亡した後、満を持して九九年に出版したという(12)。

(3) カンボジアの民族的悲嘆の特質

ポル・ポト時代のカンボジアでは、多くの人々が人間としての生命的な危機に瀕した。そして自ら生存の戦いを続ける中で愛する親しい者との死別を経験した。決して尋常なことではない、カンボジアの民族的悲嘆の特質を考えておきたい。

1 複雑で深甚な喪失体験

J・W・ウォーデンは、通常の悲嘆反応をたどることのできないケースに関して、五つの要因、すなわち「関係要因」、「環境要因」、「歴史的要因」、「パーソナリティ要因」、「社会的要因」をあげて論じている。[13]

そのうち、「環境要因」について、「困難な状況は、地震、火事、飛行機事故などの不慮の災害で、家族の何人かを失うというような、多数の死に直面したときに起こってくる。……喪失の状況や大きさから、遺族たちは十分な悲嘆期間をやり抜くことがむずかしくなる」、「亡くなった人数の多さに圧倒され……」、「これは負荷の大きすぎる死別であろう」としている。カンボジアの悲劇における死別は、その他、「関係要因」、「歴史的要因」、「社会的要因」、そして二次的な意味で「パーソナリティ要因」まで、悲嘆を通常ならしめないすべての要因を含むのではないだろうか。次のような特質が考えられる。

① 重複する死別
② 予測しがたい死別
③ 理不尽な死別
④ 支援が得られにくい死別

B・ラファエルは、「災害の直接的または二次的結果として起こりうる喪失には、多種多様な様態」があり、「たいていは複雑にからみ合っている」と述べ、デリケートな喪失であり悲嘆を強いるものとして、「自尊心やアイデンティティの喪失、未来への希望の喪失、さらに死に対する無邪気な気持ち、そして自分だけは大丈夫という気持ちと自分を守ってくれるはずの力に対する信頼感の喪失、……」などをあげている。[14]

これは災害罹災者についての研究であるが、一九七〇年代カンボジアの人々の経験における喪失も、同等以上に複雑であるばかりか、きわめて深甚なものだったといえよう。

2 「自国民大量虐殺」という理解の問題

カンボジア民族の悲劇について、大虐殺の加害者と被害者が同じ民族に属していることが強調されることがある。「オートジェノサイド autogenocide（自己大量虐殺、あるいは自国民大量虐殺）」という新語を作ったのは、フランスの作家ジャン・ラクーチュール（Jean Lacouture）であった。こうした視点は、カンボジアの人々の民族性（国民性）に悲劇の原因を求める方向に向かう。「自己破壊のプロセスはクメール人の一部になっている」という極言にはいたらないまでも、「（クメール・ルージュの活動の）ひどくいまわしい形式は、既存のクメール文化に由来していた」とフリップ・ショートは説いた。[15] しかし、このクメール文化に由来するという理解に問題はないだろうか。このような理解では、悲嘆の作業が困難になるのではないかと考える。

3 「ジェノサイド genocide（虐殺）ではない」という説の問題

クメール・ルージュの暴虐行為を「虐殺ではない」として、「ポル・ポトたち幹部は、殺そうとして殺したのではなかった。国民のためを考えて政策を厳格に実施した結果、多数の人々を死に至らせたのだ」と説明する論者もある。[16]

国連人権委員会のジェノサイド条約（正式名称「集団殺害罪の防止および処罰に関する条約」第2条のジェノサイドの定義「国民的、人種的、民族的又は宗教的集団を全部又は一部破壊する意図をもって行われた行為」からいえば、同じ民族、人種、宗教に属するカンボジア人たちの間に起こった殺戮は、「ジェノサイド」の定義から外れるということになるかもしれない。[17]

それは、「ジェノサイド genocide」の語が、「genos（種族）」と「cide（殺害）」の合成語であることから派生する論理的な陥穽ではないだろうか。

この自国民大量虐殺と「虐殺ではない」という説の問題点については、あらためて五「考察——悲嘆の仕事」で触れることにしたい。

四　リティ・パニュ（Rithy Panh）の半生と業績

次に、映画作家リティ・パニュの悲嘆の仕事を取り上げる。

（1）祖国を離れるまで

リティ・パニュは、一九六四年、プノンペンの教育者の家庭に生れた。父は視学官としてカンボジアの公教育の発展と学校制度の整備に貢献し、ロン・ノル時代には文化副大臣に任ぜられたほどの人であった。優しい母、兄、姉たちとともに幸福な幼年期を過ごしたという(18)。

彼は、一九七五年、一一歳の時にポル・ポト政権（クメール・ルージュ）によってプノンペンを追われ農村に強制移住させられた。指が細長いことや田のぬかるみで転ぶのはブルジョワの証拠だ、と公衆の面前で何度も告発され、自己批判させられた。彼の父は、クメール・ルージュの圧政に抵抗して、自分の生と死を自らの意志で決定すべく、食べることを拒否し身体を衰弱させ、フランス語を話すことで反逆者として殺害された。母、兄、姉も父のあとを追うように次々と命を落とした。彼は家族全員を喪った。

この時期の記憶をたどり、「どうして」と問い続けていることがある、という。一二、三歳の彼を、ある晩村長が処刑場の見える場所に連れ出した。そしてその時目にした、処刑される人が落とした最後の涙に心を打たれて、処刑人が、逃亡を見逃したことであった。[19]

(2) 渡仏の後

ポル・ポト政権の崩壊した後、一九七九年に彼はカンボジアを離れ、タイ国境のマイルート難民キャンプを経由して一九八〇年に一五歳でフランスに渡り、グルノーブルにたどり着いた。カンボジアの同胞たちとの共同体とは一線を画して転々と移り住んだ。グルノーブルの市の施設で暮らしていた時期、学友たちが映画の回数券をプレゼントしてくれたことで映画に親しみ、映画館に通い、自分でも短編を作るようになった。作品を見てくれた市のフィルム・センターのおじさんに評価されたこともある。良き教師との出会いもあった。リセのフランス文学の先生から映画学校への進学を勧められた。こうして援助者を見つけ、自らも努力して生活の資を得、映画制作の道を歩み始めた。[20]

彼は、フランス高等映画学院IDHEC（L'institut des hautes études Cinématographiques）を卒業して、一九八九年『Site2（サイト2）』を発表し、映画制作家として世に出た。以後、精力的に作品を制作して、毎年世界各地の映画祭に出品し、しばしば話題をさらっている。INA（Institut national de l'audiovisuel）に所属。二〇〇七年五月には、カンボジアの記憶を映画制作した力と業績を評価され、フランス、カンヌ国際映画祭において「フランス文化賞」を受賞した。[21]

日本では彼の作品の上映機会は少ないが、同年七月には、東京で開催された「難民映画祭」（国連難民高等弁務官事務所主催）において「リティ・パニュ特集」が組まれ、八つの作品が連日上映された。

(3) 深い傷を抱えて――悲しみ、不安、不全感、罪責感

彼は、渡仏から約二十年後、故国を離れてからフランスに渡ったころの自分を思い起こし、次のように述べている。[22]

「私は、十五歳の時、癒されることのない深い傷を抱えてカンボジアを離れた。国民の四分の一を殺害した恐るべきクメール・ルージュの大量虐殺の惨劇を生き延びたのだった。どうしてあれほどの殺戮がなされたのか、解らなかったし、現在でも理解しがたい。タイのマイルート・キャンプに着くと、もう生命にかかわる危惧はなくなり幸せになったはずだが、濃密な悲しみがやってきた。人生が既に自分の後ろに過ぎ去ったもの、生き延びるために戦い続けた日々こそ我が人生だったと、感じていた」。

「忘れたかった。外に出れば、そこではもう記憶も思い出もなく、私の運命を知る人もいない。私は自分の親族たちの苦難を目で見耳で聞いたのだ」。

「何も言いたくなかった。自分自身の一部、生きる源泉にするかのように……。フランスに逃れて暮らし、長い間私は母国語を話さず、カンボジアとの結びつきを拒んでいた。デラシネ（根無し草）となった私は、忘却と記憶の間、過去と現在の間が乖離した、『不全感』をもっていて、病みやすかった。親族たちの思い出と共に生き、あの悲劇はまた繰返されるに違いないという確信が、不安となって心の中にあった。この世は冷淡さと偽善に満ち、共感などないところだという思いが、火照った鉄となって私の身体に烙印のように刻みこまれた」。

その上、彼は、生き延びたことに対する罪責感に苦しむ。彼は、ナチスの強制収容所から生還したユダヤ系イタリア人作家プリモ・レヴィ（Primo Levi）の言葉を引用して、説明を加えた。「自分の代わりに他の人々が死んでくれて、われわれはそれだけの価値がないのに生きる特権を与えられた。これは、死者にとって不公正な裁きによるのだと感じ、生きていることが罪であるかのように思ってしまう」と。

（4）力を取り戻し新たな使命感をもつ

母国語を話すことを拒んでいた彼が、「言葉がもどってきたのは、リセですばらしい教師たちにめぐり会えたおかげ」だと語っている。父親が教師だったせいか、いつも教師とは相性が良く、リセの先生たちが第二の父のような存在だった。「少しずつフランス語を話せるようになったことも大きい。外国語を経由することにより、少しずつ自分の体験を見つめ直すことができるようになった」という[23]。フランス語を介して収容所文学を読み、他の生還者たちがその後の人生をどのように生きたのかを学ぶことができた。

こうして、リティ・パニュは、自分に起こったことを語り始め、受け入れるようになった。そして同時に、思い出や想像力、笑ったり夢見たりする力、人生を再構築する力を取り戻した。そして、彼はカンボジア人として同胞たちに思いを寄せる。「カンボジアでは、暴虐によって死んだ者の魂は再生できず、宗教的な葬礼をもって埋葬されなかった死者の霊魂は地を彷徨い人につきまとう、といわれている。あらゆる地方に人骨があり、建築開始の度に発見される」と思いを語っている。さらに彼は、「過去の戦争と大虐殺の恐ろしさは、何百万人もの死者と未亡人・孤児・肢体の損傷、抑うつ症の問題に止まらず、われわれのアイデンティティの崩壊、社会的結束の失墜に及んだ」と顧みる。

(5) 映画制作——創作活動

(1) 彼の映画制作最初の発表作『Site2（サイト2）』（一九八九年）は、難民キャンプの日常を描いたもの。「サイト2」とは、タイ国境に設置された難民キャンプで、四、五キロメートル四方の空間に一七万五千人もの人々が押し込められていた。IDECの卒業制作として撮影したこのドキュメンタリーで、サイト2で暮らす一人の女性に焦点をあて、十年もの間、故郷から遠く離れた難民キャンプに閉じ込められているということがどのようなものかを描こうとした、という。(24)

(2) 一九九〇年『Souleymane』。マレー人映画作家のポートレート。

この作品を例外として、以後の彼の作品は、ほとんどすべてカンボジア人の心と魂を映画化したものである。以下、作品を制作順にあげると以下のようである。

(3) 一九九二年『Cambodge, entre guerre et paix（カンボジア　戦争と平和）』。

(4) 一九九三年『"NEAK SRE"（ネアック・スラエ）Les gens de la rizière（たんぼの民）』は、カンボジアの原風景である田園をバックにしたドラマである。棘の傷が原因で一家の働き手の父親が死に、残された妻は精神を病む。ポル・ポト時代の傷の隠喩を含み、ドキュメンタリーに近いフィクションといえよう。カンヌ映画祭に出品された。『サイト2』を撮影していたときに「自由とは何か」との問いに難民キャンプの女性が答えて「自分の土地を耕し、故郷の川の近くに住み、自分の人生を見渡しながら生きること」と言ったのを聞いて、以来、カンボジア人口の八割を占める農民たちについて映画を撮らなくては……と考えるようになったという。(25)

(5) 一九九五年『The Tang's family』。この作品は、本国に送還されたカンボジア人一家のその後を描いている。

(6) 一九九六年『Bophana, une tragédie cambodgienne（ボパナ——カンボジアの悲劇）』。この作品は、一九七〇

〜七九年の戦争とクメール・ルージュの時代にS21で拷問され抹殺された、一人のカンボジア女性が生きた軌跡をたどるドキュメンタリーで、各国でテレビ放映され話題となった。

(7) 一九九六〜九七年『Un soir après la guerre（戦争の後の美しい夕べ）』。この作品は、内戦終結直後のプノンペンを舞台に、復員してきた若い兵士と貧しい農家から売られダンス・バーで働く女性とのメロドラマで、再生に取り組む苦悶を描いており、パニュ自身が「一組の男女の悲劇を通じて、今のカンボジア社会の矛盾を描こうとした」と言い、「二週間前にプノンペンの公園でこの作品を屋外上映したところ、観客が熱烈に支持してくれた」と語っている。『たんぼの民』の続編的な意味をもつ。(26) これも映画祭——日本では、東京国際映画祭——に出品された。

(8) 一九九七年『Lumières sur un massacre: 10 films contre 100 millions de mines anti-personnel』。これは、地雷廃絶国際キャンペーンのカンボジア関連ドキュメンタリー。

(9) 一九九八年『50 ans et un monde』。ドキュメンタリーシリーズ。

(10) 一九九九年『Et le câble passera sur la terre des âmes errantes（邦題「さすらう者たちの地」）』。映画祭で多数の受賞を果たしたドキュメンタリー映画で、原題は「そしてケーブルは彷徨える魂の大地を通る」の意味である。最近のテクノロジーの結晶である光ファイバーがフランクフルトから上海まで、世界を横断するように敷かれていく。九八年に東南アジア初の光ファイバーケーブル敷設工事の作業現場が、カンボジアの大地を横切り、グローバル経済に巻き込まれてゆく気配となった。その一方で、道端に取り残された人々がいる。最新のテクノロジーと食べるものもない人々とのギャップに心を動かされ、現代世界のシンボルとしてケーブル敷設現場を、人夫たちと寝食を共にして一緒に移動しながら三カ月をかけて撮影した。掘削工事の際に数々の遺体が現れた様をも描いている。

⑾　二〇〇一年、テレビ・ドラマ『Que la barque se brise, que la jonque s'entrouvre（ボートは壊れ、ジャンクは裂けて）』（二〇〇〇年制作）放映。クメール・ルージュ時代を生き残り、レストランで働くカンボジア人女性ボッパーと、ベトナムからボートピープルとして逃れて食料品店の配達員になったミンとの出会いを描くドラマである。(27)

⑿　二〇〇三年『S21, la machine de mort Khmère rouge（S21　クメール・ルージュの虐殺者たち）』。これも国際映画祭の受賞作品となり、話題をさらった。「S21とは、プノンペン市内に設けられた悪名高い拷問所で、一九七五から七九年にかけて、ここで一万四千―一万七千人もの人々が拷問され……あの虐殺の記憶は私のすべての映画の背景にあった」と、リティ・パニュは語っている。(28)十年間かけてカンボジア人スタッフを養成し、製作に取り組んだ。大虐殺の加害者と被害者を現場に呼び戻して対面させ、非人間的で残酷な過去の日々を再現していく映画である。

⒀　二〇〇四年『Les gens d'Angkor（アンコールの人々）』。恒例になっている山形国際ドキュメンタリー映画祭出品により、次のような作品紹介が掲載されている。

「輝かしいアンコール王朝の歴史を物語るアンコールの遺跡群。ポルポト政権下の内戦では戦場となり、現在は世界中からやってくる観光客で賑わうが、決して住民の生活は豊かではない農村の地。ここに住む遺跡修復に携わる人々と土産売りの少年が、遺跡に刻まれた歴史・伝説を辿る。クメール文化と政治のダイナミズムに触れ、現代と悠久なる時を行き交い、未来へ思いを託す。祖国を描き続ける監督が、雄大な時の流れと希望をしなやかに描く(29)」。

⒁ 二〇〇五年『Les artistes du théâtre brûlé（焼けた劇場のアーティストたち）』。ここには、世襲制で引き継がれてきた伝統的芸術が消滅寸前になっているカンボジアの状況のもとに、希望と信念をもって役者たちを集結させようという彼の不屈の意志が表現されている。東京の映画祭にも出品され、次のように解説された。

［作品解説］一九六六年年にプノンペンに設立されたプレア・スラマリット劇場は、七五年のクメール・ルージュのプノンペン占拠後も破壊されることなく存続してきたが、九四年、火事によって焼失した。その後、復興の進むプノンペンの中にあって、この劇場を再建しようとする動きは全くないという。……本作は、この《焼けた劇場》に所属していた劇団員たちを廃墟となったかつての劇場に集め、制作された。脚本は一応用意されていたが、俳優たちとのディスカッションの中でそれは自由に変更されたという。かくして、本作は、……劇映画である同時に、ドキュメンタリーとしての要素を備えたユニークな作品となった。劇団員たちの平穏な日常生活の描写が続く中、ふと彼らの口から語られる過去の過酷な体験が、見る者を静かに震撼させる。本年度カンヌ映画祭特別上映作品。(30)

⒂ 二〇〇六年『Le papier ne peut pas envelopper la braise（邦題「紙は余燼《よじん》を包めない」）。二〇〇七年山形国際ドキュメンタリー映画祭インターナショナル・コンペティション上映作品。「カンボジア・プノンペン。娼婦たちの寝所。彼女たちは家族や金のために身を売り、客や雇い主のマダムからの暴力を受け、エイズ感染など悪夢の日々を過ごしている。内戦の傷深く、腐敗したカンボジア社会の底辺に暮らす瀕死の魂への鎮魂詩が、哀しく、時に美

しく奏でられる」と紹介されている。[31]
リティ・パニュは、「監督のことば」として次のように語る。

「紙は余燼を包めない」——ある売春婦が言ったこの言葉は、貧困や家庭の事情から売春せざるを得ない状況に追い込まれた女性たちの悲惨な状況を一言で表している。何も知らずに田舎から出てきて工場での働き口を「買う」お金もない。雇い主や客による暴力にさらされ、家族からも蔑まれる日々。際限のない苦痛の報酬はわずか月八〇ドル。それも借金や罰金を払わされ、全額手に入ることはまずない。

すべては一九七九年に始まった。何年も続いた内戦、クメール・ルージュによる虐殺、処罰されない犯罪、金を稼ぐための新たな競争、貧富の格差、絶えざる強者の暴力……。売春婦たちの語りを通じて、この作品は破壊されたカンボジアの今を浮き彫りにする。

この映画の語り部であるティーダ（愛称「ダ」）や彼女の仲間たちは、難民キャンプで育った戦後世代だ。死と人々の分裂が覆う世界で過去を背負ってもがいている。助けあい、友愛、正義の大切さとは？　自分たちはどこにいるのか？　アイデンティティの持てない青春の未来は？　生きる支えとは？　彼女たちの問いは、今日一三〇〇万のカンボジア人の多くが抱えている問題だ。

「娼婦」たちはいつも沈黙させられている。統計やNGOの報告のサンプルとして扱われる人々、エイズや人身売買に対する闘いの影に身を潜めている人々、そうした人々の声に耳を傾けたい、別の視点で人々と向き合いたい、と私は思った。顔を見せ、声を聞き、名前を書く、バーやカラオケではなく、彼女たちの居場所で話しを聞く、彼女らの言葉はまぎれもなく人間の声である。[32]

(6) 記憶の再建——視聴覚資料センター (Audiovisual Resource Center) 設立の意味

二〇〇六年十二月、プノンペン市内（64 Street 200, Oknha Men. オクニャ・マエン通り二〇〇号路六四番地）に開設された。愛称「ボパナ・センター」は、一九九六年に制作されたドキュメンタリー映画『ボパナ、カンボジアの悲劇』のヒロインの名前に由来する。一九五〇年代建築の三階建て。「カンボジア視聴覚資料センター」のホームページ冒頭にリティ・パニュの言葉が現れる。曰く、「記憶の欠如と民主主義の欠如、法秩序の不在と低開発は、直結している」と。

> "I see a link between a lack of application to memory and a lack of democracy, the absence of the rule of law and underdevelopment." Rithy Panh
> (Bophana; Audiovisual Resource Center, Cambodia (http://www.bophana.org/))

彼は、「記憶」を非常に重要視し、「記憶の再建」を標榜する。「記憶を棄てること」「忘却すること」に対して「抵抗」する。

何よりもまず記憶の再建が不可欠だという固い信念をもつリティ・パニュは、二〇〇五年に「映画を制作する一方で、カンボジアに映像資料センターをつくろうとして……資金集めに四苦八苦しています」と語っている。[33]

そして、「一九九〇年代にドキュメンタリー映画を手がけて、カンボジアに残存する映像の乏しさに危機感を抱いた。内戦、クーデター、ジェノサイドの狂気を経て、保存庫にわずかに残った資料も暑気や塵埃により、消え失せようとしている。……このリティ・パニュの見解に、イェウ・パナカー（Ieu Pannakar）は共鳴した。イェウ・

パナカーは、映画作家であり、またカンボジア文化芸術省の大臣でもある」とセンターの「プロジェクトの歴史」にあるように、二人は「視聴覚資料センター」設立・運営に協同で携わることとなった。[34]
以下、二〇〇八年八月、センターにおいて、リティ・パニュ所長がインタビューに応じて述べた内容である。

このセンターの使命は、①過去から現在にいたるまでの映像（視聴覚）資料を収集し保存すること、必要に応じてそれらの修復をすること。②ワークショップ　NGOと協力しながら映画を製作すること。たとえば、クメール・ルージュの裁判の意味を若い人々に説明したり、環境保全の重要性を伝えたりすること。③若い人材、とくに二五歳以下の人たちを訓練し優れた技術を伝達し、能力を養うこと。フランス人からカンボジア人へ、さらには他の発展途上国の人々にも技術を無償で提供する。④「ハヌーマン　Hanuman」というデータベースを介して映像資料をインターネットで公開すること。カンボジア語・フランス語・英語の三言語の資料を備え、世界各地からアクセスできるようにする。

現在、フランス人を含む二五名の職員が働いている。公務員並み以上の俸給水準の維持を心がけている。月に二二〇〇ドルの運営費がかかるので、経費節減のため冷房も使用を控えている。フランス外務省、カンボジア文化芸術省映画部門、フランス国立映画研究所（INA）、ユネスコ等の協力支援を得て、自己資金比率は二〇％だが、間もなく五〇％まで引き上げることが期待できると思う。

五　考察——民族の悲嘆の仕事

現代カンボジア民族の悲劇とリティ・パニュの半生・業績をみてきたが、いくつかの点を取り上げて「民族」の悲嘆の仕事についての考察を進める。

民族の大量虐殺の体験に関して、カンボジアの一般の人々は多くの場合、次の諸段階のいずれかに停止し、「悲嘆の作業」は完了しないまま途絶しているのではないか、と考える。

① 沈黙を守り、悲劇の体験の事実を忘却する

② 心傷に向き合わず、悲しみや怒りを抑圧する

③ 裁判による「加害者」の糾弾と処罰、報復を目標とする

したがって、真の意味で悲劇を克服するにはいたっていないのではないだろうか。[35]

これに対して、リティ・パニュの提示するパラダイムを明らかにすることにより、民族の悲嘆の仕事を成し遂げ、悲劇を克服するための全道程を理解したいと考える。

(1)　癒えない傷

すでに述べたように、一九九九年にリティ・パニュは、「私は、十五歳の時、癒されることのない深い傷をかかえてカンボジアを離れた」と述懐している。また、「ジェノサイド（大量虐殺）から立ち直るためには、……（中略）……『立ち直る』と言っても、あくまでつぎの世代の話です。虐殺を目撃してきた私たちの世代が完全に立ち直るこ

とはありません」とも語っている。「虐殺の問題は非常に複雑です。単なる、泥棒だとか、人を殺したとかということではありません。本当に深い傷を残す悲劇です。ほとんど毎晩のように記憶が戻ってきます。私にはそうした記憶がまだつきまとっています。死んでしまった友人たちは毎日私の中に存在しているのです。唯一、そうしたことから遠ざかるやり方は、自殺しかないでしょう」とまで言う[36]。

大量虐殺の悲劇の傷は、人間の実存の根源にまで及ぶもので、一生消え去ることなく負っていかねばならないものであることを示唆している。リティ・パニュは、こうして、自らの傷の底知れない深さを覚え、次世代に解決を託そうとする。

(2) 忘却との戦い

前述したように、リティ・パニュ自身、ポル・ポト時代の過酷な経験の直後は、「何も話したくなかった」時期があった。そして、「忘却と記憶」の間の不全感をもっていたと述懐している。彼にしてもあまりに心傷が深く、記憶を自分のものとして向き合っていくまでに、時間が必要であった。年月を経過して、「カンボジアには、大量虐殺があったこと自体を信じない人たちがいましたし、そういった時代もありました。この問題そのものが非常に危険だったわけです[37]」というように、記憶が封じ込められようとしていることを危惧している。

リティ・パニュは、二〇〇〇年にパリの国立高等美術学院において講義をした。「カンボジアで会った若いジャーナリストが、ポル・ポト政権の幹部であった人物についてルポルタージュを書いたが、一九七五〜七九年のクメール・ルージュ時代の事がすっぽり抜けている。そして、そのことについて本人が全く疑問をもっていない。こうした穴が、ジャーナリストの頭にもある」と「記憶喪失」を指摘している[38]。

リティ・パニュは、『S21 クメール・ルージュの虐殺者たち』の制作に取り組み始めてクメール・ルージュのメカニズムを描く必要性を感知し、その機能の一つがまさに記憶を空にすることだったという事実を探り当てた。そして、「私は〝記憶の測量士〟だ」と表現している。(39)

彼は、記憶の消去、記憶の喪失、記憶の風化を押しとどめ、あくまで「忘却」に抵抗していくことを自らの使命と考えている。二〇〇七年カンヌ国際映画祭のフランス文化賞も、一貫した「レジスタンス」の姿勢が評価されての受賞であった。

(3) 記憶の再建

世界の流れのひとつとして、悲劇を忘却することに抗し、記憶を維持し語り継ぐことの重要さを説く主張があり、リティ・パニュは強く呼応した。彼はフランスの思想家ポール・リクール（Paul Ricœur）の著書、とくに『La mémoire, l'histoire, l'oubli』（Seuil, Paris, 2000）（邦訳 久米博訳『記憶・歴史・忘却』（上・下）新曜社、二〇〇四年、二〇〇五年）から影響を受けたと語っている。(40) ポール・リクールは、歴史における対立した者たちの和解に向けて、「公正さ」の概念を強調する。公正な記憶を取り出すための「記憶の作業」を提唱し、フロイトの「想起の作業」と「喪の作業」とを組み合わせて説明している。

リティ・パニュの「記憶の仕事」は、一層積極的なものである。「芸術家たちの仕事、映画作家の仕事は、人類に手を差し伸べることでしょう。記憶を消すよりは、記憶を逆に作り直すという道を辿るべきだと思います」と語っている。(41) 失われかけた記憶を「再建」することへの取り組みは、特筆すべき功績ではないだろうか。それは、映像制作において可能となった。視覚・聴覚、時間・空間における広範な可能性を全面的に活かしつつ、過去の事実のわずかな痕跡を手がかりにして、記憶を再建していく作業に成功している。もっとも顕著な例として、映画『S21 クメール・ルージュの虐殺者たち』の場面があげられる。元看守をかつての拷問所に呼び、身体で覚えている動作を再現させることにより、言葉では到底語りえない「記憶」を再建することができた。

(4) 正義・公正の回復

カンボジア特別国際法廷に関して、リティ・パニュは、「この裁判を避けて通ることはできません。…（中略）…『私たち人類共同体は〈正義〉とよばれる法の支配の上に成り立っており、不処罰を許すわけにはいかない』ということを確認する意義…（中略）…はとても重要です」、「犯罪行為があった以上、『裁き』がなされなければならない」と語っている。そして、「法廷＝正義」を通じてジェノサイドの犠牲となって殺された人たちの尊厳を回復してほしいと考えていること、「法廷＝正義」はトラウマからの回復を助ける作用があることを述べた。ジェノサイドから立ち直るための必要条件として、「法廷＝正義（Justice）」を筆頭にあげたのである。[42]

(5) 次世代に期待し、引き継ぎ託すこと——人材養成

すでに述べたように、ジェノサイドの経験を完全に乗り越えることは当事者の世代が成しえないことで、次世代に期待し引き継ぎ託すことだと、リティ・パニュは考えている。映画制作において同胞のカンボジア人と作業を共にし、強靭な思想、繊細な感性をじかに伝え、精確な技術までを教えている。また、視聴覚資料センターの設立と運営においても、若いカンボジア人の人材を育成している。そしてもちろん、これらの広報活動によって、将来を担う子どもたちや若者たちを啓発している意義は大きい。

(6) 歴史との和解、民族の文化的アイデンティティ確立

リティ・パニュは、『焼けた劇場のアーティストたち』の上映にあたり、この作品の意図するところを次のように述べた。

［監督からのメッセージ］私たちが（クメール・ルージュの）トラウマを乗り越え、民主主義を再建するためには文化が重要です。この焼失した劇場は、カンボジアや他の途上国の状況の象徴なのです。「文化」を単なるフォークロアという次元に矮小化していいのでしょうか？「生き残り競争の文化」を退けてトラウマを克服するために、過去と現在の連続性が必要です。芸術家は、創造を通じて過去をつなぎとめ、記憶をとどめることで、この連続性を実現するのです。[43]

ここで、先にあげたリティ・パニュの作品の中から、『アンコールの人々』を取り上げる。この映画は、民族の悲嘆の作業をすべて完了するために欠かすことができない、民族の歴史との和解、そして民族のアイデンティティの確立を志向して制作されたものであると考える。

この映画の舞台は、世界遺産を擁しカンボジアの人々の民族的な誇りであるアンコール遺跡とその周辺である。そして、主な登場人物は、内戦で肉親と離別したアコイと呼ばれる少年および近隣の村の住民で遺跡（「バプオン」）修復工事に従事する男たちである。

全編を通して、カンボジア民族の歴史と並行させるかたちで、現代の厳しい状況の中に暮らす人々の心情を映し込み、「現在」と「歴史的過去」との対話のシークエンスが展開する。そこには、悠久の歴史の中に培われた民族

の文化的伝統と宗教的思惟や人生の知恵が、豊かにあふれている。

まず、オープニングの場面。遺跡の修復作業現場で、作業の手を休めた男たちが語り合っている。石に刻まれた浮き彫りのリアム・ケー物語（インド叙事詩「ラーマー・ヤナ」をカンボジアで「リアム・ケー」として語りついでいる）の場面について、女主人公セダーの姿が、愛する者と引き離される苦しみを表現していることを、一人の男が、しみじみと語る。

次のシークエンス。仏像に線香を供える少年。アプサラー（天女）像に向かって自分の身の上を話す。――母が家を出て行った後、叔母の家で暮らしている。また両親と一緒に暮らすことができるように、仏様や天女に毎晩祈っているのだ、と。そして、母の清楚な面影をとどめた一枚の写真をじっと眺める。

この後にも、以下にあげるいくつかの場面を含め、約二十のシークエンスが続く。

遺跡の浮き彫りの闘鶏の場面――男たちの一人が、自分の鶏を闘鶏に出場させ一攫千金を狙っている。

バプオン遺跡修復の作業場――浮き彫りの修復作業中の男たちが、いずれもアンコールワットを描いた数種類の国旗を見比べて、一九六〇年代以後のカンボジアの政権の変遷・自分たちの生活の苦楽を述懐する。

遺跡の出産の場面を表す浮き彫り――その傍らで男が、少年アコイに母親への思慕の念を慰撫する。

ター・リエ（知恵の女神、般若波羅蜜多の尊格）の像の前――迷いや不安を訴えて、教示を請い願う。時には、祈祷師を通じて託宣が下る。

クバル・スピエン（川底に彫刻のある遺跡）――男は少年と流水の中を歩き、川底の彫刻、リンガ（男根の象徴）とヨギ（女陰の象徴）を示しつつ、生命の神秘を語る。

小高い丘の上、男がハンモックに揺られながら、眼下の田園を見渡して農夫としての幸福を語る。「田んぼには魂がある。自分の田は美しい。働いた者は安心して暮せる」と。バライ（貯水池）のほとり――僧侶が少年を伴って歩いている。バライの中央に島があり、全体で宇宙をかたどっていることを解説する。

少年は、母親の写真を示し祈願を頼む。「この女の人を探すのを手伝ってください」。僧侶の答えは、「一九七一年、ポル・ポトの一味が迫ってきたとき、タイに逃げようとして、途中で賊に襲われて死んだ。逃げ切れずに死んだ。ひどい出血だった。持ち物すべて奪われた。……それも運命」。

最終場面――少年アコイが、天女像に向かい、また語りかける。「あなた以外だれに話せばいいか、分かりません」と。

――以上、『アンコールの人々』の概要を記した。

カンボジアの現代に生きる人々が、先人から受け継いだ誇るべき歴史・文化と向き合うとき、自らが、民族の歴史の流れ・生命の継承の流れの中に生きていることの体感を与えられているのではないだろうか。そして、人々は、歴史と対話することを通して、精神と魂が養われ安らぎを与えられるのではないかと思う。この作品は、「歴史との和解、民族の文化的アイデンティティの再建」が悲嘆の仕事の完遂にはきわめて重要であると信じ、その推進のため同胞に働きかけようとする。リティ・パニュの使命感に基づくものであったと考えられる。

また、他の作品においても、カンボジアの民族の文化的アイデンティティを尊重することが基本的な姿勢である。

（7）「自国民大量虐殺」および「ジェノサイドではない」とする主張への反論

前に述べたように、作家ラクーチュールから始まり、カンボジアの悲劇を「オートジェノサイド（自国民大量虐殺）」の語を用いて表現する人々が現れた。これに対して、精神科医師で人類学者でもあるリチャード・レヒトマン（Richard Rechtman パリ・カンボジア難民の精神医学的臨床研究プログラム責任者）が、『ル・モンド』紙に反論を発表した。「（オートジェノサイド論は）大量虐殺の究極的原因をクメール民族の文化やメンタリティの中に求めている。今日のカンボジア人にこの指摘をあてはめることができようか。それでは、彼らの苦しみとその原因との間に混同が起こる」、「カンボジアの生き残った人たちに、病的な自傷傾向はまったくみられない。苦痛、喪失、迫害、暴力を受けた記憶は、今でも確かにそこに在り、終わりのない重大な悲嘆を引き起こしている」と述べ、クメール・ルージュの出来事を「人種の問題」とすることを戒めた[44]。

リティ・パニュは、レヒトマンの説を援用しつつ、次のように主張する。

> ジェノサイドはカンボジアの「習性」ではないし、また「文化」から虐殺が起こることはない。「オートジェノサイド」の語は犠牲者を侮辱するものである[45]。

前述したように、クメール・ルージュの出来事を「ジェノサイドgenocideではない」とするのは、語源から生じた論理的陥穽だと考えられるが、このことについてリティ・パニュは、「ジェノサイドがあったことを認め、カンボジア人自身が本当の分析の作業をしない限り、また更なるモンスターの襲来を受けることになると、私は思う」と述べている。

リティ・パニュは、この大きな課題に取り組み、一つひとつの段階を踏みしめつつ進んでいると考えられる。

六　おわりに

人類史上、まれに見る悲劇とさえいわれた一九七〇年代カンボジアの出来事を「悲嘆の仕事」「悲劇の克服」という面から考察を加えてきた。悲嘆は深甚であり複雑であり、それゆえ問題の解決は容易でなく、「カンボジア大量虐殺の記憶の処理は失敗した」と決めつけられることも頻々であった。

カンボジア生まれの映画作家リティ・パニュは、ポル・ポト時代の暴政のもとに家族を喪い、虐待に耐える辛苦の体験をした。あまりに深い心傷を負い打ちひしがれていたが、フランスに渡った後に生きる力を取り戻し、自ら民族のグリーフワーク、悲嘆の克服の作業に取り組むようになった。彼は、過去の戦争・虐殺の事実に向き合い、記憶を掘り起こす――「記憶の仕事」を提唱する。忘却に抵抗し、記憶を語り伝えること、失われようとする記憶の再建に着手した。数百万人の犠牲者を死に追いやった責任の所在を明らかにし正義を回復することは不可欠である、不正は処罰されねばならないと主張する。そして一方では、カンボジア人たちが自ら民族の歴史と対話を重ねることにより物語を綴り上げながら、文化的アイデンティティを回復することを目指している。また、若年の人材を登用して訓練・育成して次世代に期待を寄せる。こうした作業を、映画制作・視聴覚資料センター設立運営などの事業を通じて進め、悲劇の克服の完遂を次世代に託している。

彼の創出したパラダイムは遠大で、まさに前途遼遠の大海への出帆に似ている。しかしその旅は、周密な海図と高精度の羅針盤を備え正しい方向に針路をとりつつ進む航海である。ゴールに到達した暁には、カンボジアの人々は、ある意味で人類の先覚者、水先案内人となるだろう。彼らは、他に類を見ない悲劇の体験を負い、しかもそれを自ら克服した民族としてパイオニアとなるからである。

注

（1）吹抜悠子「プノンペンと王立大学」、『国際交流』三七号（国際交流基金）、一九八三年、一八―二一頁。同「東洋のパリへの留学生」、東京外国語大学外国語学部カンボジア語専攻編『地球社会における日本人の役割――カンボジアを事例として』東京外国語大学、二〇〇四年、四一―五四頁。岡田知子「友好の架け橋となった人々」、上田広美、岡田知子編著『カンボジアを知るための60章』明石書店、二〇〇六年、二三八―二四二頁。

（2）Chandler, D. P., *A History of Cambodia*, 2nd ed., Westview Express, 1992, p. 213.

（3）同上書、二二六頁。

（4）桜井由躬雄、石澤良昭、桐山昇『地域からの世界史4　東南アジア』朝日新聞社、一九九三年、二二四頁。

（5）Chandler, 前掲書、注（2）、二一九頁。

（6）同上書、二〇九頁。

（7）『朝日新聞』二〇〇六年十月二十六日付。

（8）久郷ポンナレット『色のない空――虐殺と差別を超えて』春秋社、二〇〇一年。コン・ボーン『殺戮荒野からの生還』菅原秀編、リベルタ出版、一九九七年。ハイン・ニョル、ロジャー・ワーナー『キリング・フィールドからの生還――わがカンボジア「殺戮の地」』吉岡晶子訳、光文社、一九九〇年。ルオン・ウン『最初に父が殺された――飢餓と虐殺の恐怖を越えて』小林千枝子訳、無名舎、二〇〇〇年。

（9）天川直子「カンボジア内戦――歴史の検証と未来への展望」、『季刊民族学』（財団法人千里文化財団）、一二一号、二〇〇七年夏、八三頁。

（10）初鹿野直美「カンボジア特別法廷の始動――三〇年前の「犯罪」をどう裁くのか」、『アジ研ワールド・トレンド』（ジェトロ・アジア経済研究所）、一三六号、二〇〇七年一月、三三頁。

（11）〈http://www.dccam.org/Abouts/History/Histories.htm〉(2009/02/25)

（12）岡田知子「訳者あとがき」、オム・ソンバット『地獄の一三六六日――ポル・ポト政権下での真実』岡田知子訳、大同生命国際文化基金、二〇〇七年、四九二―四九三頁、四九一頁。

（13）J・W・ウォーデン『グリーフカウンセリング――悲しみを癒すためのハンドブック』鳴澤實監訳、大学専任カウンセラー会訳、川島書店、一九九三年、八七―九三頁。

（14）ビヴァリー・ラファエル『災害の襲うとき――カタストロフィの精神医学』石丸正訳、みすず書房、一八八九年、一九九五年、一六〇頁。

（15）フィリップ・ショート『ポル・ポト――ある悪夢の歴史』山形浩生訳、白水社、二〇〇八年、二七七頁。

（16）同上書、六八一頁。

（17）Office of the High Commissioner for Human Rights, Convention on the Prevention of the Crime of Genocide 〈http://www.unhchr.ch/html/menu3/b/p_genoci.htm〉(2009/05/25)

（18）岡田知子「忘却と記憶のはざまで」、『総合文化研究』三号（東京外国語大学総合文化研究所）、二〇〇〇年、三五―四〇頁。

（19）Mérigeau, Pascal, "Rencontre avec Rithy Panh-Les cauchemars d'un Survivant", *Le Nouvel Observateur*, No.1780, 17. Dec. 1998, p. 140.

（20）二〇〇五年インタビュー。リティ・パニュ「カンボジア――記憶の再建のために」聞き手　菊池恵介、『前夜』五号、影書房、二〇〇五年秋、八七―一〇四頁。

（21）60e Festival de Canne 16-17 mai 2007 Rithy PANH Prix France Culture Cinéma 〈http://www.radio-music.org/article.php?sid=8834〉(2008/12/08)

（22）Panh, Rithy, "Cambodge: Comprendre les erreurs du Passé," *Le Courrier de l'UNESCO*, Dec. 1999, pp. 30-32.

Panh, Rithy, "Cambodia-A wound that will not heal," The UNESCO Courier, Dec. 1999, pp. 30-32.

(23) リティ・パニュ、前掲、注（20）、九六頁。

(24) 同上書、九二頁。

(25) 同上書、九二頁。

(26) 同上書、九三頁。

(27) 〈http://www.imdb.com/title/tt0364622/〉(2008/9/24)

(28) リティ・パニュ、前掲、注（20）、九〇頁。

(29) 「ＹＩＤＦＦ２００５公式カタログ」〈http://www.yidff.jp/2005/cat009/05c021.html〉(2009/5/25)

(30) 『第六回東京フィルメックス公式カタログ』東京フィルメックス事務局、二〇〇五年、八頁。

(31) 「山形国際ドキュメンタリー映画祭公式サイト」二〇〇七年七月十八日〈http://www.yidff.jp/2007/program/07p1.html〉(2009/5/25)

(32) 『山形国際ドキュメンタリー映画祭２００７』（公式カタログ）、創人社、二〇〇七年、二〇頁。

(33) リティ・パニュ、前掲、注（20）、九七頁。

(34) "Bophana-Project history", 21 May, 2007 〈http://www.bophana.org/site/index.php?option=com_content&task=view&id=13&Itemid=57〉(2009/5/25)

(35) リティ・パニュは、「もし悲嘆（の仕事）をすることができなければ、暴虐は終わらない」と述べている。クメール・ルージュに自分の父親を殺害された過去をもつあるカンボジア人女性が、それと同様の仕方で自分の子どもの頭部を切り落としてしまった事例をあげている。これと似た事例がカンボジア国内で数多くみられ、精神科医療を必要とする人々があふれているという。(Panh、前掲、注（22）、三〇頁)

(36) リティー・パニュ、北大路隆志（聞き手）「忘却へのレジスタンス」『現代思想』第三五巻一三号、二〇〇七年十月、青土社、三八頁。

(37) 同上書、四七頁。

(38) Panh, Rithy, La parole filmée. Pour vaincre la terreur, *Communications*, No. 71, École des Hautes Études en Sciences Sociales. Centre d'Études Transdisciplinaires (Sociologie, Anthropologie, Histoire), 2001, p. 1.
(39) 阿部宏慈「ドキュメンタリー映画における記憶と表象不可能性の問題をめぐって——リティ・パニュ『さすらう者たちの地』および『S21 クメール・ルージュの虐殺者たち』を中心に」『山形大学紀要(人文科学)』第一五巻第二号、二〇〇〇年二月、一〇三—一三三頁。
(40) Soko Phay-Vakalis, Rithy Panh où la parole filmée comme l'aveu du génocide 〈http://asso.ced.free.fr/lotus03/index.html#s13〉(2009/5/25)
(41) リティー・パニュ、前掲、注(36)、四五頁。
(42) リティ・パニュ、前掲、注(20)、九七—九八頁。
(43)『第六回東京フィルメックス公式カタログ』東京フィルメックス事務局、二〇〇五年、八頁。
(44) Rechtman, Richard, "Non, ce ne fut pas un autogénocide", *Le Monde*, Mardi 28 Avril 1998.
(45) Panh、前掲、注(38)、六頁。

Ⅲ

宗教によるグリーフワークの意義と問題

グリーフ（悲嘆）ケアにおいて、物語ることの意味
——スピリチュアルな視点からの援助——

高橋　克樹

「大切な人を失うことは苦しい。しかし、この苦しみなしに物語はあり得ない。物語を語ることなしに意味は存在しない。意味の存在なしに癒しはあり得ない」[1]（ジョン・ハーヴェイ）。

一　喪失の悲しみを物語ることがスピリチュアルな視点を生み出す

（1）喪失を受け止める認識の転換——山下京子さんの場合

『彩花がおしえてくれた幸福（しあわせ）』[2]という本を書いた山下京子さんは、執筆という営みを通して喪失の悲しみに向き合い、その悲嘆を物語ることを通してやがてスピリチュアリティに覚醒し、生きる意味を見いだすにいたった。以下においてその足跡をたどり、グリーフ（悲嘆）ケアにおいて物語ることの意味を考察したい。

この本は、神戸市の連続児童殺傷事件の被害者である山下彩花（あやか）さんの母・京子さんが一九九七年三月の事件から六年を経て書かれたもので、本人が書いたものとしては三冊目の本である。その三冊すべてが娘である

彩花さんの記憶をたどりつつ、事件後の自分の人生の歩みの中での彩花さんとのかかわりの変化と、自分自身の心の変遷を物語っている。京子さんは二〇〇〇年に乳がんが発見され、摘出手術をした。娘を失い、その後乳がんを発病し、人間として多くのものを失いつつ、しかしなおそこに幸福があるという認識を抱くにいたった。とくにこの手記が他の犯罪被害者の方々のものと異なるのは、京子さんがスピリチュアリティに覚醒している点である。本書の中では「災いさえなければ人間は幸せで、災いに見舞われれば不幸になってしまうのでしょうか。七年前の私は、そこを見つめることができていませんでした。行き詰まることなど、私にとってはマイナス以外の何ものでもなく、それはまた、人に知られたくない部分でもありました。逆にいえば、私自身が人の身の上に起きてくる災いをマイナスと捉え、即、不幸と考えていたのだと思います。私にとって行き詰まりに直面することは人生の敗北を意味していたのです。そのためか、神経質なまでに飛んでくる火の粉を避けながら、道標がしっかりと表示されている安全な道ばかりを選んで歩いてきたように思います」(3)と、以前の生き方を率直に述懐している。

娘を殺害され、その痛みも癒されないなかで、今度は自分が重篤な病を抱えてしまう不幸に見舞われた京子さん。しかし、そのようななかで彼女は自分の人生の生き方を変更させていく。従来の生き方を振り返り、「小さな器の中で……小さな生き方をしていた私は、できるだけ他者との摩擦で自分が傷つかないように、いつも逃げの姿勢で生きていました。『自分の家庭の安穏』だけに執着するエゴの部分が強い生き方でした」(4)と語る。だが、突如としてわが身を襲った娘の死による絶望感と、今まであれほど注意深く火の粉を払いながら歩いていたのに、突然落雷によってわが家が火元になり、不幸な人生を背負うという失意を味わうことになった。さらに、マスコミの取材攻勢に加え、決して隠すことができない周囲からの同情と好奇の視線にさらされる日々を過ごす。最愛の娘を喪った上に、今度はがんを患う現実は客観的には不幸といえる。けれども、京子さんは今は少なくとも苦難から逃げる人生を歩んではいないと言う。そして、「気がつけば、今度は自分が誰かを支える手になりたいと思える私に変わっていました」(5)と語り、困難から逃げる生き方から、真正面から苦難を受け止める生き方へと実存的に転換した自分自身の変容ぶりを告白している。

京子さんにひとつの転機が起きたのは、事件から二年後の一九九九年八月に米国で経験した出来事が影響している。犯罪被害者の親が組織する「子どもを殺された親の会」(Parents of Murdered Children, Inc.) の年次総会に参加して、米国の犯罪被害者遺族たちと出会ったことで新しい方向性が与えられたのである。彼女はそこでの出会いで多くのことを学ぶ。ある犯罪被害者遺族の女性は、少年院にいる加害少年たちを慰問することをライフワークとするなかで、自分自身が癒しと慰めを受けることによって新しい自分を獲得していた。また、別の人はアフリカで奉仕的な活動に従事することで新しい人生をスタートさせていた。つまり、悲しい事件が転機となって自己存在の変更が促されていることを知ったのであった。京子さんが渡米するきっかけは、一九九九年四月にデンバー郊外のコロンバイン高校で起こった銃乱射事件の追悼集会を報道するニュース番組で、全米各地から多くの人が集まり、涙を流しながら祈りを捧げている姿を見たことだった。自国で起きた悲劇に心を痛め、見ず知らずの人の追悼のために人々が駆けつけるところに、日本とは違った犯罪被害者に対する姿勢を垣間見たのだった。とくに衝撃を受けたことは、犠牲者が一三人なのに対して、人々が一五本の十字架を同じ場所に並べて死者を悼んでいることだった。事件は犯人二人の生徒が自殺するという悲劇で幕を閉じたが、その二人の加害者のためにも追悼をしていたのである。彼女は「被害者からすれば、許すことなどできない憎い加害者です。それでも『加害者の彼らも同じ命』と見て、それが喪われたことを悼もうとするアメリカ国民の姿に、命への深いまなざしを見た気がしました。……伝わってきたのは、紛れもなく『嫌悪』ではなく『温かさ』だった」[6]と語っている。

訪れた年次総会では、亡くなった彼ら彼女らを英雄としてスライドで上映していることにも衝撃を受ける。その意味は、一三人の犠牲者たちは無差別に無意味に殺された惨めな犠牲者ではない。銃社会というアメリカ社会に存在する課題を明らかにし、人々がより良い社会を建設できるように、その努力を促すために命を捧げた「社会の英雄」だ、と理解している点であった。

(2) 娘・彩花さんとの関係が実際的なものから象徴的なものへと変化する

事件から半年たった九月のある夜、京子さんはある会合帰りに、誰かに呼び止められる経験をする。普通、誰かに呼び止められたら後ろを振り返るが、なぜか彼女は真っすぐ夜空を見上げた。そして、今までの人生で見たこともないほど美しい、陶器のようにツヤツヤとしたお月さまが、自分をやさしく見下ろしているのに出会った。あまりの美しさにその場に釘づけになったとき、「お母さん、私は大丈夫。だから、もう人を憎まんでもええんよ」という彩花さんの声が聞こえたという。

この出来事を実際にあったことなのか、あるいは幻聴や幻想であったのかという視点から取り上げてはものごとの本質を見誤る。これは京子さんが愛する存在を喪失した苦しみを物語ることを通して、すでに死んだ娘・彩花さんとのあいだに新しい物語が生み出されたことを示している。別の言い方をするならば、彩花さんとの関係が生前の実際的な関係性から象徴的な関係性へと変化した結果、両者が今なお生き生きと結びついていることを京子さんに実感させる大切な出来事となったのである。

喪失の悲嘆と苦悩はその意味を探ることへと人を駆り立てるが、その意味を探ることを通して他者との関係性が変化し、自己においては実存的な転換を促す。その具体的な転換が、加害者を憎しみ続けることによって生きる力を維持する生き方に別れを告げさせ、苦悩それ自体が新しい自己を創造させていくものとして京子さんの内面に働きかけていることを知るきっかけを与えたのである。

事件から半年。まだまだ深い悲しみが癒されないなかで彩花さんが「私は大丈夫」と語りかけてきたことは、京子さんの内面に悲嘆や苦しみ、憎しみなどの感情に支配されないもう一人の新しい自己が生まれてきたことを示している。深い悲嘆や苦悩を経験したあと、誰もが以前の自分のままでいることはできない。彩花さんが「私は大丈夫」と語ったことによって、京子さんは自分自身の苦悩そのものと、苦悩する自分自身をスピリチュアルな領域で受容し、喪失の出来事の事実性を乗り越えたのである。彩花さんが呼び掛けた内容は京子さんの新しい生き方を象徴しているといえる。

逆に、もし京子さんが彩花さんの死と自分自身の喪失の事実に固執し続けるならば、過去の自分が抱えている憎しみや悲しみの感情に支配され、今を生きている自分が過去に縛られる状態にとどまり続けることになる。このように自分で自分自身を呪縛し、マイナス感情に支配されたままだと、生きていく上での主体性が発揮できず、自律性までもが失われる。そのため不条理な死の意味や生きる目的が見いだせず、現実生活に対処している自己コントロール感ももつことができなくなる。しかも、そこでは喪失の経験から自己洞察を深めていくという「内面への方向性」が生まれず、自己中心的な思考形態から脱却して自己を外から客観化して自己相対化を促す「超越への方向性」も促されない。

犯罪被害者の遺族が加害者を憎しみ続けることで自分の日常生活とパーソナリティを支えるという人生の側面は確かにある。しかし、悲嘆による葛藤の中で自己を見直し、自己に新しい意味や目的、価値をもたらす「内面への方向性」と、自己存在を支える枠組みとしての超越的なもの（神・宇宙的生命・絶対他者）との関係によって与えられる「超越への方向性」に覚醒することで、日常性の領域にある悲嘆感情が癒され、新しい生き方を見つけ出そうとする思いが生じるのである。喪失の出来事を物語り、それを語り直すことは、この機能しなくなったパーソナリティと、その中核にあるアイデンティティを自分のものとして新たに形づくる営みとなり、それが結果として喪失の出来事全体を受容するという方向へ促す力になっていくのである。

そのころのことを思い起こして、京子さんは「その頃の私は、憎しみと怨みに支えられて生きていたといっても過言ではないでしょう。鏡に映った自分の顔。どんなに笑い顔を作っても、けっして笑ってはいない、怖く悲しい自分の瞳。そんな目を見ることが、また新たな悲しみを呼び覚ますという悪循環の地獄の中で、私は『誰か助けて！』と、声にならない叫び声を上げ、もがき溺れていました。そんなときに、この不思議な月の一件が起きたのです。……苦しみのどん底にあった私たち夫婦は、この日を境に温かい心を取り戻していけたのですから。それは、私たちの命の奥の奥にあった何かが、大宇宙に共鳴して、そっと私たち夫婦にだけ見せてくれた一瞬の奇蹟でした」(7)と語る。

人を憎み恨むことで彩花さんとの関係性を保持しようとするのではなく、自分に対しても、他者に対しても、そして世界に対しても肯定的にかかわる姿勢が生まれてくるなかで、精神的な苦悩を避けて通ることはできないが、最終的に癒されることに結びついていったのである。(8)

京子さんが「私たちの命の奥の奥にあった何かが、大宇宙に共鳴し」たという表現で言っていることは、超越への方向性に覚醒することで自己を超越した視点から自分をみるという自己超越の体験である。同時に「苦しみのどん底にあった私たち夫婦は、この日を境に温かい心を取り戻していけたのです」と言っているように、パーソナリティの部分でも本来の姿を取り戻したのであった。

このように悲嘆感情を根底から受容するためには、この「内面への方向性」と「超越への方向性」というスピリチュアリティに覚醒しなければならず、それなしには広義の意味での赦しもまた経験することができない。この広義の赦しとは、処理しきれないいろいろな感情や複雑な思いはあるものの、そういう自分の一切合切を超越的なものに委ねるところから始まる。スピリチュアリティは現実対応の中で形成されていくパーソナリティのレベルではなかなか気づくことが難しいが、重篤な病や死別などの喪失による悲嘆に対処していくためには、このスピリチュアリティに覚醒しなければならない。

(3) 喪失の事実の認識が変化していくなかで、喪失や悲嘆の意味が変わる

京子さんは事件後、いろいろな人々に支えられたと言う。その経験の中で、あらゆるものは深くつながっているという視点と、命の奥深くには悲劇の闇の中からさえ光を発していけるすごい力があるという確信が得られたと述懐している。[9] 注目したいことは、過去に経験したことと現在の経験が物語る営みの中で結びつき、意味を創出している点である。

さらには、京子さんは、彩花さんの命を奪った少年Aも彩花の人生にとっては一人の「脇役」でしかないという境地にいたる。人に命を奪われるというかたちで人生の幕を閉じた彩花さんでさえ、自分が手記というかたちで物語る営みを通してたくさんの人に生きる力を与える使命を果たしていると理解するにいたったのである。これは認識の方向転換であり、実存的転換(existential shift)が生じたことを示している。多くの支援者たちとの出会いを通して、喪失の事実をいかに認識していくか、理解していくかという営みが物事を新しく解釈する力を生み出した

のである。

喪失や死別によって悲嘆に陥ったときに、人は悲嘆を生み出した「事実」は変えられないので、以前の自分に戻ることはできないと思い込む。けれども、その事実を物語ることを通してどのように「認識」していくかを模索するなかで、受け止め方の「解釈」の仕方は変えていくことができる。さらには、この解釈の変化は自己物語の「理解」を大きく変化させ、その解釈者自身に自己変容をもたらすのである。

たとえば、喪失による苦難や悲嘆による苦しみが、実は自分の人生に意味・目的・価値をもたらすために超越者によってもたらされたものだと自己相対化をして解釈するならば、喪失の事実もまた自分にとって有意味性をもつことになる。また、自分の背負った苦悩が同じような苦悩を背負った多くの人を励ましていくために自分から願い出たもの、積極的に受容すべきものと解釈するならば、苦難の現実を引き受けていく勇気と志向性を抱くことができる。さらには、そのような姿勢は他者や社会に対して開かれた新しいパーソナリティを確立させ、従来の生き方とはまったく別の新しい生き方を生じさせる。このようにスピリチュアリティに覚醒するならば、悲嘆を背負っていたとしても自分の人生に意味と目的と価値が与えられるようになる。このようにつらい喪失体験が自分の果たすべき使命に変わっていく根源的な力が人間には備わっていることを山下京子さんの手記は教えている。

二　喪失が従来の現実対応力としてのパーソナリティの見直しを迫る

(1)　首尾一貫性のある自己を物語る営みを通して「自分自身を修復する力」が養われる

「グリーフケアにおいて、物語ることの意味」を考えるにあたっての大きな前提は、その悲嘆に対してスピリチュアルな領域を意識しながら援助していくという点である。

人は死別や病気、その他の重篤な喪失を体験したり、自分の力では解決できない大きな課題に遭遇したときには重大な「アイデンティティ」の危機に直面する。しかし、このアイデンティティの危機は、半面では好機となる。というのは、その際に適切なスピリチュアルケアが行われるならば、スピリチュアリティの覚醒を経て新しい自己形成にいたる道が拓かれるからである。アイデンティティの危機は、それまで自分を形成してきた生きる意味や目的、価値基準では対応できない事態に直面しているためで、新しい「存在の枠組み」の再構築が求められているときでもある。つまり、アイデンティティの危機とは、現実との乖離感覚を生み出してパーソナリティの揺らぎが生じていて、自己物語の首尾一貫性も失っている状態のことである。けれども、現実対応力であるパーソナリティの揺らぎによってスピリチュアリティも揺らぎ始めるために、スピリチュアリティの覚醒が促され、そのことによって新しいアイデンティティが創造される突破口が生み出されていく契機でもある。アイデンティティの危機的状況を物語る営みを通して、喪失の悲嘆や病、苦しみを自分の人生の歩みの中に「取り込む」ことで、一貫性のある新しい自己物語を創造し、同時に生きていく上での新しい意味を獲得するのである。その結果、悲嘆などの苦しみに対して自分の中に修復する力が養われることになる。

確かに喪失によって人は悲しみに支配され混乱し傷つくけれども、スピリチュアリティに覚醒した者はそれらの傷を自己や他者に対してどのように隠すかという思考へとは進まない。たとえば悲しみや傷があるからこそ他者を理解し癒す力がもたらされると考えることで、悲嘆にプラスの側面があることに気づくからである。逆に言うならば、マイナスの事柄が自分自身の中に癒しや有意味性を呼び覚ますという開かれた関係性を構築することができるようになると、グリーフの営みが新しい意味と目的と価値を創造する働きをもっていることに気づく。

このように死別や病による重大な喪失経験はマイナスの経験であるが、新たな自己物語の源泉となるものであって、その傷や悲しみの感情、苦悩の足跡に言葉を与えていく営みを通して、自己と他者の双方に対して開かれたパーソナリティが形成されていく。自分の傷が他者に対して開かれたものになるためには、その傷が他者の痛みや苦しみの物語を聴いて共感するために自分に与えられたものだとポジティブに解釈することが大切であり、そうすればマイナスの出来事にも意味が生じてくる。他者に対して開かれた自分を形づくるためには、まず自分自身に聴くという営みから始めなければならない。自らに聴き、自らを語ることはスピリチュアリティを涵養すると同時に、その本人に意味探求的な実存的転換を引き起こさせる。

さて、この実存的転換は「自己存在の枠組み」を変更させることで始まる。そのためにはスピリチュアリティの視点からグリーフ（喪失）を物語ることが大切で、スピリチュアルな視点をもつ援助者が傾聴し、支持・共感することが重要となる。援助者はケア対象者が語る苦難や苦痛の出来事に耳を傾け、本人が援助者とともにその困難や苦痛に向き合って一貫性のある語り直しの中で獲得されるものに注目する。喪失の出来事自体はマイナスの事柄だが、その出来事を他者に納得できるように一貫性のある自己物語として物語ることができれば、喪失は新しい自己を獲得するためのプラスの契機となる。それは苦悩の歩みが「物語られる」ことを通して新しい自己像を生み出すからである。

人は現実を事実として生きているのではなく、現実が自分にとってどういう意味をもっているかを解釈しながら自己像を形づくり、自分や他者、現実世界と折り合いをつけるなかでパーソナリティを形成している。つまり、同時代に生きているからといって人は誰もが同じ世界に生きているのではなく、自分にとって価値ある意味づけをしながら生きている。だから、自分自身を意味づける歩みである自己物語は、自分の人生をいかに理解しているかという観点から語られるものである。もちろん、自己物語は自分を主人公とする一人称の物語なので、ともすれば自己完結的でひとりよがりな自己理解に陥りやすい。だからこそ、スピリチュアルな視点で傾聴する援助者がともにいることで、向き合うことに勇気を必要とする出来事や悲嘆感情であっても自分の人生のストーリーの中に配置することができるのである。喪失による悲嘆を自己物語の中に整理して組み込む営みを通してはじめて、喪失の出来事が新しい意味と目的と価値をもち始める。さらには、喪失の出来事を時間の流れに沿ったかたちで筋立てることで、自分の人生を首尾一貫した視点で了解することができるようになる。

自分の喪失経験や苦難、アイデンティティの危機を援助者に語ることを通して共感を得て、この共感によって支持されて、肯定的に喪失自体に向き合う勇気と力が整えられていく。受け止める援助者という存在を得ることで「自己理解」と「自己洞察」が深められていくのである。そこではもはや喪失の出来事を忌避すべきマイナスの出来事としてではなく、自己を再構成するための意味ある素材として、新たに生きる目的を生じさせるものとして、この世の価値観に左右されない自分独自の価値基準を生み出していくものとして自分の人生に取り込むことになる。

こうして自己を物語るストーリー自体が変化していく。自己を意味づける枠組みが変化することでアイデンティティの危機後の新しい自己理解と他者理解を「意味の生成」の場へと巻き込んでいき、それぞれとの関係性を学び直すことによって全体性（wholeness）を獲得するようになる。見方を変えれば、アイデンティティの危機はその人にパーソナリティの危機をもたらすが、それは新しい自己の再構築のチャンスであり、また、そこで覚醒したスピリチュアリティはそれまで自分を形づくってきたパーソナリティの構造自体に変化を与える。アイデンティティの危機を生み出した出来事が、実は自分の人生に新しい意味を付与させるための賜物だと理解できるようになると、「自律的な生」を選択することができるようになる。このようにアイデンティティの危機に言葉を与えることは、その事柄の理解を促し、その出来事の意味と目的と価値を判断する自己理解の深化をも促すのである。

自己を物語ることが実存的転換を引き起こすのは喪失の出来事を今までの生き方とは異なる新しい意味創出の文脈へと関係づけるからであり、喪失は「新しい成熟」をもたらすチャンスとなりうるのである。そして、自己物語化によって新しい意味を生成するすべを知った者は、自己のスピリチュアリティに基づいた自己決定を、その後の人生において選択していくことになる。

さて、病や障害を負ったり、自力では立ち向かえない苦難や苦しみに出会ったとき、「自分とはいったい何者なのか」、「生きるとは何か」、「死ぬとはどういうことか」という人間の存在自体を問う営みが始まる。これは「アイデンティティ」、「存在の枠組み」、「自律的な生」に関する問いである。人生の危機によって生じた困難さに直面する自分自身を受け止めて再生していくためには、これら三つの領域での見直しと再構成を通して、最終的には「新しい自己」を創造することが求められる。そこで大切なことは病や苦難に出会っても積極的に自分の生を受け止めるスピリチュアリティにある。自己の存在根拠（意味・目的・価値）の危機によって目覚めたスピリチュアリティは、自己存在の揺らぎを逆に自己確認の好機と理解するからである。

(2) パーソナリティの危機とスピリチュアリティの覚醒の相互関連性

以上のことを順序立てると、アイデンティティの危機→パーソナリティの揺らぎ→スピリチュアリティの覚醒→自己物語化による枠組みの再考→スピリチュアルな生き方の選択→自律的な生に価値を置く生き方への転換という道筋を選んでいくことになる。

図1は現実性への対応パターンとしてのパーソナリティと、超越性（神）への応答パターンとしてのスピリチュ

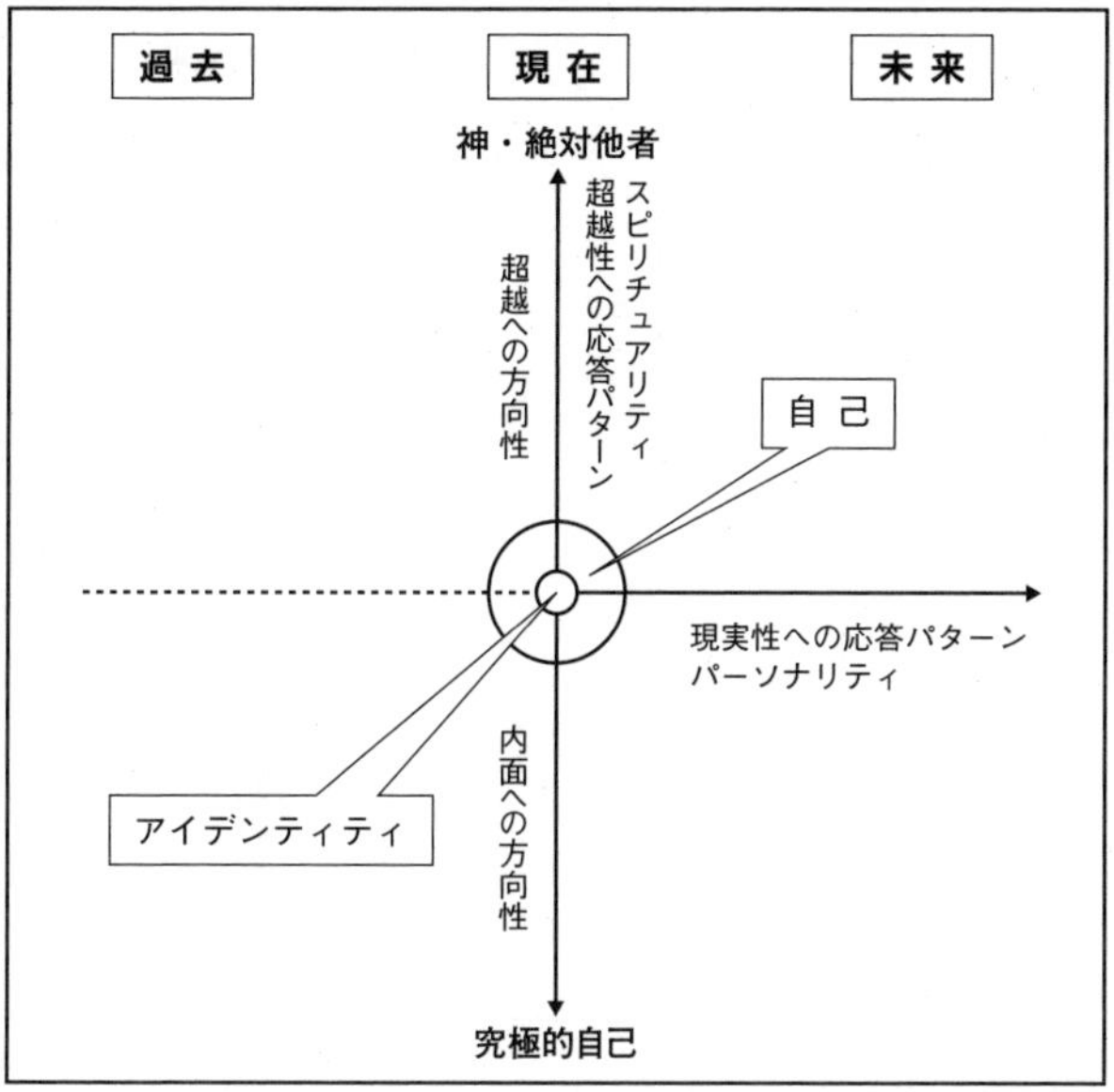

図1　スピリチュアリティとパーソナリティ

アリティとの関係をごく単純に図式化したものである。[10]人間には現実対応のパターンとしてのパーソナリティという横軸と、超越性（神）対応のパターンとしてスピリチュアリティという縦軸があり、自己は小さな円を描いて、その中心にアイデンティティがあると想定することができる。この超越性（神）対応としてのスピリチュアリティというのは、「超越性への対応」というかたちで宗教性の枠組みを取り外すことができ、このスピリチュアリティは危機的状況の中だけでなく人が生きていく上でどの人にも機能するものである。

人は実際の日常生活では究極的な問いは不問に付して生きているので、超越性との関係でアイデンティティを確立しようとはしない。たとえば、「自分はどこから来て、どこへ向かって生きているのか」、「自分が生きている意味は何か」、「自分の人生の目的は何か」、「自分の存在とは何か」、「これからどう生きていくべきか」などの究極的なものへの関心は危機的状況のときには顕在化するが、日常においては内面の奥底にしまわれている。一方、パーソナリティはその人個人と社会のつながりのパターン（スタイル）なので、社会や他者との対応パターンがうまく機能しなくなると不安定になる。そして、現実対応のパーソナリティが揺らぐと、アイデンティティを基軸にしてスピリチュアリティも揺れるという関連性がある。つまり、現実性対応力としてのパーソナリティが揺らぐことによって、超越性対応のスピリチュアリティの見直しが起こるのであるが、それは超越性への方向性と内面性への方向性の拡張も同時に引き起こす。そのことによって自己が拡張していき、それまでの自己を超越することとなる（図2）。

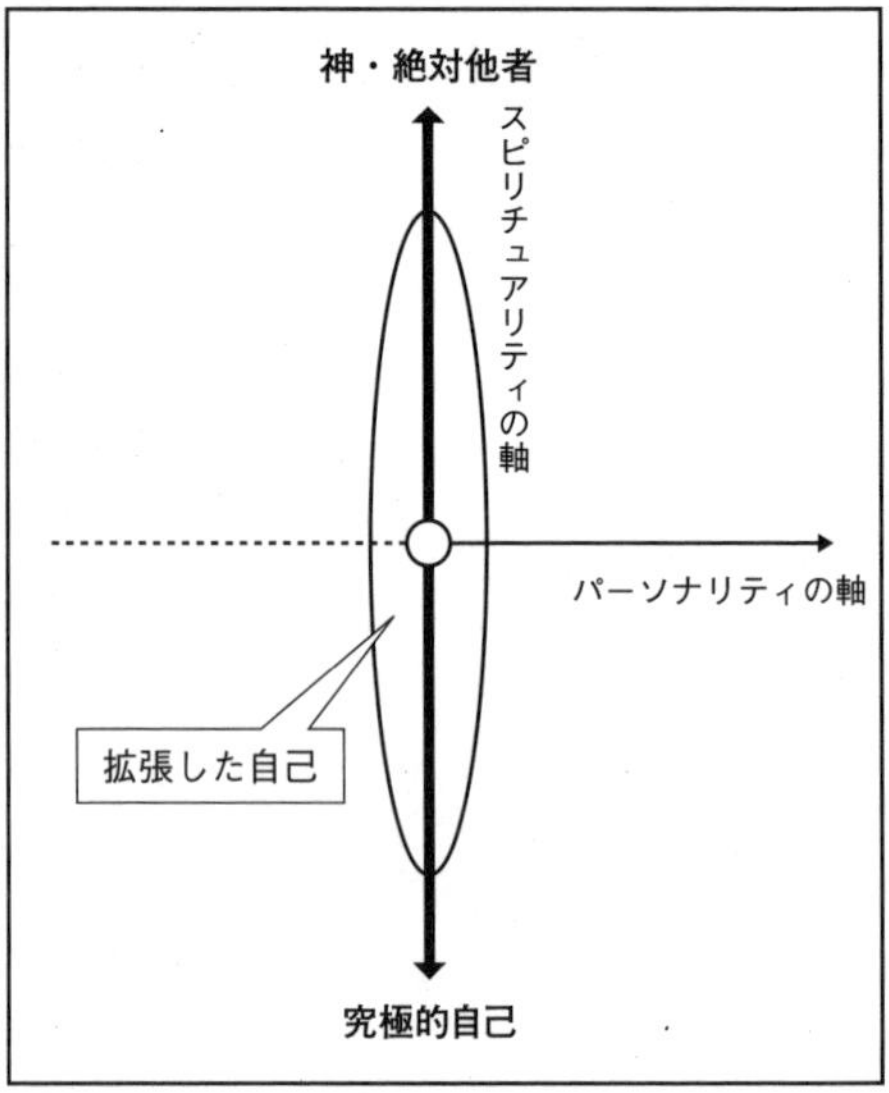

図2

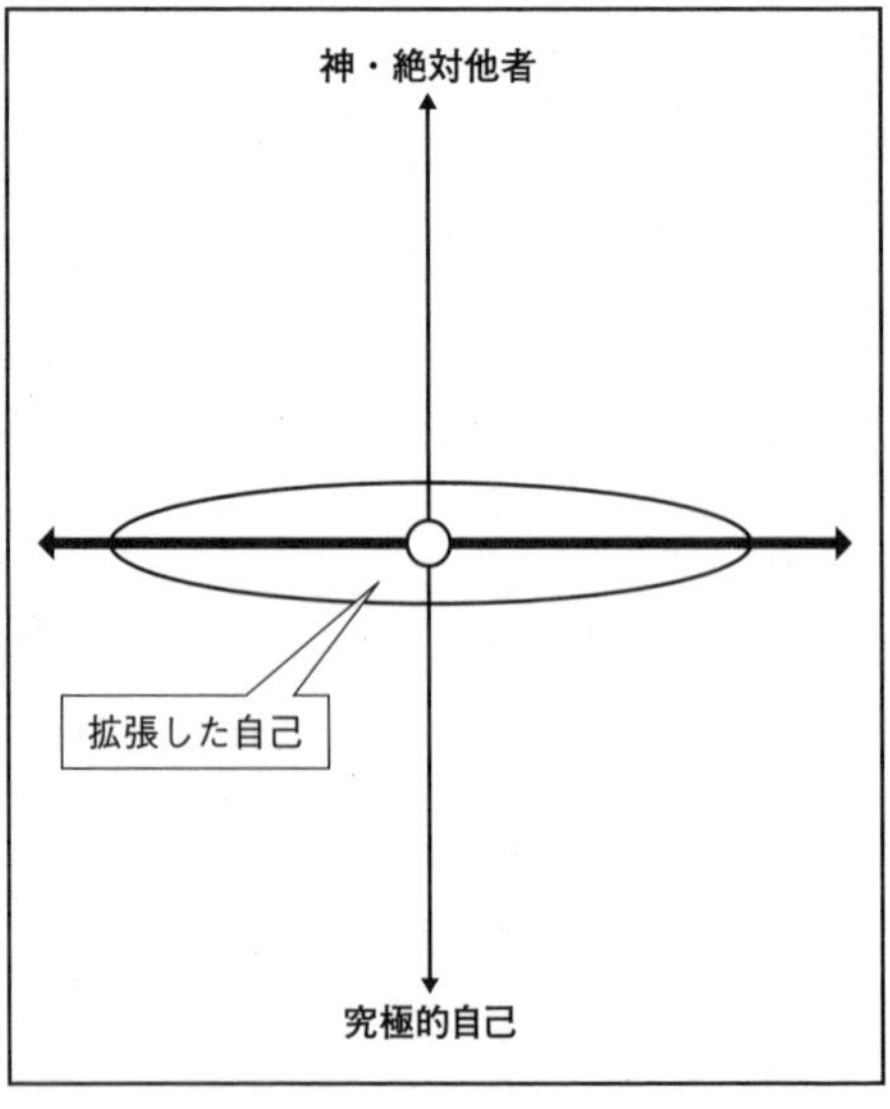

図3

グリーフケアにおいては、その人の人生を多面的に重層的に聴いていく作業の中で、その人自身に語らせていくことが重要である。人は誰も自分のスピリチュアリティがどのような内容と構造をもっているかを明確には掌握していない。けれども、聴き手である援助者がいることによって、他者に自分の思いを語るなかでその輪郭がはっきりしてくる。自己を物語るなかで、「自分はこういう価値観をもっているから、この事態をこのように受け止めているんだ」、「自分がこういう決断をした背景には、こういう自己理解があったんだ」という自分のスピリチュアリティに気づいてくる。マルタとマリア（ルカによる福音書10・38以下）の話に登場するマリアはイエスの話を聴くというかたちで傾聴のミニストリーをしている。聴く存在があるから人は自分を語ることによって自らの課題に直面することができるし、究極的自己の方向性へ拡張することで自己理解が深まっていく。自己理解が深まれば、霊的な成長も促される。そこにおける超越性とは、それまでの考え方や存在の枠組みを越えて、より広範囲でより包括的にものごとを理解しようとする姿勢を作り出すもので、超越者によって自分自身が問われている存在だという認識が生起してくる。

(3) 喪失の出来事を物語ることがなぜスピリチュアリティの覚醒に結びつくのか

日常生活において人間は何らかの現実対応の困難さを感じながら生きており、カウンセリングはこうした現実対応力が弱ったり崩れてしまったときに人を支えることを第一の目標としている。日常生活における自己や他者、社会への応答パターンの中で形成される「私という存在」をパーソナリティと規定するならば、カウンセリングはその現実対応力の回復とケアを目標としている。そして、喪失の出来事としての過去を物語ることによって過去―現在―未来にわたる首尾一貫性のある自己物語が形成されていくと、パーソナリティも骨太になって生きる力も補強される（図3）。

人は愛する者との死別、重大な喪失体験、精神的な病の経験、離婚や離別による喪失、ドメスティック・バイオレンスなどによる理不尽な家庭環境、大きな挫折やトラウマなどの過去を抱えつつ生きているが、それらを語り直すことによって受け入れがたい過去を拡張した自己に取り込み、そのことによって首尾一貫性を獲得する。問題はこれらの出来事は牧師などの援助者が「傍らにいて」、そのマイナス感情やつらい出来事を「共に担う」援助がなければ、当事者が自分の課題として向き合うことはなかなか難しい。

(4)「自分の困難な課題」に向き合う力を養うこと

キリスト教の牧師を養成する神学校の牧会学の授業ではライフストーリー（自己物語）を書いてもらうようにしている。これは自分史の振り返り作業で、神のみ業に参与する牧師としての働きをする者が、これまでの自分の人生がどのように神に導かれてきたかを自己確認することが目的である。それらを読んでみると、牧師になるという決断は、皆それなりの必然性があり、どの神学生も心に未解決の課題や傷をもっている。親族や恋人の死、大きな喪失体験、精神的な病の経験、家庭環境の複雑さ、挫折やトラウマなどを抱えて、それが思考の枠組みの転換（パラダイムシフト）をもたらして牧師になるという人生の選択をしている。神学校の受験生は召命の短文というのを入学試験の際に提出するのだが、そこには書かれていなかった個人の傷、あるいは自分で未整理の否定的感情や未解決の課題などを、二年間の神学生生活を終えたころになってやっと語ることができるようになる。このことを意識的に促すことで、無自覚であった自分固有の課題に向き合う営みが始まるのである。

「自分の困難な課題」に向き合う力を養うことが牧師になるためには不可欠である。牧師は教会員や求道者の方たちの悩みに向き合うが、それらはアイデンティティの危機や存在基盤の崩壊などのスピリチュアルな側面でのかかわりを必ずもっている。その際に牧師はとにかく信徒の方たちが自分では解決できない苦悩の語りに耳を傾ける「傾聴」の業を果たすことになるが、自分自身の困難な課題に向き合えない牧師はこの「傾聴しつづける」ことが難しい。さらには、信徒の方たちが苦難や苦悩に出会うことを通して自分自身のスピリチュアリティに気づくように援助することも難しくなる。牧師は教会員や求道者の方たちがもっているそれぞれの固有のスピリチュアリティを尊重しつつ、それをしっかりと受け止めるために牧師自身がスピリチュアリティを養うことが求められる。自分の傷に向き合うなかで各自がもっているスピリチュアリティに気づかされるのである。

たとえば、私自身のことでいえば、妻の自殺がきっかけでキリスト教会の礼拝にはじめて出席し、一年半後に受洗し、三年後に神学校に入学した。牧師になってからもスピリチュアリティに関してはよくわからなかったが、牧師になって五年目に大動脈瘤破裂の大病を経験して生死の境をさまよい、そこではじめてスピリチュアリティに覚醒させられたと、今は考えている。死も病も取り返しのきかない事実だが、これを受け止めるためには「自分を超越した、まったく別の立場・視点から全体をみる」しかない。いうなれば、自己を超越した存在から自己をみることでスピリチュアリティが覚醒するのである。

スピリチュアリティは苦難や試練といった日常の出来事に対して、それを解釈して自己の人生のマイナス評価の出来事を積極的に受容していく際に発揮されるものである。その意味でスピリチュアリティは従来の古い解釈では役立たなくなった事態を受けて、古いアイデンティティや古い自己存在の基盤への決別を促す機能をもっている。決別するためには、過去の人生において動かしがたい事実だと思い込んでいる自己物語を作り直していく解釈力が求められる。

(5) パーソナリティの危機の中で自己を物語る人を援助する視点

牧師の場合、スピリチュアリティの覚醒を意識した援助は超越者に全面的に自己を委ねる（神に生きる根拠を置く）生き方を短期的な目標とする。その上で超越者の意志に従って自律的に生きていく力を養うすべを身につけることを目指す。信仰的に自律した信仰者は、神に「依存」した自己存在の上に、神の意志に従って生きる「意志」の力を養うようになる。グリーフケアの過程において神に委ねる「依存」と、神の「意志」を受け止めるような援助を行うことがスピリチュアルケアである。もちろん、ここでいう依存というのは甘やかすことではなく、しっかりとアイデンティティの危機に陥った人の存在自体を受け止めて、その上で危機に陥った人に存在の枠組みの再考を促すという意味での依存である。そして、最終的に自律的な生き方を創造する営みに寄り添っていく。このケアの過程すべてにスピリチュアリティがかかわってくる。

スピリチュアリティに覚醒した援助者にとって大切なものの一つは「負の受容力」（negative capability）を養うことである。「負の受容力」は「自分にとって不都合なことが起こったときに、その不都合さの中にあっても人間として生きている証しをみることができる能力」のことで、自己を物語るなかに摂理としかいいようのない事柄を見いだす力のことである。自分の身に苦難や試練などの不都合なことが起こっても、安易な解決を図ったり逃避したり拒絶せずに、逆に世界認識と自己理解の深化をもたらすチャンスだと解釈する力のことである。不条理な現実に向き合うためには、自分の内面に生じる不安、逃避、満たされない不満、虚無感、怒りなどの否定的感情に踏みとどまる力が求められる。肯定的感情を受け止めるのはたやすいが、マイナス感情を受け止めるためには、それをいったん抱え込む内面的なスペースを形成することが求められる。言い方を変えれば、悲嘆の思いを受け止める心のスペースを用意し、そのスペースの中に悲嘆などのマイナス感情をしまっておくことで、自らの限界も自覚されてくる。しかし、自らの限界を見極められない人は現実対応力を身につけることもできない。

人は超越者(神)に応答していくなかで責任的に自己にかかわる自覚が促される。パーソナリティが現実の他者や世界に対して主体的に対応するなかで形成されるものであるのに対して、スピリチュアリティは超越者(神)に対して受動的に応答するなかで形成されるが、狭い自己理解から脱却するためにパーソナリティの存立基盤である日常の軸から飛び出すための自己超越が必要となる。自分の悲嘆や苦しみにとどまっている限り、また現実への対応だけに心を砕く生き方をしている限り、人は自らを小さく限定しがちで、自らを超えることができない。しかし、自己を物語るとき、超越者の視点から自己を認識し、解釈していくことがスピリチュアリティを生み出し、さらにはパーソナリティの次元とは異なるもう一つの自己認識が生まれるのである。

三　スピリチュアルな視点からグリーフケアを行う

(1) 「アイデンティティ(同一性、主体性)」の再考

悲嘆によるアイデンティティの揺らぎはまずパーソナリティの危機として現れる。パーソナリティが揺らぐと自己が揺れる。同時に縦軸のスピリチュアリティが揺れる。それは現実生活に対する従来のアプローチの仕方が不適合となった証拠であるけれども、超越者への問い直しも意識下で起こっているのである。その際に重篤な喪失の危機状況を解釈していくと、喪失それ自体との関係性が変化し、その変化が超越者との関係性にも影響を与えていくようになる。たとえば、重篤な病になった身体が元の健康体に回復できないときは、必然的に「なぜ私が病気にならなければならないのか」と超越者に問うしか逃げ道がなくなる。原因と結果が明確であれば納得する道も開けて

くるが、いずれにせよ、一度揺らいだパーソナリティは答えのない問いを生み出し、それは翻って自分自身への問いとして跳ね返ってくる。そして、自分の悲嘆を共に担って依存を受け止めてくれる超越者を求め続けることになる。また、自己存在の自明性が問われることで、「問われている自分」の存在に気づくようになる。

さらには、自分が生きる上での価値観の問い直しに向き合うことになる。また、喪失の経験は小さな死の経験でもある。通常は人生の最後に訪れるのが死であると理解されているが、重大な喪失は、私たちが人生において何度も経験する「小さな死」の一つである。それが自己存在の価値基盤の問い直しを迫ることになる。「こんな状態で、生きていても仕方がないと思う」、「もう私は、この世に存在している意味が感じられない」と、スピリチュアルな痛みを口に出した人は「存在の意味」が問われているのであるが、それは同時に自分が生きてきた上で支えとなっていた価値観が揺らぐ「存在の価値」もまた問われているのである。そして、存在の意味と価値観の問い直しは必然的に生きる目的（志向性）の相対化を生み出していくことになる。

1 自己存在の意味の問い直し

生きる意味や目的の問い直しが起こる。アイデンティティの揺らぎは最初パーソナリティの危機として現れるが、意識下では超越性への問い直しが起こっている。たとえば「神さま助けてください」、「ばちがあたったのか」、「何も悪いことはしていないのに、なぜこんなことが自分に起ったのか」と、普段信仰と無縁な人が超越性に関心を向ける。これはアイデンティティの回復を求めているもので、自己存在の中心としてのアイデンティティと超越的なもの（神・宇宙的生命・絶対他者）との関係を再考することで与えられる超越的方向性への希求なのである。

2 生の価値転換（究極的な自己存在の模索）

生まれてから死ぬまでが人生だというのが一般的解釈である。しかし、私たちは人生において小さな死を何度も経験している。たとえば、キリスト教の洗礼は古い自己にいったん死ぬという象徴的な死を意識的に行う儀礼で、そのことによって新しく生まれ変わったことを自覚する。それが存在価値に根拠を置いた生き方への覚醒につながっていく。喪失によって従来の古い自己の価値体系が崩壊して、「何のために生きればよいのか（自己の無価値感）」、「生きる意味がわからない（意味創造への問い）」、「自分がわからない（自己喪失）」などの問いによって「内面への方向性」が促されるのである。

3　悲嘆を生み出す問題が、生きる目的に転換する

パーソナリティの危機によって自己が揺れるが、それは現実生活に対する従来のアプローチの仕方が不適合となった証拠である。この危機状況を解釈することで、その事態と自己との関係性が変化してくる。たとえば、なぜ自分が病気にならなければならないのかという無意味感に直面したとき、超越性（者）に問うしか方法はない。ただ、そこでは解決をしてくれる超越者（神）ではなく、共に苦悩を担ってくれる超越者の臨在に気づかされることによって、喪失の意味を自己超越の視点から意味づけていく道が開かれる。

(2)　「存在の枠組み」を見直すなかで自明性を問い直す

1　時間的存在（生の時間である内的時間と客観的時間である外的時間）

人間は時間的存在である。時系列で出来事を記憶することができなければ、自意識は混乱するだろう。人が時間的存在として生きていることを実感するためには、過去の出来事や経験を一定の意味の流れのもとに位置づけ、自分で納得している自己像に合致している経験を自己物語に組み込むことが必要である。病や障害、死別などの重篤な喪失によって存在の有意味性を失った者は時間感覚も切断されているので、喪失体験によって分断された首尾一

貫性を意味という架け橋によってつなげていくことができなければ、時間的存在としての自己に向き合うことができない。スピリチュアルな苦しみとは「自己存在と意味が消滅したことによって生じる苦しみ」であるが、喪失した状態にある自分を過去からの一貫した視点で位置づけることができれば、時間的存在としての自己を回復したことにはならない。そもそも、経験してきた出来事を組織化し、秩序立てなければ自己物語に組み込むことはできないのである。

人間が存在するためには、ただそこにいるだけで存在しているとはいえない。過去の出来事や経験を一定の「意味の流れ」のもとに位置づけ、目の前の出来事や経験をそうした流れの中に意味づける必要がある。だが、それが病や障害などによって生きる意味の流れが切断されると存在の枠組みの危機に直面することになる。人は日々の経験を自分なりに納得のいく文脈をもった自己物語の枠組みの中に取り込み、過去—現在—未来という時間的流れの中に組み込んでいるが、その際に自己物語的アイデンティティに合致した経験やそれを支持し強調するような経験は、そのまま積極的に取り入れる。一方、それと矛盾する経験や、それを脅かすような経験は無視されたり変形されて取り入れている。

生きる時間があと一年と限られていることを告知されるようなときも時間的存在としての自己を失うことになる。時間が限られることは未来を失うこととなり、今を生きている意味も失わせてしまう。しかし、時間的に未来を失った者でも自分の生きてきた「過去」に根拠を置きつつ自己を語ることができれば、生きる力を獲得することができる。死に直面した人で、死を受容できた人に共通していることは、時間を意味の流れにおいてつなぐことができる人である。

がんで余命三ヵ月と宣告されたある人が「私はシベリア抑留でたくさんの仲間を失った。でも、彼らの死を無駄にしたくないという思いがずっと自分を支えてきた」と死に際に述懐したことがあった。自分に迫った死が、これまで自分を生かしてきた戦友への証しの人生であったことに気づいた瞬間であった。自分では背負いきれない過去の自分があるからこそ、逆に今までの自分の人生が形成されてきたことに気づいたその人は、死を穏やかなかたちで受け入れて逝去された。E・H・エリクソンのいう「継時的自己同一性」への覚醒があったと思われる。過去の経験が未来の希望を支えるのだ。時間的つながりが太く安定していると、現在を生き抜く力が与えられる。死や苦難に対して受容力が高い人は、過去と現在、未来という自分の時間を生きる意味の流れにおいてつなぐことができる人であり、過去の経験の積み重ねがあって今の自分があるという自己認識に覚醒した人である。そして、他者のために何らかのかたちで自分を与えてきた人は死や困難に対して強い耐性をもっているし、そういう自分の側面に気づくことで大きく自己認識を転換させることができる。人間は自分の過去をいくら探求していっても、自己理解と自己洞察を深められないところがある。未来からくる希望や夢、自分が役割を託されているという使命感がなければ現在を生き抜く力は生じてこないのである。

2 関係的存在(自己・他者・超越者との関係)

スピリチュアリティは他者との関係性の中に働く。とくに、自己・他者・超越性(神)との関係において和解の働きをなす。衝突、怒り、憎しみ、悔しさ、罪責などがこれらの関係性の中にあっても、スピリチュアリティにはそれを許し、破れを繕い、問題を解決する力がある。「関係的存在」は内的な自己、他者、超越者(神)などの存在から与えられる価値のことで、苦難や試練によって「未来」を失ったかに思えるとき、「過去」に向き合うなかで自己確認をする。病や苦難に出会ってはじめて大切な人との関係性に気づくことは経験的に知っているところである。そのような大切な人との関係性が生きていく力を与えてくれるからである。このように苦悩する現在の自己を過去の自分と継時的に結んでいくことで失われた自己把握感（自己統制感）が回復する。そして、大切な存在との関係性の中で自己を再認識する営みの中で孤独や苦悩から解き放たれていくのである。「病気」というのは客観的な症状であるが「経験としての病」は自分がどのような原因で病気になり、どんな身体的機能を失い歩んできたかという自己物語を生み出す。そこでは自己と自分自身の自明性が崩れ、自己と他者、自己と世界といった関係概念のとらえ直しが求められ、「関係としての病」の課題が生じてくる。これらがスピリチュアルケアの課題になる。

そもそも人間は関係的存在である。言い方を変えるならば、人間の存在は他者から与えられている。人は個々人が自由意志によって自己決定的に生きているようにみえても、実は他者によってその存在が支えられている。余命が限られると、大切な存在の人と近い将来別れることになり、関係性を失うことに切迫感を感じる。しかし、スピリチュアリティに覚醒した人は自分が死んでいっても大切な人との「関係性は時間や空間を超えて生き続ける」ものであることに気づく。他者とのあいだに取り結ぶ人間関係の質こそが癒しや救済を与えるからである。これは他者から与えられる価値であり、人間関係によって癒しや救済が与えられていることに気づくことは、それまでの自意識過剰な生き方から、他者や世界とのつながりの中で自分を見つめる生き方へと人を導くようになる。

3　自律的存在（自己決定による尊厳性の確保）

私たち人間は自分で考え判断して自己決定しているという感覚をもつことで、「自律的な生」が生起する。自分のことは自分で決めるということはある意味当たり前のことだが、病になればその自律性は失われてしまう。自分の日常生活に関して自己決定権をもって主体的にかかわっているという感覚が失われてしまうからである。

「自立」というのは自分で自分のことができることだが、自分のことに関して自己決定できる「自律」は病床にあっても確保できる領域である。ホスピスではよく「自立を失っても自律できることを支える」と言う。たとえば、排尿が自力でできなくてオムツをしている状態では自立しているとはいえず自尊心もかなり傷つけられてしまうが、看護師の助けを借りたとしても自分が望む時に排尿ができる環境が確保されれば、その人の自律的な生は確保されているといえる。「自律的な生」とは、苦難や試練の中でも自己決定できる領域・分野を確保するスピリチュアリティを獲得することである。それは自分の趣味や特技でもよく、自分が決定していることを確認できると、それが立ち直る力となる。

たとえば、不治の病で残された時間がわずかしかなくなった場合、今を生きる意味や目的、価値を失ってしまう。これは人間の時間的存在の側面が弱くなった状態であり、それを補うためには関係的存在あるいは自律的存在の側面を太くするスピリチュアルケアをすることが目標となる。それまでのその人を支えてきた人間関係に感謝をする時間を設定したり、和解の時を設定することで、その関係的存在の側面は太く大きくなる。あるいは、自己物語を通して、新たな人間関係の気づきを促すことがスピリチュアルケアとなる。(11)

人間は自己を物語るなかで自己認識をする存在である。私たちは自分を他者に語って理解してもらおうとする際、自然と自己物語の形式をとる。自分が今まで何に苦しみ、何に喜びを感じ、何に傷つき、何に感動してきたか。誰と出会い、誰と別れて、何を手に入れ、何を失ってきたか。ある意味で、自己とは物語形式の中に存在するとさえいえる。さらに、自己物語とはあらかじめ確固とした自己があって自分を語るのではなく、自分の出来事を語ることを通して、自己像がだんだんと形成されてくるものである。さらに語るたびにその物語に変化が生じてくる。自己を物語ること自体が自己を組織化し、混沌とした自分自身の生の歩みに一貫性が与えられるのである。

また、自己を物語るなかでスピリチュアリティの覚醒が促される。通常、物語の一貫性は「現在」が物語の結末となるように組織化されていき、ふさわしくない「過去」の出来事は省略されたり無視されたりする。現在の視点から過去の失敗や苦労の経験が取捨選択されたとき、物語は書き換えられなければならなくなる。ところが、スピリチュアリティの領域に気づいた者は、受け入れがたい出来事を摂理として受容する力が与えられていくのである。

さて、自己を物語る上では聴き手が納得できる物語を創造することが鍵となる。人は経験する出来事を筋立ての中に受け入れていくなかで自己を形成している。それは自己に対する内的説得力のある言葉でもある。人間は思考してから語るというよりも、語ることによって思考を促す側面がある。人が自己を語るとき、自分という存在があらかじめあって、それを他者に語り伝えるというよりも、自己を語る言説そのものが自己を形成していくところがある。病と苦しみの出来事を人はいつしか苦難の自己物語（self-narrative）として語り始める。とくに病の語りは身体観にかかわるものであるが、それが次第に「病によって生き方の変更を余儀なくされた自己」に関する語りへと転換していく。そこで語られる内容は「何もかもうまくいかなくなった自分」、「他人の視線が恐くて誰にも会いたくない自分」、「家族に迷惑をかけているみじめな自分」、「あと数ヵ月の命と言われた自分」という根源的な自己存在にかかわる事柄である。そこにあるのは人間としての存在感と有意味性を失った混乱した思いである。それはまた「自己の存在と意味の消滅から生じる苦しみ」であり、生きる意味を見失ってしまったスピリチュアルな痛みである。物語的存在としての自己の首尾一貫性がくずれると、新しい自己物語をつむぎ出さなければならない。苦難によって新しく語り直される人生物語が自己に変化をもたらすのは、苦難を今までとは異なる新しい意味の文脈へと関係づけることができたときである。

(3)「自律的な生」の再考

1　自己肯定感の涵養（世界と他者にかかわる力が自己を癒すという視点）

自己肯定感は自己と他者、自己と世界を取り結ぶ要石である。この際、よい聴き手がいることが自己肯定感を促す。自己肯定感には、①帰属意識、②役割意識、③自分が愛されているという意識などが必要となる。たとえば帰属意識は旧約聖書での家系図に端的に表されている。現在の自分のアイデンティティを支える際に帰属先が明確であることが必要となる。役割は社会的な自己像を表しているが、この役割意識は苦悩しているときに行動を促す力となる。役割を果たしている意識をもつことができているとき、外界と内なる世界が出会い、自己を位置づけることができる。たとえば、妻からみて夫は、自分に妻という役割を与えてくれる存在といえる。ゆえに、死別体験には愛する者を喪った悲しみとともに、役割喪失の悲しみも含まれているのである。そして、自分が愛されているという自己肯定感が存在自体を下支えする。

2　世界観の転換（世界が自分にかかわってくるという視点）

重大な喪失を経験すると世界観が一変する。喪失後の世界に適応するためには自己の限界性、不確実さに満ちた世界を受容することが必要となる。喪失によって組み替えの必要に迫られたアイデンティティは自己像の領域に関するもので、それは他の誰でもない私という個人的な存在理由にかかわる。既存の生き方を転換させるためには、世界にかかわる主体としての自分という理解を離れて、世界が自分にかかわってきているという世界観の転換が必要となる。

3　態度価値の覚醒（存在価値に根拠を置いた生き方）

態度価値に覚醒することが求められる。ヴィクトール・E・フランクルは人生の意味を創出するものには、創造価値、体験価値、態度価値があると言ったが、「ある態度を自己決定する自由」としての態度価値が自己を生かす道となる。Positive thinking（ポジティブシンキング）で有名なノーマン・ピール牧師が「私たちの直面するどんな経験もそれ自体は、それがどんなに困難で絶望的に見える場合であっても、その経験に立ち向かう私たちの態度に比べれば、それほど重大ではない」と言っている。(12) 経験そのものが人を成長させるのではなく、人を成長させるのは経験そのものへの態度なのである。

米国の作家パール・バックが『母よ嘆くなかれ』の中で、ある日、精神遅滞のわが子に字を教えていたとき、手にびっしょりと汗をかいて一生懸命に母の期待に応えようとしていることを知って、それだけで報いられた気持ちになった。それ以来、あるがままのわが子を受け入れようと心に誓ったという。(13) 事態が変えられない点では悲嘆や不治の病も同じである。問題はそれに対してどのような心的態度を選択するかである。運命の事実を自ら引き受けることで実存的転換が起こり、人生の意味を考える視点が転換する。たとえば、私たちは人生を現在の時点からみる。自分が生きている地点を現在とし、それ以前を過去とし、将来を未来とする。あたかも砂時計のくびれの位置に自分を置いて、つまり自己を中心にあらゆる時間をみて、あらゆる出来事を解釈している。この自己中心の時間意識と事柄解釈から脱却し、歴史や事柄のほうから自己を客観視するようになると、私たちは歴史的存在として生きる意味や目的（使命）や価値を自覚することができる。

四　自己の体験を物語ることから自己成長し、成熟していく道へ

大きな喪失は以下の四つに分類できる。①自己存在の喪失（死にいたる病気の告知、生死にかかわる大病、身体

的な機能喪失など)、②重要な関係の喪失(愛する者との死別、離婚など)、③日常生活を困難にさせる自尊感情の喪失(失業、家族や会社・組織での役割喪失など)、④不慮の災害や暴力によって生じる喪失、である。

喪失の出来事を物語るという行為は、自己にかかわる種々の出来事のあいだに有機的な意味の関連性を生み出すことになり、そのことによって人生の意味を発見することにつながっていく。同時代に生きているからといって、人は誰しも同じ意味世界に生きているわけではない。自分が意味づけている世界に生きているのである。そもそも物語る行為自体が自己統合の力を養う側面をもっているともいえるだろう。そして、そのような「物語としての自己」は他者(援助者)に対して自己を語る(あるいは文章化する)という行為においてはじめて明確になっていく。ゆえに、ここに援助者によるスピリチュアルケアの働きの領域も明らかになってくる。この「語り」を通して混乱している自己概念(自己像)の再統合を援助することがスピリチュアルケアの領域である。

喪失体験者は、その悲しみに圧倒されないために、その出来事を理解し納得しようと答えを探し求める。そこでは自己物語の組み替えの必要性が生じてくる。また、喪失の出来事によって人生の連続性が断ち切られたことを自分の人生にどう位置づけることができるのかを考えずにはいられなくなる。愛する者や近親者の喪失によって人生の連続性が断絶させられた思いに圧倒された者は、その断絶をつなぎとめ、意味づけ、納得することができる「自己物語」を必要とするからである。人生において不測の事態や関係性の喪失に出会うと、自分自身の今までの生き方が問われ、新しい自己の立て直し、再構築が必要となる。

では、なぜ物語ることが喪失からの回復につながるのか。それは「語り」が筋(プロット)をもっているからである。筋は喪失の出来事によって断絶した自己物語を結合させるキーワードである。J・ブルーナーは、「可能世界の心理」(一九八六)で物語モードは論理・実証(パラダイム)モードとは区別されるという。[14] 物語モードは悲嘆に陥ったときに、因果論で立ち直ろうとする思考方法からの脱出に役立つ。

また、マイケル・ホワイトは『人生の再著述』(一九九五)において、「人間は解釈する生き物だと提唱しているのです。つまり、私たちは、人生を生きる時、自分たちの経験を積極的に解釈しているということです。明瞭ななんらかの枠組みに頼ることなしには経験を解釈することはできないと提唱することでもあります[15]」と言っている。この「枠組み」を構成するのが物語ということができる。日常生活における経験は、自分なりに納得のいく文脈をもった自己概念の流れの中に組み込めるものしか受け入れないものである。自己概念を支持し肯定的な経験は積極的に取り入れられるが、それと矛盾する経験や自己を脅かすような経験は無視されて排除されるか、変形したかたちでしか取り入れられない。これに対して、自己を物語るという行為は、自己にまつわるもろもろの出来事のあいだに有機的な関連を見いだし、それによって生きる意味を発見するという自己創造の重要なプロセスをなしている。自己にとって肯定的で有機的な関連性を見いだすことができるものだけで通常は自己を形成しているが、死別や病気によって喪失体験を経た者は、マイナスの経験を何らかのかたちで自己の中に受け入れて、自己物語の中に再編して組み込んでいかなければならない。この自己物語化こそが自分の経験や行動に意味を付与させ、生きる意味を創造させていくために必要不可欠なものであり、それにより自己理解と自己洞察を深めることができるのである。

注

(1) ジョン・H・ハーヴェイ『悲しみに言葉を――喪失とトラウマの心理学』安藤清志監訳、誠信書房、二〇〇二年。
(2) 山下京子、東晋平『彩花がおしえてくれた幸福（しあわせ）』ポプラ社、二〇〇三年。

(3) 同上書、二七頁。
(4) 同上書、二七―二八頁。
(5) 同上書、二九頁。
(6) 同上書、六八頁。
(7) 同上書、一一五―一一六頁。
(8) 山下京子さんは少年Aを許したと言っているわけではない。しかし、少年Aが二〇〇五年一月に法務省の手を離れ社会復帰した際に公開した彼女の手記には以下のような言葉が掲載されている。『法務省が、「加害男性の社会復帰を認める」という太鼓判を押した以上、私どもはそれを信じるしかないというのが現状です。今年(2004年)8月、私どもは彼からの手紙を2通受け取りました。あくまで私信なので、内容を社会に公表するつもりはありませんが、少なくとも1通目は、劇的に私の気持ちを揺るがすものではありませんでした。そして、事件の核心に触れるものでもありませんでした。しかし、2通目の手紙は人から強制されて書いたものではなく、彼の本心を吐露したという感があり、出会ったこともない彼の声を聴いているようで、読み進めていくうちに涙を流している私がいました。その涙の意味は自分でも理解できないのですが、憎悪や恨みという種類のものではなく、もっと静かな、ただただ哀しい、というのが一番近い感情でしょうか。そのとき思ったのは、仮退院時のコメントと重複しますが、彼が「社会でもう一度生きてみたい」と決心した以上、どんな過酷な人生でも、人間を放棄しないでほしい。彩花の死を無駄にしないためにも、生きて絶望的な場所から蘇生してほしいということでした。だからといって、けっして彼の罪を許したわけではありません。それでも、彼の「悪」に怯えるよりも、わずかでも残る「善」を信じたいと思うのです。彩花への謝罪とは、私たちが生涯背負っていかなければならない重い荷物の片側を持ちながら、自分の罪と向き合い、悪戦苦闘している私たちの痛みを共有することしかありません。どうすれば痛みを共有することができるのかを探すのは彼自身に他ならず、誰も肩代わりはできません。でもだからこそ、彼の中の「善」を引き出せる人たちと出会ってほしいのです。これまで、加害者の情報を、限界はあるものの知り得たことや、加害男性からの手紙が届いたことは、私どもにとってはプラスになりました。……』(朝日新聞二〇〇四年十二月十五日朝刊)。このように山下京子さんは、謝罪とは痛みを共有することだと言っており、犯罪被害者の方々の中ではスタンスがずいぶん異なっているのである。

（9）山下・東、前掲書、注（2）、一四五頁。

（10）谷山洋三、伊藤高章、窪寺俊之『スピリチュアルケアを語る――ホスピス、ビハーラの臨床から』関西学院大学キリスト教と文化研究センター編、関西学院大学出版会、二〇〇四年に所収の伊藤高章「スピリチュアリティと宗教の関係」における伊藤氏のパーソナリティとスピリチュアリティの概念定義を参考にさせていただいた。

（11）この概念については「緩和ケア」第15巻5号、二〇〇五年所収の小澤竹俊「村田理論を用いたスピリチュアルケア」を参照した。

（12）ノーマン・V・ピール『積極的考え方の力』相沢勉訳、ダイヤモンド社、一九八二年。（The power of positive thinking）

（13）パール・バック『母よ嘆くなかれ』伊藤隆二訳、法政大学出版局、一九九三年。

（14）ジェローム・ブルーナー『可能世界の心理』田中一彦訳、みすず書房、一九九八年。

（15）Michael White, *Re-authoring lives: interviews & essays*, Dulwich Centre Publications, 1995, p.18.（マイケル・ホワイト『人生の再著述――マイケル、ナラティヴ・セラピーを語る』小森康永、土岐篤史訳、ＩＦＦ出版部ヘルスワーク協会、二〇〇〇年）

「宗教的思考」から「スピリチュアルな思考」へ
――H・S・クシュナーの悲嘆を中心に――

窪寺　俊之

一　はじめに

今日、医療、看護、介護福祉の分野でスピリチュアルケアの重要性が認識されている。とくに、末期がん患者の生活の質の向上にスピリチュアルケアが果たす役割が大きいといわれている。(1) スピリチュアルケアの本質が論じられる中で、スピリチュアルケアと宗教的ケアとの相違点なども問題になっている。(2)

「スピリチュアルケア」と「宗教的ケア」は患者の魂のケアを目的にしながら、ケアの方法に相違点がある。その根本的理由の一つは、両者の思考方法が異なっていることであると考えられる。両者はケアという点では同じ目的をもちながら、「スピリチュアルケア」は「宗教的ケア」よりもケアの幅が広く、たとえば、音楽や自然がもつ癒しも包含している。

愛する人を失って魂のケアを必要とする人たちには、しばしば、無力感、虚無感、無意味感や、「うつ」などの症状を含む心理的症状があって、ケアが必要といわれている。(3) 同時に、悲嘆の原因となった事柄が「なぜ自分に起きたか」という哲学的、宗教的問いが強く働いている。しばしば、人間の能力を超えたもの（神仏）への宗教的問い、「なぜ、私がこんな苦しみを負わなくてはならないのか」、「自分が過去に誤りをした罰ではないか」という例にみられるように、苦難の理由を問うかたちをとる。これらの苦難への疑問は、二つの方向性をもち、一つは、神仏など人間の理性を超えたものへの問いとなる。もう一方では、「罰が当たるようなことはしていないのに」というように、自分の内部に原因を求める形態をとる。このように自分を超えた神仏や自分の内部に苦難の理由を求める思考法を「スピリチュアルな思考」と名づけたい。(4) このような「スピリチュアルな思考」は「宗教的思考」と類似していて、人間の理性を超えた超合理性をもつ共通点をもっている。(5) この論文では「スピリチュアルな思考」と「宗教的思考」の相違点を明らかにするために、ユダヤ教のラビ（教師）H・S・クシュナーが直面した息子を失う悲嘆をどのように解決したかについて考えてみたい。その上で、スピリチュアルな思考法がもつ特徴が「しなやかさ」にあることを明らかにして、悲嘆を癒すためにスピリチュアルケアが果たす役割を明らかにしたい。

二　不条理と悲嘆

愛する者を失う悲嘆には、不安感、無力感などの心理的症状と同時に身体的症状が伴うことはすでに多くの研究が明らかにしてきた。(6) 愛する者を失った者には「なぜこのようなことが自分に起きて、他の人には起きないのか」という問いがついてくる。このような問いに苦しむ人へのケアは、カウンセリングや心療内科的ケアと同時に哲学的宗教的ケアが必要である。(7)

この論文ではユダヤ教のラビ（教師）H・S・クシュナーのケースを取り上げて考えてみたい。このケースでは愛する息子が早老症で幼くして老人のような風貌になり、日々、死に向かって苦しみを味わった。父親であるラビのクシュナーは息子の負った苦しみをみながら、なぜ、そのような苦しみが自分たちの身に起こったのかと悩み苦しんだ。

クシュナーが苦しみに直面したとき、二段階のプロセスを経た。まず最初に、ユダヤ教の枠の中に解決を見つけ出そうとした。ユダヤ教が示す神学的解釈を探してみた。しかし、解決を見いだせなかった。そこで、次の段階は伝統的ユダヤ教の解釈を脇に置いて、もう少し広い枠の中に解答を見つけ出そうとした。ユダヤ教の枠での思考を「宗教的思考」とすれば、次の思考は「スピリチュアルな思考」といえる。この思考法については、次のところで明らかにし両者の相違点を分析したい。

(1) 苦悩の出発

H・S・クシュナーは、マサチューセッツ州ナティィックのユダヤ教会のラビである。ニューヨーク市ブルックリンで生まれ、コロンビア大学やイスラエルのヘブル大学でも学び、クラーク大学やユダヤ教の神学校（JTS）で教鞭をとった。一九六〇年にユダヤ教のラビとして按手を受け、三十年以上にわたって牧会し、六つの名誉博士号をもつ。『悲嘆からの出発――ふたたび勇気をいだいて』[8]は、一四カ国語に翻訳され、他にも多くの著書がある。

アーロン・Z・クシュナー（一九六三―一九七七）はラビH・S・クシュナーの息子として誕生。生後八カ月で体重の増加が止まった。一二カ月で髪の毛が抜け始める。早老症と診断を受ける。[9]一四歳二日で召される。クシュナーは息子をみながら、なぜ自分の息子だけがこのような苦しみを負わなくてはならないのかと悩み苦しむ。

(2)　H・S・クシュナーの心理的怒りと哲学的・宗教的問い

クシュナーは息子の苦しみをみながら「この不公平な出来事に対する深い痛みに私はとらわれました。こんなことが起きるなんて、どこに道理があるのだ」と述べている。[10] ここにある「深い痛み」には彼の複雑な苦痛が含まれると思われるが、まず、心理的動揺、不快感、怒りがみられる。それに加えて人間存在の不公平性に対するクシュナーの深い哲学的、宗教的問いがある。愛する息子を襲った早老症という病気が、他の子どもたちには起きてはいない。わが子の人生と他の子どもたちの人生には不公平があると感じた。人間としての生物的生命では同じ生命でも、社会に生活する上で負う「いのちの質」は異なっている。[11] クシュナーはアーロンが「人からじろじろ見られること」の精神的苦しみや、「野球選手になれない」制約について語っている。

クシュナーはこのような息子が負った不公平な人生の中で悩み、なぜ自分たちが苦しまなくてはならないのかと苦難の理由を求めて哲学的・宗教的説明を求める。次のような問いである。

(1)　神の前に正しい生き方をしていると思っている人に、なぜ、不幸が襲ってくるのか

「私は、自分が神の御心にかなう生き方をしていると思っていたのです[12]」。

(2)　息子がなぜ父の怠慢や高慢の罪に対する罰を受けなくてはならないのか

「怠惰や高慢の罪が私にあり、それに対する罰としても、なぜ、それをアーロンが受けなければならないのか[13]」。

(3)　神は保護者ではないのか

「神は全知全能の存在で、正しく報い厳しく戒め、見守ってくださる神[14]」ではないか。

このような問いをもったクシュナーは、ユダヤ教での一般的解釈に慰めを求めた。

(3) クシュナーが見つけたユダヤ教の六つの宗教的解釈

(1) 不幸は犯した罪に対する報い

ユダヤ教では、不幸は犯した罪に対する報いだという解釈をしているという。クシュナーは聖書を引用している。たとえば「主に逆らう悪人は災いだ。彼らはその手の業《わざ》に応じて報いを受ける」(イザヤ書3・11)、「神に従う人はどのような災難にも遭わない。神に逆らう者は災いで満たされる」(箴言12・21)。この考え方は「神は正しい裁きをする方であり、災いが人をおそうのは犯した罪の当然の報いだという考え方」だとクシュナーはいう。[15]

しかし、クシュナーは自分たちを襲った苦難は罪に対する報いとは考えられなかった。その理由の一つは、他人と比べて自分たちが特別に悪いことをしたとは思わなかったからである。自分たちだけが不幸を負った不公平感を強くもったのである。

(2) 時間がたてば、明らかになる

クシュナーは「主よ、御業はいかに大きく、御計らいはいかに深いことでしょう。愚かな者はそれを知ることなく、無知な者はそれを悟ろうとしません」(詩編92・6―7)を引用する。神の計画は偉大で悟るには時間が必要だという。このような考え方には、神への「願望」が多く含まれていると反発している。[16] その理由は「神がいつでも正しい人に悪を乗り越えていく十分な時間を与えるとは限らない」[17]ので、神の意図を理解できる前に死んでしまうことがある。クシュナーは、「長い目で見れば、正しい人は栄える」という楽観主義に賛成できないという。このような考え方は、今の苦しみを和らげる慰めにはならないと主張する。

(3) 人間には理由がわからないが、神には計り知れない理由がある

クシュナーは「不幸にみまわれた人は往々にして……神の意志は自分たちのはかり知るところではない、と考え

て自分を納得させようとする」と述べている。[18] このように無理矢理に理由づけして納得しようとするのは、「理由もなく災難にみまわれる」ことが人間には耐えられないことだからであるという。[19] 神は私たちの知的能力を超えて大きいので私たちには全部理解できるわけではない。この解釈は、苦痛をただ、我慢して受け入れるしかないとして「神への怒りを押さえよう」とすることだと指摘する。[20] それは今苦しむ者への慰めにはならないし、神と善である世界への「素直な信仰」をもはやもたせなくしてしまうという。[21]

(4) 何かを教えようとする教育的意味がある

ユダヤ教正統派の偉大な教師ジョセフ・B・ソルヴェチックという人は「苦しみは徳を高め、高慢さや浅薄な考えを浄化し、その人をより大きくするためにある。つまり、苦しみの目的は、その人の人格の欠点を修正することにある」という。[22] また聖書に「かわいい息子を懲らしめる父のように、主は愛する者を懲らしめられる」(箴言3・12)とある。ユダヤ教には、神は不幸を通じて何かを教えようとしているという考えもある。不幸を通じて自分の本当の姿に気づかせて反省させ、成長させる教育的意味があると解釈する。クシュナーはこのような考えは「神の立場をまもり、あれこれことばや考えを費やして悪を善、痛みを恩恵と言い換えることでしかない」と厳しく反対する。[23] クシュナーは、愛する身体的障害児や未熟児をもつことで教えようとすることは、「人の生命の価値をあまりにも無視しすぎる」と指摘し、そのように考える人に怒りさえ覚えると指摘する。[24]

(5) 信仰の強さを試みているのか

ユダヤ教神学には不幸は信仰の強さを試すための試練(テスト)であるという考え方があるという。試練にある人に創世記二二章のアブラハムが息子イサクを神に捧げて神のテストに合格した記事を読むように勧めるという。しかし、ここでクシュナーは「神は私の内にある信仰の強さを見抜き、苦しみを乗り越えられると見抜いたので、ほかでもないこの私を選んだのだという考えによって、安らぎを覚えることはありませんでした」と自分自身の体験を述べて反論する。[25] たとえ神に特別選ばれたとしても「特権意識」などもたなかったという。そして、苦しみがいかに多くの人たちの生活を破壊したかをあげて、「もし神が私達をテストしているのなら、私達の多くは落第していることぐらい、もう気づいていいはずだ」と皮肉を込めて述べている。[26]

(6)　よりよい世界への解放

幼い男の子が自動車にはねられて死んでしまった。その子の追悼の言葉の中でユダヤ教の聖職者が「今は喜びの時なのです。なぜなら、マイケルは汚れのない魂のままでこの罪と苦しみの世界から天に召されたのですから。今、彼は苦しみも嘆きもない幸せな場所にいるのです」と話したという。クシュナーはユダヤ教の聖職者からこのような言葉を聞かされた両親が気の毒に思えたという。[27] 襲ってきた不幸に痛み嘆く心を「どう理屈をつけても、それで傷や死がなくなるわけではない」という。[28] また、「この地上での生を超えたどこかに別の世界」があるとユダヤ教は語っている。[29] クシュナーはこのような考え方は、まったくの希望でしかなく現実性がないという。「死後のことについては私達は明確に知ることができないのですから、もうひとつの世界などなかった場合にそなえて、この世界のことを真剣に考え、ここでの意味や正義を追い求めるように努めるべきです」と語っている。[30] 結局、このような考え方も、今の苦しみを慰めることにならない。アーロンを失ったクシュナー夫婦には今の苦しみを生きる慰めが必要だった。

以上の六つの解釈の共通点はクシュナーには「神を擁護している」と考えられた。[31] 神を擁護することで、苦しむ人には慰めになっていなかった。このようなユダヤ教神学の解釈の問題点は、神は全知全能で公平な方であるという前提がある点だとクシュナーは主張する。この前提を疑うことさえ神への不信仰を現すとの恐れがあるようにみえた。そのために神の全知全能性を検討してこなかった。その結果、痛む人に慰めになる言葉を見いだせなかった。

クシュナーが必要としたのは、不治の病を負って生まれ、社会生活で大きな重荷を負わされ、夢の実現がかなわない人生を負った人の叫びと怒りをぶつけるものであった。人生の苦難に心を痛める者をしっかりと受け止めてくれる神が必要であった。伝統的神理解には自分の怒りをぶつけられなかったし、神の公平に疑問があったし、神は遠い存在でしかなかった。人々の中にはこの解釈をもって苦しんでいる人に慰めを語ろうとする人がいるが、その人は傍観者だとクシュナーは批判する。「気まぐれな傍観者にとっては、神の意志によってすべてが動いていると説明することで気がおさまるかもしれませんが、肉親を失ったり不幸にみまわれている人にとっては、これほど侮辱的なことはないということです[32]」。

(4) 『ヨブ記』の神理解

クシュナーは伝統的神理解の中に慰めを見いだすことができなかった。ここでクシュナーはユダヤ教の解釈に答えを見いだすことを諦めて、聖書の『ヨブ記』に納得いく答えを探し始めた。

ヨブは正しい人であったにもかかわらず、財産を失い、家族も失い、ついには自分自身もひどい皮膚病にかかり、素焼きのかけらで体中をかきむしった。その姿を見た友人はヨブの激しい苦痛を見ると、話しかけることもできなかった。その時、ヨブは口を開き「自分の生まれた日を呪って言った。わたしの生まれた日は消え失せよ。……なぜ、わたしは母の胎にいるうちに、死んでしまわなかったのか。せめて、生まれてすぐに息絶えなかったのか」(ヨブ記3・1—2、11)と死を願うほどに苦しんだ。神の前に正しく生きている人が、なぜ、これまでの苦しみを負わなくてはならないのか。神は、なぜ、ヨブに苦難の襲うのを許したのか。「主はサタンに言われた。『それでは、彼のものを一切、お前のいいようにしてみるがよい。ただし彼には、手を出すな』」(ヨブ記1・12)とある。

クシュナーは『ヨブ記』を読み、その成立過程を調べて、これを書いた著者のテーマを探る。『ヨブ記』の資料となった古い民話では、神は正しい人ヨブの「忠誠心を確かめるために」、彼を苦しめ「最後にはたっぷりと報奨を与えてヨブに対する『うめあわせ』をした」という(33)。ヨブはすべての物を失ったが、忠誠心を守り通したので、神が報いを与えてくださるというハッピーエンドの物語になっていたという。しかし、クシュナーによれば、『ヨブ記』の作者はもっと深いことを問題にしているという。それは「神のあわれみ、責任、そして公平さ」だという(34)。そして、『ヨブ記』の著者は、友人たちやヨブ自身とも違う立場をとっていると書いている(35)。

クシュナーがこの新しい解釈にいたるのにとった手順は次のようである。彼は三つの命題を立てた(36)。そして『ヨブ記』の著者の意図は、この命題を解くことで明らかになるとした。

(A) 神は全能であり、世界で生じるすべての出来事は神の意志による。神の意志に反しては、なにごとも起こりえない。

(B) 神は正義であり、公平であって、人間それぞれにふさわしいものを与える。したがって、善き人は栄え、悪しき者は処罰される。

(C) ヨブは正しい人である。

このような命題を立てた上で、クシュナーは次のように述べている。まず、ヨブの友人たちの論理について述べる。その論理では、ヨブの苦しみは「ヨブは当然の報いを受けたのだ」とした。[37] つまり、(C) のヨブは正しい人である点を否定して、神は全能であり、正義であり、公平であるとした。そしてこのような当然の報いという考え方は「教え込まれた信仰」であるので、この考え方から解放されることは困難であるとした。[38] クシュナーは、このような神を全能で正義の方と信じ、ヨブの苦しみは過ちの報いだという考え方に心理的理由があると指摘している。ドイツ語のSchadenfreudeは「自分ではなく他人がなにか不利益 (Schaden) をこうむったときに、思わず安堵の喜び (Freude) を覚えて困惑することを意味します」と述べている。[39] この安堵と困惑の感情は、戦場で戦死した友人と生き残った自分との間で経験したり、同じようにカンニングした友人が見つけられて怒られたときなどに経験するという。戦場で友人が死んで自分が生き残れたことも、カンニングで自分が見つからなかったことも、そこには特別の理由などないとクシュナーはいう。ましてや神が特別の配慮したなどということはない。しかし、人間は後ろめたさをもつ。その複雑な苦痛の感情を解決しようとして、戦死者や友人に被害を被った理由を見つけて自分の感情を安定化しようとするとするものと指摘している。[40] このような理由づけは、苦しむ人を慰めるためのものではなく、傍観者が自分を納得させるためのものだという。

もちろんヨブはこのような友人たちの論理には納得できなかった。『ヨブ記』の中のヨブはどんな立場だったか。ヨブの論理は「自分はけっして悪い人間ではない。……完全無欠ではないかもしれません。しかし、なにも失わずにいるほかの人と比べてみても、家や子供や財産や健康を失わなければならないほど、道徳的に悪いことをしたわけではない」というものである。[41] そこで次にクシュナーは神は公平で善であるという (B) の命題を否定した。神は公平で善でないとすると、神は何なのか。「神は公平だとか正義だとかいう思考の枠の中におさまらないほど絶大な力をもっている」とした。[42] 私たちがもつ公平・正義の基準は小さいが神はもっと大きな考え方をする。だから、私たちが公平・正義を語ることは無意味である。私たちがすべきことは、ただ神への忠誠である。そして、結果的には「神の絶大さを賛美する」ことを余儀なくされることになる。(43)そして、この論理には、正義や公平を神に求めず、ひたすら神への忠誠心を求めているので、自分が納得できるように「裁定してくれる人」が欲しいと願うことになるとクシュナーはいう。(44)自分が負った苦難への怒りや不公平感は消えない。また、この論理には、「相手が神なのですから、悲しいけれどもどうすることもできない」という絶望感を与えてしまう。(45)この論理には神が絶大であるゆえに理由説明もなく忠誠心だけ求められる苦しみがある。(46)そして絶大すぎる神に忠誠を示そうとするために、自分の気持ちを押し殺す結果になる。そして、結局は、「理不尽な世界に生きているのだと」自分に言い聞かせて、諦めるしかしかたがなくなると、悲痛な苦しみを述べている。(47)

クシュナーはヨブの友人の論理とヨブのとった態度を描きながら、『ヨブ記』の著者が主張した点は、ヨブの友人たちの「因果応報思想」(48)でもなかったし、ヨブ自身の「諦め」(49)の論理でもなかったと主張している。むしろ、神の全能についての（A）を否定して（B）（C）を承認することであるとしている。『ヨブ記』が本当にいいたかったことは、神もヨブも善であることだといい、「神が全能であるという信念を放棄しようとしている」と述べている。(50)神は「全能でないが、善であり、ヨブも善である」という解釈をクシュナーは、『ヨブ記』の第四〇章九―一四節の言葉から導き出している。この箇所は主が嵐の中からヨブに語りかけるところであるが、「お前は神に劣らぬ腕をもち、神のような声をもって雷鳴をとどろかせるのか。……すべて驕《おご》り高ぶる者を見れば、これを挫《くじ》き、神に逆らう者を打ち倒し、ひとり残らず塵《ちり》に葬り去り、顔を包んで墓穴に置くがよい」（ヨブ記40・9、12―13）を、クシュナーは「神は正しい人びとが平和で幸せに暮らすことを望んでいますが、ときには神でさえ、そうした状態にすることができないのです。残酷と無秩序が罪のない善良な人々をおそわないようにすることは、神にとっても手にあまることなのです」と解釈している。[51] この地上の不幸な出来事すべての原因が神にあるのではないし、神がすべてのことをつかさどる全知全能の神ではないと語る。

クシュナーが負った苦難は、神の意志で起こったことではない。むしろ、神は不幸を避けさせたいと願っているが、その願いをかなえられないのが神の現実であるという神解釈にいたった。クシュナーは結論として、「この世界にあっては、正しい人に不幸が確かにふりかかる。しかし、それは神の意志によるのではないのです。神は人それぞれにふさわしい人生が与えられるように望んでいるが、いつでもそのようにことを運ぶことができないというのです」と述べている。[52] このような神理解はクシュナーには神との心理的距離を近くする結果になっている。また、「私達が善良で正直な人間であることを知っており、もっと良い状態におかれてしかるべきであることを知っていてくれる」、慰めの神を見いだしたのである。[53]

ここで問題になるのは、神の全知全能性を否定した点にある。伝統的神理解では神は全知全能である。しかし、クシュナーは息子アーロンが早老症にかかったことやヒットラーの非道な行為などを取り上げて、その出来事すべてに理由や意味を見いだすことができないという。不幸が襲ってくる理由を知りたいと思っても、なぜ、起きるのかがわからないことがある。そして、神はアーロンの早老症を避けることができなかったが、憐れみをもって心を痛めていたという。このような状況になった背後には、神が自然法則、進化の法則、人間の自由選択などを定めたところにあるという。[54] そして、この神の定めたルールを神は破ることができない。そこでヒットラーのような人物が出て、多くの人を苦しめることが起きる。また、災害が起きたり、不治の病で人が苦しむことがある。偶然に起きる事故に信仰深い人が遭遇することも起きると述べている。[55] ヒットラーが残虐な行為をすることを止められなかったし、災害で多くの人が死ぬのを防ぐこともしなかった。それは人間の自由選択や自然法則を妨げることを神はできないからだという。この解釈は、「正義の神」「痛みの神」「憐れみの神」ではあるが、「全能の神」ではないという新たな解釈である。これは伝統的ユダヤ教の神観とは異なるが、クシュナーの魂の痛みに応えるものとなった。それは彼のスピリチュアルニーズを満たすものであって、慰めとなり、彼は苦しみに伴う生を肯定できるようになった。

(5) 神観を変えることで得られたこと

ここまでみたようにクシュナーの神観が『ヨブ記』の詳細な解釈で変わった。神は全知全能ではないが、慰めの神である。このような神理解は「無実の人」の苦しみや怒りの感情を押し殺さないですむ助けとなった。「全知全能の神を信じるのは、ある意味では心の休まることだ……そのような慰めは、無実の人の犠牲の問題をあいまいにするときにのみ慰めとしてはたらくということです。……怒りの感情や人生とはひどいものだという感情を押し殺さないかぎり、もはやそのような神を信じることはできない」と述べる。[56] 無理矢理に神の全能を信じて自分の感情を押し殺す苦しみから解放されたクシュナーは次のように述べる。「もし私たちが神が支配していないことからもあるると、見方を変えることができたら、たくさんの素晴らしいことが可能になる」と。[57]

「神が自分を裁いたり責めたりしているという不安に陥ることなく、自尊心と善を信じ続けることができます」[58]と述べて、不安なく信仰生活を続けられる幸せを述べている。また、「ふりかかった出来事に対して、神に恐れなく怒ることができる」[59]とも語って、人生の不幸への怒りを神に敵対することなく発散し、神を信頼しつつ、現実の苦しみに向き合えるという。さらに、「自分の内にある不正への怒りや苦しんでいる人への同情を神からの賜物と考えられる」[60]とも述べる。不正への怒りも苦しむ人への同情も、むしろ神からの賜物として受け止め、自分に率直になれるという。さらに「私たちが泣き叫ぶとき、私は依然として神の側にいると、神もまた私たちと一緒にいることを知ることができる」[61]という。

つまり、クシュナーは「私は自己憐憫を克服して自分の息子の死を直視し受容するところにきていた」、「人生に確信を得」、「苦しみの中にあって一人孤独でいない」、「人生の悲劇や不公平に負けないための力や勇気を自分の外に求めることができる」と述べて、神との深い関係をもったことで人生にしっかりと向き合うことができたと述べている。[62]言い換えると、神に怒りをぶつけ、悲しみを訴え、ボロボロの自分をさらけ出して神に近づくことができるようになった。立派なラビを演じたり、無理矢理に悟ったように振る舞わず、不公平、不義に怒り、自分自身に正直になれたのである。

三 「宗教的思考」から「スピリチュアルな思考」へ

クシュナーの困難の体験は慰めを見いだすためのプロセスで二つの段階があった。第一は、ユダヤ教の神学の中に慰めを探すことである。この解決法を「宗教的思考」と呼ぶことができる。この思考方法は、すでに出来上がった宗教の中に解決の道を求めるもので、ユダヤ教的思考回路で解決策を見いだそうとする。神、人、救い、恵み、罰などという概念で思考回路は作られて、問題の解決には、それぞれの概念が機能しはじめる。しかし、この思考回路では、納得できる解答が得られないこともある。その時、自分の理解力の欠如に原因があると決めつけて自己嫌悪感を抱く傾向がある。当然宗教には解答があるのに、それを見いだせない自分の理解力に問題があると判断してしまう。その結果、宗教は慰めにはならず、むしろ劣等感を与えることになる。クシュナーがこのような考え方は神を擁護するものであると指摘したとおりである。「宗教的思考」は今まで積み上げた知識や情報で解答を見つけ出そうとする傾向があるが、しかし、そこに限界があって解答が見つからない場合もある。

クシュナーはユダヤ教神学に自分の納得できる解答を見いだせなかった時点でも、ユダヤ教から離れることはしなかった。あくまでユダヤ教の神に救いを求めた。そのようにユダヤ教にとどまり続けたことに、私たちは注目する必要がある。伝統的ユダヤ教の神学には失望したが神への信頼はもち続けた。そして、ユダヤ教の経典に含まれている『ヨブ記』の中に新たな神理解を探そうとした。既存の宗教的回路以外に納得いく解答を求めた。思考方法の枠を広げたといえる。それは同時に重点の置き所を変えたと言い換えられる。ユダヤ教に重点を置いて解決策を求めることから「人」に重点を置き変えて、自分の納得いくものを外部に求める方法である。「苦しむ人」が納得できるまで考え続け、納得できるものを見つけ出す方法である。クシュナーは、神理解（神論）は人間の作り出すもので、変更が可能であると考えた。ここにはスピリチュアルな視点で考える自由がある。スピリチュアルな視点とは、スピリット（霊、風、息）が外部から吹いてきて、新たな思考の枠組みで考えることである。上から吹く風に促される思考法で、行き詰まった思考に道を開く方法である。既成の枠組みを越えたところからの新しい発想、視点によるのがスピリチュアルな思考である。

四　「宗教的思考」と「スピリチュアルな思考」の相違点

クシュナーは、伝統的ユダヤ教の神学理解に納得いかず、「生きること」が危機的状況に直面し、人生の土台が揺れ動いたときに、新しい視点からの「スピリチュアルな思考」を始めた。ここでは両者の思考法についての相違点から考えてみよう。

(1) 宗教的思考

(1) クシュナーがはじめにとった問題解決法は宗教的思考である。ユダヤ教の神学の解釈に慰めを見いだそうとした。宗教は教義、礼典、制度などをもって一つの解決を与えることができる。信仰者には、宗教は、慰めや希望となる。また、不条理な事柄に対しても一つの解釈をもって苦難を乗り越える力を与えてくれる。

宗教は、深い英知、悟り、愛の交わりを教え、また、季節に合わせた伝統的行事などが、痛んだ魂を癒す力をもっている。しかし、宗教には、時代、文化、歴史などとのかかわりの中で養われた要素が深く絡んでいる。(63) その意味で宗教は一つの歴史的産物である。とくに宗教には人々の感情的、情緒的側面とのかかわりが強いため、文化的背景の異なる人には、情緒的にしっくりこないところがある。また、宗教には自己正当化する側面があるために、それ以外の宗教や信仰への柔軟性を欠いてしまう。つまり宗教は一定の解決は示せるが、示せない場合も起きうる。

クシュナーはユダヤ教という宗教に解決の道がないことを感じたとき、ユダヤ教を生み出した聖書（『ヨブ記』）に目を向けた。『ヨブ記』に戻ることでユダヤ教の神理解を根底から問い直そうとした。ユダヤ教の根底をより深く究めるという垂直の力が働いている。それに対して伝統的ユダヤ教神学に解決を求めることは、人間が生み出した神学に解答を求めることになる。人間が生み出す神学は、教祖や神学者がもつ制約からは解放されない。人間の限界を超えることはできない。それに対して垂直的関係で思考するとは、宗教がもつ時代や空間の枠組みから離れた視点から考えることである。もっと自由な発想をすることである。垂直的視点から考える思考方法が「スピリチュアルな思考」といえる。

(2) このような垂直的関係を求めるには条件があるようにみえる。クシュナーの葛藤は、伝統的神学に慰めを得られなかった点にある。その時点でクシュナーは伝統的神学に挫折し、かえって、それに依存する関係から解放された。この時点でクシュナーは既存の神学に縛られない自己の自覚をもった。自分が主体となって自分のスピリチュアリティに応えるものを見いだす自由を見いだした。それは『ヨブ記』を読み直して自分のスピリチュアルニーズに応える神を見つけ出すことであった。自分のスピリチュアルニーズに応える神を求めることを「スピリチュアルな思考」と呼ぶ。

(3) 宗教的思考を一歩ケアの現場に移して考えてみよう。宗教的ケアはその宗教がもつ宗教的枠組みがもつ神理解、人間理解、救済論で苦痛をもつ人を援助しようとする。その宗教が積み上げてきた諸々の概念が援助の手段になる。救いとは何か、神とは何か、人間はどのように生きるべきかを教えている。すべてに定まった概念を用いてケアするのでケアは弁証的、護教的になりやすい。新たな概念理解を導入したり、既存の理解をまったく変えることが難しい。それに対して、スピリチュアルな思考では、本人のスピリチュアルニーズに応えるためには、特定の宗教的概念に固執しない。むしろ本人がもつスピリチュアルニーズを明確化しながら、本人のスピリチュアルニーズに応える魂のケアをしようとする。本人の内にあるニーズを適切に見つけ出して、それにふさわしい方法で本人を支えることがスピリチュアルケアである。別の言い方では、本人のスピリチュアリティに軸足を置いて、納得できる神理解を求める、魂の癒しのケアがスピリチュアルケアである。そこには新たな神理解が生まれてくる。そこには新たな垂直関係が生まれる可能性がある。

(2) スピリチュアルな思考

(1) 自分のスピリチュアリティに思考の軸足を置くことで宗教の枠に縛られずに自分のニーズに適したケアを見つけ出せる。クシュナーの悩みの根本は、「神は全知全能で公平で正義である」というユダヤ教にとっての根源的問題であった。しかし、この問題を伝統的ユダヤ教理解の枠で考えると、神の全知全能や公平さを弁護したり、擁護するものになり、心痛める自分の慰めにはならなかった。しかし、『ヨブ記』に心を注ぎ、スピリチュアルな視点から読み直したとき、伝統的神理解に強制されず自分の魂の慰めを求めて自由に読んだ。

(2) スピリチュアルな思考は、前提として人の個別性を認めている。スピリチュアリティは個人の生を支えて意味づけする生得的機能であるが、本人の生育の自然環境、人間関係的環境、文化的環境、思想的環境、宗教的環境などの影響を受けて形成されていく(64)。生を意味づけ、価値づけ、支える土台は、生育史の中で形成されるので個人差が大きい。この個別性をもつスピリチュアリティは、個人の感情、情緒に深くかかわっているので、画一的に扱うことができない。

(3) スピリチュアルな思考は、スピリット(風、息)が吹いて「いのち」を与えるように自由な思考を特徴としている。社会制度、時代、空間に拘束されない多角的、複眼的視点をもっている。人間の垂直的関係性が一つの特徴である。それはスピリットによってもたらされる豊かな創造性を生み出す。いのちが危機に直面するとき、スピリチュアリティが覚醒して自己を超えたものからのスピリットを得て、新たな思考に立つ。

(4) スピリチュアリティの機能は、危機に直面した「いのち」を生かすために、失われたものを回復する働きである。とくに垂直的視点から癒しを求めるものである。人間の限界、有限性を超えた無限、永遠、不変を特徴とする超越的なものから新たな「いのち」を回復する働きである。

五　「スピリチュアルな思考」と「しなやかさ」

スピリチュアルな思考は「いのち」の癒しを求めて、風が運んでくる新たな思考に立つものである。スピリチュアリティは宗教という形態をもたない。むしろ、各々の「いのち」を生かす道を探る内的動機である。スピリチュアルな思考は個別の宗教の背後にある根源的世界に目を向ける。特定の宗教の個別性を超えた背後に、「いのち」の本質を見つけ出そうと働く。宗教という枠に束縛されない「しなやかな思考」をとる。「しなやかな思考」とは、弾力性をもつことや柔軟性や許容性をもつことである。この「しなやかさ」が既存の宗教の背後にあるいのちの根源をみる道を開き、特定の宗教が見落とした新たな可能性を見いだす助けとなる。この「しなやかさ」は、特定の宗教からは、曖昧さ、いい加減さとみられやすいが、「しなやかな思考」は新たな関係を開く道である。

このようなスピリチュアリティは、本来風や息を意味する「スピリット」に由来している。それは自由に吹き渡る柔軟性が内包されていて、「しなやかさ」に通じる性質をもっている。そして「しなやかさ」がもつ特徴には、三つの意味がある。一つ目は「しなやかさ」が当事者に与える意味、二つ目は他者への意味、三つ目は「しなやかさ」自身の強さの意味である。以下に説明する。

(1)　当事者の「しなやかさ」の意味（自分の余裕のある様）

「しなやか」に考えることで視角を広げ視点が多様化することで解決への道を広げることができ、結局は、自分の身を守ることができる。行き詰まり、挫折、危機的状況に置かれたとき、その危機を打破して、新たな道を見いだす弾力性がそれにあたる。当事者にしなやかな思考、態度があることで、多角的、複眼的思考が可能になり、新たな創造性を生み出すことができる。

(2) 他者への「しなやかさ」の意味（他者への柔軟性）

他者への柔軟性、許容性となって、関係の幅を広げて関係の円滑化や共存への道を開くものである。自分の価値観、行動様式、生き方を他者に強要せず、「しなやかに」対応するので、人間関係での軋轢などに対しても、新しい妥協の道を探すことができる。スピリチュアリティの中には、このような「しなやかさ」が含まれている。スピリチュアルな視点は、異文化、異なる価値感をもつ人との共存を可能にする。

(3) 「しなやかさ」の根底には、それを支える強さがある（本質的性質）

「しなやかさ」は「靭《じん》」[65]と通じていて、革のように「しなやか」に曲げることができるが、それで破れたり、切れたりしない強さをもっている。先に見たように「しなやかさ」は人間関係や行動面で用いられることが多いが、実は物の本質を表現する言葉でもある。物の本質を表すときには、「しなやかさ」は、「ねばり強さ」を示すものとなる。「ねばり強さ」があるものは、不動の強さがそのものの中にあるので折れないことを意味する。スピリチュアルな思考は他者に対しては寛容・柔軟であり、自己には強さを与えてくれる。その強さは「いのちを肯定」されることから湧いてくるものである。いのちが外のもの（神仏など）から「肯定されている」ことを知っていること（信仰）が強さを生んでいる。このような「肯定されている」ことが土台になって、危機に直面しても多角的に考え、かつ他者には柔軟に振る舞えるのである。

以上のようにスピリチュアリティの特徴には「しなやかさ」があげられる。[66] 弾力性、柔軟性、粘り強さが含まれていて、スピリチュアルな思考は宗教的思考に比べて、ずっと「しなやかさ」をもっているといえる。

六　結　論

(1)　クシュナーはユダヤ教のラビであって、ユダヤ教を擁護すべき立場にありながら、ユダヤ教に行き詰まったとき、「スピリチュアルな思考法」をとった。ユダヤ教を問い直す勇気をもって振る舞った。この勇気はユダヤ教の語る神理解に疑問を投げかける力となった。この勇気は既存のユダヤ教神学をいったん否定することである。そこにはユダヤ教を自分からいったん切り離して客観視する姿勢がみられる。このような姿勢はより深い真理を求める「しなやかな思考」になる。このような思考の「しなやかさ」は、精神活動をする多面性を許容するものであり、創造性を生み出す力である。既存の神理解に対して疑問を投げかける勇気が創造性を生み出した。自分が納得できるまで疑問と向き合う勇気である。この「しなやかさ」の背後には、神が自分の「いのちを肯定している」という慰めの確信があった。クシュナーは、神は苦難の中にいる私を慰めねぎらってくださるはずだと確信していた。

(2)「しなやかさ」はスピリチュアリティの一つの特徴であるが、宗教の中にもこの特徴がみられる。宗教は本来、人間存在への厳しいまなざしと人間の生の現実への「しなやかさ」の機能をもっている。たとえば、キリスト教は人間存在を「罪」とみている原罪の理解がある。しかし、人間の生の現実を垂直的視点からみる「しなやかさ」を同時にもっている。罪を犯した人が許されることを「赦《ゆる》し」として、キリスト教はイエスの十字架の贖罪を説いている。罪を犯した人が、罪を問われなくなり赦されるという。これは生を生かすために新たな視点からみる「しなやかな思考」である。また、死（生物学的）は終わりであるのに、宗教は永遠のいのちを説く。現実の生を生かすために死の不安や恐怖を取り去り、将来への希望を与える機能を果たしている。極楽浄土、天国の思想は苦難の多い人生にも救いの世界を示す「しなやか」な思考が生み出したものである。そこには人間の生が脅かされることを防ぐために神という垂直的視点からみる発想がある。スピリチュアルな思考は有限性を超える視点を指し、現実を「しなやかさ」にみる多角性、柔軟性をもつものである。

(3) 現代人はスピリチュアルなものへの関心を強め、喪失や悲嘆の癒しをそこに求めている。社会が業績、競争、能率を求めた結果、人びとは疲れ、傷つき、癒しを求めている。この世の価値観や世界観に縛られないもっと自由な世界をスピリチュアルなものに求めている。現状の閉塞状況を打破して新しい自由な世界を求めて、スピリチュアルな世界から来る開かれた世界、無限、永遠、不変な世界を求めている。言い換えると困難の多い人生を負いつつ、また、傷ついた心をもちつつ、新しいいのちや癒しをスピリチュアルな世界に求めている。スピリチュアルな世界は宗教に「しなやかさ」を取り戻させてくれるかもしれない。

七　検　討

ラビであるクシュナーの苦悩を取り上げて、宗教的思考とスピリチュアルな思考を対比しながら考察を進めてきた。そして、ユダヤ教のもつ宗教的思考の限界について触れて、スピリチュアルな思考のもつ「しなやかさ」に触れてきた。ここではそのようなスピリチュアルな思考の特徴を認めた上で、問題点についても少し触れておきたい。

(1) クシュナーの特徴はどこにあったか。クシュナーは自分が負った苦難の中で生きるために、今、「慰め」を必要とした。自分の息子の苦痛をみて、神の全知全能性と公平性を疑った。神が全能で公平ならば、なぜ自分は苦難を負わなくてはならないのか。神の全能と公平性を疑うことは罪なのか。愚かなのか。クシュナーは他の人と比べてとくに自分が悪いとも劣るとも思わなかった。そして、クシュナーは現在の苦しみを解決するものを求めた。

プロテスタント神学の解釈では、神は神秘的であり、スピリチュアルである。スピリット（聖霊）はどこから来るかわからないのである（ヨハネによる福音書3・8）。神がミステリーな存在（理性ではとらえられない存在）であるから、今、苦しむ人が慰めを与えられるとは限らない。神のみこころはいつ示されるかわからない。私たちは期待しながら待つ必要がある。そうなると、今苦悩する人間には神秘的神は助けにならないかもしれない。神が神秘的存在であって、人間の理解を超えるという理解は、今、苦悩している人には、慰めにならないこともありうる。その意味でクシュナーはこのような神秘的で偉大すぎる神理解には疑問を投げかけているといえる。

⑵　しかし、信仰の本質を考えてみると、信じられないものを信じるのが信仰である（ローマの信徒への手紙8・24—25）ともいえる。信仰とは、乙女マリアよりイエスが誕生し、十字架上で殺され墓に葬られたイエスが三日目に甦《よみがえ》ったことを信じることである。信仰は科学的思考では説明できない。科学的証明が可能なものを信じるのは本当の信仰ではない。信仰とは信じられない出来事を信じて受け入れることではある（ヘブライ人への手紙11章）。神自身の存在を私たちは証明できない。神は信じるもので、証明する対象ではない。神は神秘な存在であるから私たちが完全に理解できる存在ではない。その意味では、クシュナーの神理解は神の神秘性を否定する考えとなる危険性をもつ。クシュナーの神理解にはこのような問題が残っている。

⑶　今日、人々の関心が既存の宗教からスピリチュアリティに移っている。宗教は社会的集団となることで形骸化しやすくなる。そうなると宗教は集団の維持に力を注ぎやすい。個人的ニーズに適切に応えることよりも宗教は教団や教義の自己保身に向かい、弁証的になりやすい。現代人のスピリチュアリティへの関心は、個人的魂のニーズに応えるものを求めている一つの現象である。しかし、同じに個人のニーズに応えるものを強く求めすぎると、カ

ルトがもつ危険性が現れる。理性的判断力を失わせる神秘的体験に満足感をもつ傾向が出やすい。このような危険性もスピリチュアリティはもっている。(67)

注

(1) 世界保健機関編『がんの痛みからの解放とパリアティブ・ケア――がん患者の生命へのよき支援のために』武田文和訳、金原出版、一九九三年、四八―四九頁。
(2) 谷山洋三は二〇〇八年十一月二十二日開催の日本スピリチュアルケア学会学術大会の概念構築ワークショップで「宗教とスピリチュアルケア」と題して発表した。
(3) J・W・ウォーデン『グリーフカウンセリング――悲しみを癒すためのハンドブック』(鳴澤實監訳、川島書店、一九九三年)を参照。また、松井豊編『悲嘆の心理』(サイエンス社、一九九七年)に詳しい参考文献が載せられている。
(4) 窪寺俊之『スピリチュアルケア学序説』三輪書店、二〇〇四年、一頁、四七頁。スピリチュアルケアの定義は研究者間で定まったものはない。定義する研究者の立場によって、異なる定義がなされている。とくに、スピリチュアリティの研究は、宗教学者、心理学者、社会科学者、医療従事者などによって行われている。筆者は、医療従事者的視点から患者の危機を支える視点から定義をしている。
(5) スピリチュアルペインが宗教的痛みと心理的痛みにかかわっていることは、すでに発表した。生きる目的、苦難の意味、死後の生命、罪責感などスピリチュアルペインが、不安、恐怖、孤独感、虚無感などという感情を伴う。なぜ、私の人生に苦しみが襲うのかという哲学的疑問も、スピリチュアルペインの中に含まれると考えられる。柏木哲夫、石谷邦彦編『緩和医療学』三輪書店、一九九七年。
(6) J・W・ウォーデンの『グリーフカウンセリング』が有名である。

（7）このような苦難の不公平性の問題は哲学では不条理の問題といわれ、合理的解答がないとされている。英語では名詞形absurdity、形容詞absurdは道理に合わない（contrary to reason）、不合理な、不条理な（illogical）、ばかげた、たわいない、愚かしい、笑うべき（laughably, foolish）の意味とある。またラテン語absurditateである。『ランダムハウス英和大辞典』小学館。

（8）H・S・クシュナー『悲嘆からの出発――ふたたび勇気をいだいて』日野原重明、斎藤武訳、ダイヤモンド社、一九八五年。

（9）医学書院『医学大辞典』二〇〇三年、一四八九頁。
「一部の臓器、器官の老化現象に加えて、早期より老人様の外観を呈するのが特徴で、多くは病因が不明である。……経過はさまざまだが、いずれも根本的な治療法がない。」

（10）クシュナー、前掲書、vi。

（11）ギリシャ語では、生物的生命biosビオスと精神的いのちzoeゾエーを分けている。

（12）クシュナー、前掲書、vii頁。

（13）同上書、vii頁。

（14）同上書、vii頁。

（15）同上書、九頁。

（16）同上書、一四頁。

（17）同上書、一五頁。

（18）同上書、一六頁。

（19）同上書、一七頁。

（20）同上書、一八頁。

（21）同上書、二二頁。

（22）同上書、二三頁。

(23) 同上書、二七頁。
(24) 同上書、二八頁。
(25) 同上書、三〇頁。
(26) 同上書、三一頁。
(27) 同上書、三二頁。
(28) 同上書、三三頁。
(29) 同上書、三三頁。
(30) 同上書、三四―三五頁。
(31) 同上書、三五頁。
(32) 同上書、四八頁。クシュナーが感じた「気まぐれな傍観者の侮辱」は悲嘆ケアに携わる者への警告をもっている。悲嘆に苦しむ人を慰めようとして、かえって苦痛を増す結果になっていることはないか。クシュナーの指摘は大きな意味を与えるものである。
(33) 同上書、五三頁。
(34) 同上書、五三頁。
(35) 同上書、五三頁。
(36) 同上書、四六頁。
(37) 同上書、四七頁。
(38) 同上書、四七頁。
(39) 同上書、四八頁。
(40) 同上書、四八―四九頁。
(41) 同上書、五〇頁。
(42) 同上書、五〇頁。

(43) 同上書、五一頁。
(44) 同上書、五一頁。
(45) 同上書、五一頁。
(46) 同上書、五二頁。クシュナーはヨブ記九章一二節の言葉を引用している。「神が奪うのに誰が取り返せよう。『何をするのだ』と誰が言いえよう」(新共同訳)。
(47) 同上書、五二頁。
(48) 因果応報とは、「過去における善悪の業により現在における幸不幸の果報を生じ、現在の業によって未来の果報を生じること」(『広辞苑』第二版補訂版、岩波書店)。
(49) 諦めとは「思い切る、断念する」(同上書)。
(50) クシュナー、前掲書、五三—五四頁。
(51) 同上書、五五頁。
(52) 同上書、五四頁。
(53) 同上書、五六頁。
(54) 同上書、七六頁、一〇四頁。
(55) 同上書、五六頁。
(56) 同上書、五六頁。
(57) 同上書、五七頁。
(58) 同上書、五七頁。
(59) 同上書、五八頁。
(60) 同上書、五八頁。
(61) 同上書、五八頁。
(62) 同上書、一八〇頁。

(63) イエスキリストの十字架の贖罪による救済には、明らかにユダヤ教の動物の燔祭の儀式が重なっている。日本人にはこの燔祭の儀式もイエスキリストの十字架の死も、むごたらしい死に映り、尊い救済の業には映りにくい。もちろん、私個人がイエスの十字架の救いを受け入れることができたことには、ただただ神様の憐れみとしかいえない感謝がある。しかし、十字架の贖罪を信じられない人々もいる。そこには文化的要素が絡んでいることは否定できない。

(64) 窪寺、前掲書、注（4）、一〇頁。

(65) 「靭」とは、革のように柔らかくて、丈夫である。弾力がある（『漢字源』改訂新版、学習研究社）。また、「靭」じんは、かわのように柔らかくて、丈夫である、弾力がある、の意味（『改訂新版　漢字源』学習研究社）。

(66) 『広辞苑』第二版補訂版（岩波書店）によると、「しなやか」は源氏物語の夢浮き橋の巻にもでてくる古いことばである。「しなやかなるわらはの」。しなうさま。柔らかくたわむさま。たおやかなさま。

(67) 櫻井義秀編著『カルトとスピリチュアリティ――現代日本における「救い」と「癒し」のゆくえ』ミネルヴァ書房、二〇〇九年、i―vii頁。

うつ病者の病的罪責感と回復をめぐって

――そのキリスト教人間学的考察――

平山　正実

一　はじめに

われわれが罪意識に目覚めるのは、何らかの危機に直面したときである。危機は自分の心の内から生ずることもあれば、外からやってくることもある。

自分の心の内から生ずる危機とは何か。そうした危機は、たとえば自分が病気にかかったり、死に直面したり、障害を負ったり、性格的な《弱さ》のゆえに対人関係に支障をきたしたりするとき、到来する。このようなとき、人は、周囲の人々に迷惑をかけて申し訳ないと思い、そのことを負い目に感じ、罪責的になる。また、そのような負い目のゆえに自己嫌悪感をもつ。そして、そのような自己実現できない自分自身に対してふがいないと思い、罪責的になる。

また、それまで、心の中に危機を抱えていなくても、事故や災害・疫病・犯罪・戦争など自分の力ではどうしようもないような不条理と思われる危機に突然巻き込まれることもある。このような事態に遭遇したときも、人は自他に対して、罪責的になる。

このような罪責感は、人間が生得的にもっている良心の働きによるものである。こうした罪責感が過剰になったり希薄になったりして、人格のバランス、すなわち統合力を失ったとき、うつ病に罹患したり、自殺するにいたったり、他害行為に及ぶ危険性がある。他方、良心の働きによるこうした罪責感は、創造性や人格の成長や成熟を促す契機となりうる。本稿では、人が人生の危機に直面したときに顕在化する良心の働きと罪責感との関係について、精神医学と宗教（とくにキリスト教）や哲学など、人間学によって培われた知恵と臨床経験を踏まえ、広い視野に立って考えてみたいと思う。（聖書の引用はとくに断りのないものは新共同訳によった。新約聖書については初出以降は略記を使用した。）

二　良心と罪責感

人間は、行動したり思考するとき、常に「何をなすべきか」、「何をしてはいけないか」といった内面の声を聴く。良心は、そうした内面の声に相当するものである。人間が何か重要な判断を下したり、行動したりするとき、良心は心の《警報器》としての役割をもつ。

こうした良心の働きが正常に作動している限り、人間が人間らしく生きることができ、心のバランスを保っていられるのである。その意味で、良心は人間が人格としての尊厳を保持し、人間らしく存在するための基盤となるものであるといえるであろう。

(1) 自然本性として生得的に与えられている良心

《心の監視者》である良心は、人間に生得的に備わっている自然本性であるという側面をもっている[1]。つまり良心は、心の内面に刻印された法や倫理・道徳意識・規範・客観的理性であるといえる。また、良心は、この宇宙に存在する真・善・美を志向する心であると定義することもできよう。自然本性として人間の《心の監視者》となるべく、良心は、モーセの十戒や「自分を愛するように隣人を愛せ」(マタイによる福音書22・39)、「人にしてもらいたいと思うことを人にしなさい」という黄金律(マタイ7・12、ルカによる福音書6・31)として、すべての人間の心の奥底に埋め込まれている。この点について、聖書では、次のように記している。「たとえ律法を持たない異邦人も、律法の命じるところを自然に行えば、律法を持たなくとも、自分自身が律法なのです。こういう人々は、律法の要求する事柄がその心に記されていることを示しています。彼らの良心もこれを証ししており、また心の思いも、互いに責めたり弁明し合って、同じことを示しています」(ローマの信徒への手紙2・14—15)。ここでパウロは、律法の命じるところを自分の意思で行えば、どんな人間でも、自分自身が律法であること、そして、このことはすべての人間が良心をもっていることと無関係ではないこと、心の中で判断したことを責めたり弁明し合ったりすることは、良心の働きによるものであることを主張しているのである。

(2) 神から与えられた良心

これまで述べてきたように良心は、自然本性として生得的に与えられているという側面を否定することはできない。しかし、聖書には、弱い良心(コリントの信徒への手紙一 8・12)と清い良心(テモテへの手紙一 3・9)正しい良心(Iテモテ1・19)と、汚れた良心(テトスへの手紙1・15)といったさまざまな良心のあり様が記されており、一口に良心といっても、強さ・弱さ・清さや正しさ・汚さ等、さまざまな段階や質的差異があることに気づかされる。また、「わたしは自ら省みて、なんらやましいことはないが、それで義とされているわけではない。わたしをさばくかたは、主である」（Ⅰコリント4・4、口語訳）という表現がある。つまりここでは、審級を神という基準に合わせると、人間の良心（具体的には「自らを省みて、なんらやましいということはない」ということ）も、相対的なものでしかないということが示唆される。旧約聖書には、ダビデの詩として「知らずに犯した過ち、隠れた罪から、どうかわたしを清めてください」（詩篇19・13）といった言葉がみえている。

このように、神の視点からみると、神によって根拠づけられた良心は、人間の側の思考や行為を超えたものである。すなわち、「供え物といけにえが献げられても、礼拝をする者の良心を完全にすることができない」（ヘブライ人への手紙　9・9）のである。つまり、人間がどんなに努力し、善を志向したとしても、そこには限界がある。

このようにみてくると、良心は二種類あって、一方は、自然本性の中に刻印され、生得的に備えられている良心であり、他方は、神の導き（使徒言行録23・1）と神の恩恵によって働く良心である。[2] 神とキリストに従うという人格的決断である信仰と良心との関係は、受肉した神の言葉への信仰の従順（ローマ1・5、16・26）として表現される。[3] それでは、病的罪責感と上述した二種類の良心とは、どのような関係にあるのであろうか。[4]

(3) 二種類の良心と病的罪責感との関係

うつ病に罹患すると、良心が過敏になり、過剰な罪責感にとらわれることがある。そのために、聖書に記されている「罪」の自覚が深まり、信仰へと導かれることがある。ルターの生涯を研究すると、彼がうつ状態になることによって信仰が深化していくプロセスがよくわかる。[5] ルターが「サタンの仕業」と言ったうつ状態に伴う過剰な罪責感の背後には、万能感があることを彼は気づいていた。そして彼の過敏な良心は、そのことを鋭く自覚し、人間の限界性に気づかせ、回心するにいたった。[6] ルターの伝記を読むと、この点についてよく理解することができる。

しかし、過剰な罪責感は、すべてのケースにおいて、このように、心の救済へと向かうわけでない。過剰な罪責感が希死念慮を生み、自殺へと向かうこともある。罪は弱気の度の高くなったもの、もしくは傲慢の度の高くなったものであって、究極的には両者とも絶望へといたる。[7] この点について、聖書は「神の御心に適った悲しみは、取り消されることのない救いに通じる悔い改めを生じさせ、世の悲しみは死をもたらします」（コリントの信徒への手紙二　7・10）と記している。

なお、うつ病における過剰な罪責感は、病気の寛解とともに消失することもあるし、長期間にわたり、反復強迫的に続くこともある。病的罪責感を訴えていても、病気に罹患する前から信仰を与えられていた場合、そうした症状に影響されることもなく、信仰を持ち続けているケースもある（後述するタイプA型うつ病の事例を参考のこと）。

他方、うつ病に罹患することによって、良心の機能が低下し、良心の呵責や罪意識が減弱したり消失する例もある（後述するタイプB型うつ病の事例も参考のこと）。このようなケースの場合、うつ病に罹患することによって、自己中心性、他者に責任を転嫁する姿勢、神への反逆性などが露呈する。[8] このように心の病気に陥ることによって、良心の状態や罪責感が大きく変化することは、記憶されなければならない。また、信仰に関して言えば、上述したように、病気に影響される部分と影響されない部分があるから、病気と信仰との関係については、多面的にとらえていく必要があると考える。[9]

三　良心および罪責感の働く方向性について

筆者は、良心および罪責感の働く方向性を二つのグループに分けた。このように分類した根拠は、長年の臨床経験によるところが大きい（後述する、タイプA型うつ病者とタイプB型うつ病者の事例を参照のこと）。

良心および罪責感は、まず第一に、社会や集団を構成する倫理・規範・法・道徳意識などの領域に働く。第二に、発達過程における親子関係の中で問題になる。以下に、これらの点についてまとめておきたい。

(1)　社会と良心および罪責感との関係

社会を組織化し、その組織を正常に秩序づけ機能させるためには、社会的規範・倫理・道徳・法が必要である。良心および罪責感は、このように社会を枠づけ、その中で役割を果たし、その社会や集団や家族がきちんと機能しているか否かを監視する役割をもつ。「心の法廷」である良心が、その人の心の中で、これらの規範や倫理・道徳・法に違反していることを察知したとき、当事者は罪責感をもつ。そして、彼らがその罪責感を過大評価した場合、その罪責感は病的罪責感になることがある。

(2)　人と人との関係性と良心および罪責感とのかかわりについて

筆者は、良心とは(1)の項で述べたように、社会や家族をきちんと維持し秩序づけていくために必要な倫理や規範・道徳・法などが守られているかどうかを監視するための「心の法廷」であると定義した。良心と罪責感は、この他、人間の生育史や生活史を含む発達過程における人と人との関係性の中で問題になることは、数々の精神分析学の知見が指摘するとおりである。たとえば、幼少時期において、親による虐待や暴力などによって傷つけられた良心や罪責感は、長ずるに及んで、病的罪責感を生むことが知られている。この場合、(1)の項で述べたように過剰な罪責感を生むのではなく、良心や罪責感の欠如・無関心、あるいは他者への責任転嫁といった状態を生み出す危険性をはらんでいることが知られている。このように、親から虐待やいじめを受けたり、無関心のまま放置された子どもは、社会的規範を体現するはずの親の権威を認めることができないために、その権威を超自我（良心）として内面化するプロセスがなく、自己愛的傾向が強くなり、罪責感は起こりにくい。しかし、こうした自己愛的傾向は、ささいな自他の危機に直面することにより過剰な罪責感へと翻転する危険を常に有している[10]。

このように、うつ病者の病的罪責感の表れ方を大別すると、上記の(1)・(2)で提示した二つのタイプに分けられることを指摘しておきたい。

四　良心と悪について

人間は、倫理や規範・法との葛藤や対人関係における危機の中で、善悪の判断を問われる。その際に良心は「心の法廷」としての役割を果たす。そして、良心が悪と判断した場合、その人は罪責感をもつ。このように良心は、善悪を判断する際の裁判官ないし監視者であると同時に証人であり、告発者である。とくに、人生における葛藤や危機の中で、普段は隠されていた悪が意識化ないし顕在化したとき、良心は激しく揺さぶられることになる。

それでは、悪とは何か。その起源は、宇宙の始まりにさかのぼる。宇宙は無から生じたという。別の言葉で言えば、その始まりは混沌・闇・暗黒などと表現されている。神・ヤハウェに背き、敵対する者の行為は罪であり、その結末は無である(11)。神はこの宇宙において光を創り、神の似像《にすがた》としての人間を創造し、「良し」とされた(創世記1・4、26―31)。そして、人間は他の被造物と異なり、神と向き合い、真善美を求め、法や倫理を守り、互いに愛し合うべき存在として創られた。そして、人間は神の似像(Imago Dei)であるがゆえに人格的存在であり、他の被造物とは区別されなければならない。他方、人間はあくまで神の似像であって神ではない。つまり人間は、不完全で限界のある存在である。もっと具体的に言えば、人間は混沌と暗黒と深淵の宇宙に投げ出されており、自らも生まれながらに闇の部分をその内に含んでいる。そして、この闇の部分は無と死をはらんでいる。宇宙におけるさまざまな混乱・混沌、つまり災害や疫病・飢餓・病気・障害・戦争・犯罪などは、すべてこの悪、つまり闇に属しており、人間はこのような暗黒と混沌を引き起こす力に無防備である。別の言葉で言えば、人間は破滅や死をもたらす野獣的な欲望や誘惑に対して、良心や罪責感という歯止めを生得的にもっているにもかかわらず、十分に対抗するだけの力を有していない。

このように考えてくると、この自然を支配する大宇宙も人間という小宇宙も善と悪を含んでおり、きわめて両義的な性格をもった存在であるということがわかる。そして、人間がこのような両義的な特性をもった存在であるからこそ、善悪の判断を行う良心という「心の法廷」の存在理由があるのである。しかも、人間は、各自その良心の発達ないし成長程度や質に差異があるため、事態は複雑になる。

自然を含む大宇宙と人間という小宇宙とは、このように両義的性格を有しており、それゆえにこそ、良心(善)と悪との関係が問題になる。聖書は、蛇という象徴言語を用いて、人間を含む宇宙の両義的性格とその神秘につい

て言及している。(12)

蛇は、密生した森林や洞窟・岩穴など、ジメジメした暗い大地を這って生きている動物である。しかも、蛇は普段、雑草の中に身を潜めているが、常に獲物を虎視眈々と狙っている。そして、いったん獲物が見つかると、一気に襲いかかりその獲物に嚙みつき、猛毒を注入する。その毒は、またたくまに焼けつくような痛みを伴って全身に広がり、最終的には死にいたらしめる。そのくねくねと胴体をくねらせながら走る不気味さ、二つに分かれた舌(二枚舌)に象徴される狡猾さ、暗い大地を這い回り塵を食うあり様は、地上に執着し、悪にとらわれている人間の姿を想像させる。

聖書の世界において蛇は、このような特徴をもつ動物であるがゆえに、悪・深淵・悪霊・闇・混沌・呪い・穢《けが》れ・罰・罪・陰府・暗黒・サタン・地獄・死・偽善・神に背く地上の権威・破滅へと誘惑する力を象徴する存在として、たびたび登場する。

また、聖書の世界において蛇は、このような宇宙におけるマイナスの意味を有する象徴言語として用いられるだけでなく、プラスの意味を有する言葉としても使われている。確かに蛇は現実世界において、人間を猛毒によって滅ぼす陰気で危険な動物というイメージが強い。しかし、他方において、蛇は太陽の光を求め、脱皮するという特徴をもつことから、希望や治癒や再生や復活を象徴する動物であるとみなされてきた。また、蛇は、医薬品として使用され治療に役立っていることも忘れてはならない。

このような事実を踏まえ、聖書は蛇を、マイナスの意味をもつ象徴言語として表現すると同時に、プラスの意味をもつ象徴言語としても用いている。つまり、聖書の記者は、蛇のもつこのような両義的な性格こそ、この世界(大宇宙)と人間(小宇宙)の本質を表す〝ことば(象徴言語)〟として適切であると考えたのであろう。

それでは、蛇は、聖書の中でどのような姿をとって現れてくるのだろうか。

まず、蛇がマイナスの意味をもつ象徴言語として描かれている箇所をみてゆこう。

もっとも普遍的でよく知られているのは、アダムとエバが住んでいたエデンの園において現れる蛇である。ここで蛇は、エバを誘惑する危険な存在として登場し、神の呪いを受ける（創世記3・14、Ⅱコリント11・3）。この他に、聖書では蛇が邪悪さ・狡猾さ、あるいは偽善や、宇宙の根源的な悪・サタン（悪魔）・罪・陰府の象徴としてたびたび登場する（創世記3・1、ヨブ記26・5、13、イザヤ書27・1、黙示録12・9、シラ書21・2）。

他方で、蛇は、プラスの意味をもつ象徴言語としてたびたび登場する。

まず、蛇は、神が創られた野の生き物のうちで、もっとも賢い動物（創世記3・1）であって、キリストは弟子たちにその賢明さを学べと言われた（マタイ10・16）。また、蛇は、不信仰な民に対して罰を下す神の使いとして記されている（出エジプト記7・8―17、民数記21・4―7、Ⅰコリント10・9）。さらに蛇は、民を回心に導き癒しと救いを与える存在として書かれている（出エジプト記4・3―5、民数記21・8―9、ヨハネ3・14―15）。なお、やがて訪れる神が支配する新天新地において、蛇は無毒化されると記されている（イザヤ書11・8―9、65・25、エゼキエル書34・25）。

蛇と癒しとの関係について言えば、聖書以外にも、ギリシャ神話の医神アスクレピオスに関する記述が思い出される。ギリシャのペロポネソス半島に存在するエピダウロスには、アスクレピオス崇拝の中心となった神殿があり、その中に設置されているベッドで寝ていると、病人は、アスクレピオスの卓越した医術によって癒されたと伝えられた。そして、癒しをつかさどるアスクレピオスの聖獣は蛇であることが知られている。

ちなみに、蛇は、世界の健康を守るWHO（世界保健機関）の紋章にも使われているように、現代においても、治癒のシンボルとして用いられている。

このように蛇は、小宇宙である人間と大宇宙に内在する善と悪とを説明するための重要なキーワードとみなされてきた。蛇のもつ象徴的な意味が宇宙における善と悪との両義的な特性を示唆するとするならば、神が、宇宙の中に善と悪が存在すること自体「良し」とされたこと、つまり人間の側からみれば、不条理と思われる現象自体、神の計画の中にすでに組み込まれていると考えることはできないであろうか。つまり、神は、宇宙の善と悪とが「共に」あることを「良し」とすることを承認されたのではないだろうか。確かに、このような考え方は、理性のレベルでは受け入れることはできないかもしれない。

しかし、悪や病すら神の支配下にあるという思想は、聖書の随所にみられる。たとえば、ヨブ記には、サタンがヨブにさまざまな災いを下すにあたって、神の承諾を得る光景が描かれている（ヨブ記1・11―12、2・1―6）。また詩篇には「闇の中でも主はわたしを見ておられる。夜も光がわたしを照らし出す」「闇もあなたに比べれば闇とは言えない。夜も昼も共に光を放ち、闇も、光も、変わるところがない」（詩篇139・11―12）といった言葉がみえている。また箴言には「主は御旨にそって全ての事をされる。逆らう者をも災いの日のために造られる」（16・4）とある。また、新約聖書のローマの信徒への手紙には「焼き物師は、同じ粘土から、一つを貴いことに用いる器に、一つを貴くないことに用いる器に造る権限があるのではないか。神はその怒りを示し、その力を知らせようとしておられたが、怒りの器として滅びることになっていた者たちを寛大な心で耐え忍ばれた」（9・21―22、その他、ペトロの手紙一　2・8も参照）とある。また、「神を愛する者たち、つまり、御計画に従って召された者たちには、万事が益となるように共に働くということを、わたしたちは知っています」（ローマ8・28）と記されており、「万事が益」であるという大胆な見解が示されている。

このように、聖書においては神は、善と悪を含めて、すべて、神の計画・目的のために創られたとする思想によって貫かれている。

筆者は、先に良心は、善と悪とを分ける「心の内なる法廷」であると述べた。そして、物事を二つに分ける良心という「心の内なる法廷」「心の監視者」が人間に与えられているということは、人間が善と悪とを判断することができる人格的存在として認められている根拠であるとした。他方、良心は、ラテン語でconscientia（コンスキエンティア）、英語ではconscienceという言葉が使われている。これらの言葉の前綴りは、いずれもconという言葉があてられている。そしてconとは「共に」という意味を有している。このことは、良心が善と悪とを分けるために存在していると同時に、「かかわり」「つながること」、「他者の声を聞くこと」「了解すること」などといった意味をもっていることを示唆している。また、con-scīreとは「共に知る」という意味である。つまり、良心には「本来的自己」と自分・他者・超越者の意図と、「かかわる」こと、「つながること」「了解すること」といった意味が含まれている。(13)

良心がこのように「かかわり」「つながる」という意味を有しているということは、人間の根源的次元における開示性・受容性を示唆している。このことから、良心はただ単に、物事の善悪を知的に認識し、善と悪とを分け、適切な判断を下すという働き以上の意味をもっているのではないか。つまり良心は、善と悪とを分けると同時に、全体的関連の中で「つなげる」べく、「よく知り」かつ、統合する機能を有している。聖書が、蛇という象徴言語を通して、大宇宙と小宇宙における両義的性格を主張しようとした意図も、このような背景が存在することを、筆者は主張したい。

五　罪責・悪・うつ病

本項では、前項で問題にした宇宙における悪が、病気——とくにうつ病における病的罪責感——という形態をとって現れてきたとき、どのような精神病理を呈するかという点について考えてみたい。つまり、宇宙における悪が、人間の精神に対して、どのようなかたちで現れるのかということを検討する。この問題を考えるための手がかりとして、筆者は、主として高齢者に現れるうつ病の中の特殊型であるコタール症候群（Cotard's Syndrome）という病態を取り上げてみたい(14)。ここで、この病態の精神病理を検討することによって、人間存在の内に潜んでいる悪と罪がどのようなかたちで表現されるかということを明らかにしようと思う。このような精神病理学的研究は、悪と罪の意識の背後にある良心の働きについて考える場合にも、大きな示唆を与えてくれるものと考えられる。まず、はじめに、コタール症候群の病態と特徴をあげておく。

① 患者は、不安感・恐怖感・焦燥感・抑うつ気分といった、うつ病において一般的にみられるような精神症状を訴える。

② 身体に関する症状が現れる。たとえば「自分の体の一部である臓器がくさる」、「心臓の動きが止まった」といった体感異常（セネスト

パチー）や心気的訴え（シネステジー）などを訴える。そして、病状が進むと「自分の体が無くなったように感じる」など、自分の身体自体を否定する虚無妄想あるいは否定妄想を訴えるようになる。

コタール症候群は、うつ病において一般的に現れる精神症状のほかに、身体に対する違和感を訴えることが大きな特徴である。このことは、うつ病という精神の病が、身体感覚と深く結びついていることを示唆している。

③ また、コタール症候群は、このような身体感覚の異常を訴えるだけでなく、自己の精神や人格に関する異常を訴える。

つまり、自らが人格的存在、あるいは精神的存在であることを否定する訴えが現れる。具体的には、周囲の者からどのように説得されても、「自分は生きる意味も価値もない存在である」、また、「自分は生きとし生けるものの中で、もっとも罪深い存在であり、世界中のあらゆる罪責や苦しみを一人で背負っている」、「自分は大きな罪を犯したので、重い処罰を受けなければならない」、「その処罰は、未来永劫にわたって続く」、「いつも、罪責感や被処罰感におびえながら死ぬに死ねず、永遠に生きなければならない」といった訴えが現れる。このような訴えは、自己を過大評価する自我肥大的思考の現れである不死妄想や巨大妄想という方向性と、自己を過小評価する自我収縮的傾向が強い微小妄想の系列につらなる罪責妄想や被処罰妄想という方向性を有している。つまり、自我の肥大性と縮小性といった自我の精神病理が認められる。(15)

なお、上記の微小妄想の系列に属する異常体験は、罪責妄想や被処罰妄想だけでなく、虚無妄想や否定妄想とも関連していることを指摘しておきたい。

この他、コタール症候群においては、自殺念慮や自傷行為（身体損傷）・寡黙・拒食・痛覚鈍麻といった症状が現れる。

以上、うつ病の特殊型であるコタール症候群の精神病理学的特徴を素描した。

ここで筆者が注目するのは、コタール症候群において、人間の実存における四つの次元、つまり、身体的次元・心理的次元・社会的次元・スピリチュアルな次元における精神の病理が、見事に現れていることである。

まず、身体的次元の精神病理としては拒食・痛覚鈍麻・自傷行為・体感異常（セネストパチー）・心気妄想・心気的訴え（セネステジー）などが現れる。

次に、心理的次元の精神異常としては、不安感・恐怖感・焦燥感・抑うつ気分・寡黙・自殺念慮・自傷行為などが認められる。

また、社会的次元の精神病理としては、罪責妄想や被処罰妄想があげられる。このような、「自分に加えられる処罰は永遠に続く」という訴えを詳細に分析していくと、処罰する主体は神であったり、社会の倫理・道徳であったり、人であったりする。いずれにしても患者は、その人の外部（すなわち社会や集団・隣人・家族・神など）のものから処罰され、かつ、自らも罪責感に支配されてしまう。

もっとも注目すべきことは、スピリチュアルな次元の精神病理である。コタール症候群において現れるスピリチュアルな次元の精神病理をまとめてみると、次のようになる。

（a）　人格的存在の根底にかかわる精神病理

「自分は、生きる意味も価値もない存在である」といった訴えが認められる。つまり、自己同一性の障害が認められる。また、「自分の存在自体がなくなる」という否定妄想ないし虚無妄想が現れる。

（b）人格的存在の基本となる罪責や処罰にかかわる精神の病理

罪責や処罰にかかわるテーマは、心理・社会的分野にまたがる領域だが、とくに、コタール症候群では、それが、自分自身、つまり「本来的自己」あるいは「真の自己」とかかわりがあるスピリチュアルな次元と関連することが特徴である。

「自分は生きとし生けるものの中で、もっとも罪深い存在である」、「世界中のあらゆる罪責や苦しみを一人で背負っている」、「自分は大きな罪を犯したので、重い処罰を受けなければならない」などという訴えは、その訴えの内に、過大な自己評価と過小な自己評価という精神の病理性を含んでおり、これらの訴えの中にスピリチュアルな次元の精神病理性が隠されているように思われる。罪は弱気の度の高くなったもの、もしくは傲慢の度の高くなったもの、言い換えれば絶望の度の高くなったものである。(16)

（c）スピリチュアルな次元において現れた時空間の病理

「自分に与えられた処罰は、未来永劫に続く」、「罪責感や被処罰感におびえながらも死ぬに死ねず、永遠に生きなければならない」。こうした訴えは「未来永劫に続く」という訴えや「永遠に生きなければならない」という言葉が示しているように、人間の限界性・有限性という真実を踏み越えた思考であり、その誇大性・悲劇性は、人間の精神の病理の究極的姿を示しているといってよい。

以上が、コタール症候群のスピリチュアルないし、実存的次元の「存在」ないし「人格」の精神病理と病的罪責感との関係である。このような、コタール症候群といううつ病の特殊型では、スピリチュアル・レベルにおいて、罪責や自己処罰というテーマが、精神の病理という枠組みの中でどのように布置されているかということがわかる。

これまで、コタール症候群の精神病理について記述し、その内容について、若干分析を加えた。

ここで筆者が注目するのは、コタール症候群という悪のメタファーとしてのうつ病の特殊型において現れた病像が、パウロの信仰告白と重なる部分をもっているという点にある。たとえば、「私は、大きな罪を犯したので重い罪を受けるのではないか」、「自分は、生きとし生けるものの中でもっとも罪深い人間である」、「自分は、生きる意味も価値もない存在である」といううつ病者の証言は、パウロの「わたしは、その罪人の中で最たる者です」（Iテモテ1・15、新共同訳）、「私はその罪のかしらです」（同、新改訳）という告白と重なる。うつ病者のこうしたスピリチュアルな感覚は、自分が限界ある存在であるという認識のもと、回心へのプロセスへと向かうパウロの宗教体験と重なるものがある（IIコリント7・10）。うつ病者の「自分に与えられた処罰は未来永劫に続く」、「罪責感や被処罰感におびえながらも、死ぬに死ねず、永遠に生きなければならない」という訴えは、「わたしたちの主イエスの福音に聞き従わない者に、罰をお与えになります。彼らは、主の面前から退けられ、その栄光に輝く力から切り離されて、永遠の破滅という刑罰を受けるでしょう」（テサロニケの信徒への手紙二　1・8―9）という聖書の言葉と重なるものがある。

このように考えてくると、コタール症候群のうつ病者の訴え中に、キリスト教人間学的立場からみても、きわめて宗教的でスピリチュアルな次元の訴えが隠されているように思う。つまり、精神の危機に直面した彼らの中に、普段は人間の深層意識の中に隠されている、宗教性ないしスピリチュアルなテーマが顕在化してくるように思われる。

六　うつ病における二類型から良心と罪責との関係について考える

筆者は、長年にわたる精神科臨床によって得た経験に基づき、うつ病者の良心の働く方向性は、二つに分けられると考えている。

第一は、良心が倫理や道徳・規範・法などと葛藤し、そのことが契機となってうつ病を発症せしめるもので、もっと具体的に言うと、義の達成が不可能になった結果、精神病理を呈するもので、これをタイプA型うつ病（以下A型とする）と定義した。なお、A型は人間を空間的存在としてみた場合の分類様式である。

第二は、人間の発達過程において、当事者が周囲の人々（とくに両親）から心の傷（トラウマ）を受け、そのトラウマが蓄積されてうつ病の発症をみるもので、もっと具体的に言うと、愛の成就が阻止されたことによる精神の病理を呈するもので、これをタイプB型うつ病（以下B型とする）と定義する。なお、B型は人間を時間的存在としてみた場合の分類様式である。

この二つのタイプのうつ病者の特徴について以下にまとめる中で、うつ病における良心と罪責感との関係を、明らかにしていきたい（二八一頁、表1参照）。

(1)　A型について

タイプA型うつ病者は、大別すると次のような特徴を有する。

(a) 道徳・規範・倫理・法(実定法・自然法・律法を含む)・健康・真・善・美といった普遍的・理想的・現実的価値を、生活場面や人生の中で追求しようとする。彼らは、日常生活において良心的で勤勉、誠実な態度をとる。

(b) 組織や役割に対する同一化傾向

彼らは、権威や秩序・序列・制度・集団・仕事・役割に対する同一化傾向が強い。正義感が強く、集団や組織への責任感や義務感や忠誠心がある。

(c) 他者配慮的姿勢

彼らの対人関係様式は、律儀で義理人情に厚く、世話好きで、他者に依存することを恥じ、人に迷惑をかけないように気を使う。他者のために献身的で、自己犠牲もいとわない。

(d) 執着的態度

彼らは自尊心が強く、自分の健康・財産・仕事や対人関係に執着する傾向がある。仕事など業務を進めるにあたって熱心に行い、ごまかしを嫌い、完全にやらなければ気がすまない。綿密・几帳面で、何事も徹底的に行い、整理整頓を好み清潔好きで、確認癖がある。

彼らの性格特徴に共通しているのは、この世のあらゆる事柄に対して模範的態度をとることにあるといってよい。つまり彼らは、理念や理想・良心・倫理を尊び、それを生きていく上での指針とし、その基準に従って生きようとする。

彼らはこのように、自他に対して現状より高い要求水準を定め、高い理想を目指し、さらに、絶えず理想とする水準へと飛躍しようとするから、現実的自己との間で葛藤を生みやすい。すなわち、彼らは、過敏な良心による道徳・倫理・規範と現実の自分との間で板挟み状態になることが少なくない。彼らがそうした理想的・倫理的価値を実現することが困難であると気づいたとき、その反動で、自他に対する過剰な罪責感にとらわれることが多い。

このような彼らの過剰な罪責感は、鋭い良心の働きによるものであって、自己の心に厳しい審判を下し、そして、過去のすべての過失に対して過度の反省を促すから、自分の過去に行った言行を悔い改め、宗教的回心へと導かれることもあれば、病的罪責感へと発展し、自罰的感情にとらわれ自殺する可能性もある。つまり、過剰な罪責感が悔い改めをもたらし、宗教的救済へと向かわない場合は、自己処罰への志向が高まる。そして、このような自己処罰的な心理機制が反復強迫的に繰り返されると、閉鎖的な〝負のスパイラル〟をもたらし、究極的には、死への願望を招来せしめる危険性がある（二八三頁、図1参照）。

次に、A型うつ病者の時間観について俯瞰しておくことにする。

彼らはしばしば、「取り返しのつかないことをしてしまった」、「自分の犯した失敗は、覆水盆に返らずという諺がピッタリあてはまる」と訴える。つまり、彼らは自他に対する罪責感とともに、過去への執着・こだわりや未済感にとらわれる。このような彼らの心理的時間は、いかに時計時間や物理的時間が進行しようと、過去の時間に〝拘束〟され、そして彼らの生は、未来への展望を失う。その結果、彼らは閉塞感、孤立感、絶望感、挫折感、疎外感を抱くようになり、自己の生に対して負い目をもつことになる。

ついで、A型うつ病者の空間観について触れておく。

彼らの空間観は、一口に言うと、閉鎖性・自閉性にあるといってよい。彼らは、すでに述べたように、向上心が強く要求水準が高い。その結果、理想的自己と現実的自己との葛藤や、自他に対する過大評価と過小評価の確執に終始することになる。彼らのこうした思考は、その思考の硬直性によるところが大きい。そのために、孤立感・疎外感・罪責感をもつにいたる。罪は弱気の度の高くなったもの、もしくは傲慢の度の高くなったものであり、言い換えれば絶望の度の高くなったものである。[17] このような心理的危機の中で、彼らは一種の心理的狭窄状態に陥る。彼らのこうした閉塞的な空間観を「閉じ込め」（テレンバッハ）と呼んだり[18]、そうした病態を「うつ病性自閉」と名づけた精神病理学者もいる。[19] そして、このような病態は、前述したように反復強迫的な罪責感と自己処罰感を強化する。つまり、こうした無限に反復する強迫的な自己処罰的世界は、閉塞的空間を形成し、他者との人格的交わりを遮断する。その結果、彼らの心的世界は地獄となり、まさに自獄となる。

(2) A型として類型化される事例紹介

（なお、以下に紹介する事例Aおよび事例Bは、複数の事例を重ね合わせたもので、現実の症例ではない）

【事例A】 A子　クリスチャン　六七歳　夫と二人暮らし　子供たちは自立

もともと明るく律儀で親切。しかも、社交的な人柄。良心的で芯が強く、義務感や責任感が強い。地域でのボランティア活動やコーラスグループにも参加。自分に対して厳しい。普段から他者から倫理や法を重んずる模範生といわれていた。

六五歳の時、転倒して上腕骨および大腿骨を骨折。一時、寝込んでしまった。骨折後、家事をこなすことができなくなり、このことが契機となり、うつ病を発症。「主婦としての役割を十分果たせず、夫に迷惑をかけ申し訳ない」、「自分は役に立たない人間になった」、「自分のような人間はいないほうがよい」、「自分がこの世に存在していることが悪いのではないか」、「夫に料理を作ってもらわなければならないのでつらい」、「自分が何げなく言った言葉が人を傷つけているのではないか」、「自分が人に迷惑をかけている事柄はすべて、自分の責任だ」、「今まで苦しんでいる人に対して、自分は無関心すぎた」、「自分が存在していること自体、罪である」、「自分は恐ろしい罪を犯しているような気がする」、「お前は悪い人間だという声が聞こえる」、「自分は、神を冒瀆《ぼうとく》しているのではないか」、「神が、自分を罰しようとしているのではないか」と訴えるようになった。

精神症状としては、不眠・抑うつ気分・焦燥感・易疲労感・意欲の減退などが現れた。そして、「人とかかわるのが億劫《おっくう》だ」、「外に出るのがつらい」と言って、終日、自室に閉じこもり、布団をかぶって寝込んでいる。家のごみ捨て・食事の準備・洗濯・掃除などもできず、風呂に入るのも億劫がる。

夫に、A子の日常生活について聞いてみると、「妻は、客観的に見て、自分に対してそんなに迷惑をかけたこともないし、人を不幸にしているようにもみえない」と述べた。

うつ状態のあいだ、筆者がA子に神に対する信仰について聞いてみると、「私は、自分の生涯を振り返ってみると、神様に対してたくさん罪を犯しました。今も、罪の意識にさいなまれることはしばしばあります。でも、このような心の病気にかかっていても、神様に愛されているという感覚はありますし、神様から離れたくないという気持ちも残っています」と証言している。

A子は精神科のクリニックを訪れ、抗うつ剤と抗不安剤の投与を受け、しばらく家事をはじめとする雑用から離れ、休養をとったところ、抑うつ状態から解放された。

その後、徐々に、抑うつ状態の時に訴えていた反復強迫的な過剰な罪責感は減退し、「最近は罪のことより、イエス様の十字架による贖《あがな》いをいただき、感謝することのほうが多くなりました」、「以前はあらゆることに対して自分のほうが悪いと思っていましたが、そのような負い目を覚える感覚はなくなりました」、「夫をはじめ、周囲の人々に禍《わざわい》が起こらないように祈ることができるようになりました」、「神様から離れたくありません」、「神様はいつも共にいてくださいます」、「完全になることなんてできません。神と人とは違います」、「抑うつ気分に支配されている時は、心の中にサタンが住んでいたのではないか[20]」「自分が神様にすがるのではない、信仰は神様からいただくものです」と述べるようになった。

A子の場合、抑うつ状態の時は、病的な罪責感が出現し、過剰な罪意識に苦しめられた。しかし、そのような病的状態にあっても、「神様に愛されているという感覚はある」と明言している。また、うつ状態が休養と薬物療法によって寛解した後は、病的な罪責感は減退ないし消失した。

(3) B型について

タイプB型のうつ病者は、大別すると次のような特徴を有する。

(a) 特異な発達過程

彼らの生育歴を調べてみると、その多くが、親からの見捨てられ体験をもっている。具体的には、両親の不仲・別居・離婚・行方不明・病気などが認められる。そして、そのような出来事が、彼らの心的外傷(トラウマ)となっている。

(b) 心的外傷の抑圧

生育歴の中で受けた心的外傷体験は、幼少時期には一般的に無意識層に沈殿・抑圧され、表面的には自己顕示的であったり、良い子として振る舞うことが多い。

（c）攻撃的傾向——憎しみや怨みの感情の爆発

青春期以降、些細な出来事をきっかけとして、怒りの感情が爆発。彼らは、一般的に罪責感は希薄であり、他者を裁き、自己の責任を他者に転嫁し、攻撃的態度をとるようになる。しかも、こうした態度は、世代間ないし配偶者間に伝播することが少なくない。

（d）自己中心性

彼らは、自己中心的姿勢が強いため、認知の歪みをもたらし、その結果、対人関係に支障をきたし、人生の途上において挫折し、社会や家庭において適応することが難しくなる。

（e）依存的傾向

彼らは、わがまま・自己中心的・自己顕示的で、自己の能力を過大評価し、かつ、日常生活の中で依存的行動をとることが多い。たとえば、アルコールやギャンブル・買い物・恋愛・摂食障害（拒食や過食）を伴う食への依存等である。これらの依存や嗜癖の背後には慢性的な自殺願望が隠されていることが多く、そのことがリストカット（手首を切ることによる身体損傷）といった症状として、行動化ないし顕在化することがある。

彼らの性格特徴に共通しているのは、自己中心性を中核とした未熟性・依存性・感情不安定性・他罰性と希死願望であって、罪責感は希薄であることが多い[21]。こうした性格特徴の背後には発達過程における親や配偶者など、周囲の人々からの見捨てられ体験に伴う心的外傷（トラウマ）が存在していることが多い。

彼らの多くは、その発達過程の中で、もっとも身近な人々との間で、信頼感・安全感・安心感などを構築するために必要な心の絆を結べていない。そのために、孤独感・絶望感・疎外感をもちながら成長してきたという経過がある。そうした「忌まわしい体験」の蓄積が、見捨てられ体験として記憶され、心的外傷として心の中に刻印されてしまう。このような心的外傷こそが、罪責感や自己処罰感・他者への怒りや憎しみの感情の発生基盤となる。しかし、一般的に彼らには他人に迷惑がかかるという罪責感・自責感が乏しいことが特徴である。こうした心的外傷に向き合い、その傷を受け入れ、そのトラウマと和解しない限り、その人の自己同一性や自己実現したという感覚、自己統合感、真摯な自己反省や深い精神性を有する罪の意識は育たない。

このような心的トラウマと向き合い、折り合うためには、他者によって、「受容された」「承認された」という「善い経験」が蓄積される必要がある。他者によって「受容された」あるいは「承認された」という経験の蓄積があってはじめて、その人は発達過程における自己中心性から脱出ないし超越し、能動的に他者を受容することができる可能性が開けてくるのである。

(4) B型として類型化される事例紹介

【事例B】 B子 二八歳 独身

B子の父親は、彼女が幼少時期よりアルコール依存症に罹患。酒に酔うと家族に対して暴言や殴るけるなど暴力が絶えなかった。父親が酒を飲んで荒れだすと、母子ともに裸足で庭に逃げ出すといったことがしばしばあったという。父親がガラスを割ったり障子を破いたり、机や卓袱《ちゃぶ》台をひっくり返すといったことは日常茶飯事であった。

そのため、父と母との関係は冷え込み、B子が中学生になったころから別居状態が続いていた。父はこのころから家に寄り付かなくなり、現在も行方不明である。母は他の男性と浮気、家にその男性を連れ込むこともしばしばあった。そのような家庭環境のもと、家の中で居場所を失ったとB子は述べている。また、「親にいつ捨てられるかわからない」、「親がいついなくなるのか不安だ。いつたたかれるのかわからない。いつ怒られるのか、いつ出ていけと言われるのかと思うと恐ろしい」、「親に嘘をつかれるのではないか」、「親と音信不通になるのではないか」と言う。彼女はいつもビクビクしながら恐れと不安の中で、毎日過ごしていたという。そして、「自分の人生はすべて親に奪われた」、「時々父に首を絞められたり、けられたりしている夢を見る。昼間も時々そうした記憶が走馬灯のように浮かんできてつらい気持ちになる」、「自分が成人になって気づいた時は、心がボロボロになっていた」、「自分なんていないほうがいい」、「過去の記憶をすべて消したい」、「自分が信じられない」、「自分がわからなくなった」、「自分の人生なんてどうでもいい」、「何のために生きているのかわからない」、「深く愛してもらっても重たくなる」、「外に出られない」、「電車に乗れない」、「父が憎いと思う自分への罪責感や嫌悪感がある」、「父を憎んでしまう自分を許せない」、「親なら許せるはずなのに、否定したくなる」、「父を否定することは自分を否定することだ」と訴える。

その他の精神症状として、不眠・抑うつ気分・易疲労感・希死念慮・過食・リストカット（手首切傷症）・パチンコやアルコールあるいは恋愛依存等が認められた。B子には中絶歴が二回ある。現在の心情として、男性は遊びとして割り切っているという。不思議と自分の周囲に寄って来る男性は、暴力を振るったりアルコールに対する依存癖があるなど、父と同じタイプの人が多い。現在、仕事はしていない。金がなくなると水商売に出て日銭を稼ぐといった生活を続けている。男のほうはヒモみたいにB子から金をしぼりとり、ゴロゴロしている。

B子の生育史を振り返ると、まず、父のアルコール依存・暴言暴力・母の浮気・両親の不和・別居・父親の行方不明などが認められる。B子は幼少時期より「良い子」として振る舞い、両親の調整役を買って出た。そのために、彼女の親から受けた心的外傷（トラウマ）は無意識層に抑圧され沈殿した。しかし、青年期にいたり、突然、そのトラウマが顕在化し、怒りや抑うつ気分・不眠・易疲労感・希死念慮・過食等の摂食障害・リストカット・パチンコやアルコール依存・性的逸脱・人への恐怖感を伴う人間関係障害・社会適応能力の低下などが認められるようになった。また、「今の自分ではダメだ」、「何かできる人間になりたいが何もできない」といった訴えからわかるように、自己同一性の障害があり、学業や仕事に対する意欲の低下がある。自己中心的で、異性に対して責任転嫁する傾向が強く、他罰的・攻撃的であって、罪責感をもつことが少ない。

(5) タイプA型うつ病とタイプB型うつ病との比較

ここで、タイプA型うつ病（以下A型とする）とタイプB型うつ病（以下B型とする）との比較を行い、表にまとめておきたい（表1参照）。

まず第一に、葛藤要因を比較してみると、A型では、人間の良心の働きと密接な関係のある理想・価値・倫理・規範・法（自然法や実定法・律法等を含む）・秩序・役割をめぐる葛藤が問題になる。このような社会的順守事項に対して、当事者が良心的に、しかも責任をもって応答できるか否かということが問題となる。B型の場合は、生育歴における親との関係の中で、心的外傷となる体験があるかどうかということが、葛藤要因となる。

第二に、症状の特徴を比較してみると、A型の場合、攻撃的エネルギーは内向化し、自罰的傾向へと傾き、B型の場合は外向化し、他罰的傾向へと傾く。具体的症状も、A型の場合は悲哀感が中心となるのに対し、B型は怒りや復讐心や憎しみが中心となる。

第三に、罪責感を比較してみると、A型は罪責感が強く現れやすく、B型の場合は罪責感は現れにくい。

第四に、喪失する対象との関係を比較してみると、A型は義の喪失に伴う悲嘆を基盤として発症している。具体的には、理想的自己と現実的自己との乖離が目立つ。つまり、期待水準または要求水準と実効水準との間の落差が大きすぎることに伴う葛藤とそれに伴う閉鎖性が問題になる。B型は、愛の喪失に伴う悲嘆を基盤として発症している。具体的には、人間関係における開示性・相互性・応答性・受容性の低下に伴う閉鎖性が、検討課題になる。

第五に、依存形式について比較してみると、A型のほうは健康・財産・名誉・地位・秩序・役割・理想への執着、価値観や思考の硬直化、強迫的傾向や潔癖性・完全主義な姿勢が問題になる。B型は、対人関係や薬物・ギャンブル・恋愛・買い物・食物への依存傾向が目立つ。

第六に、防衛機制について比較すると、A型は完全癖・確認癖・執着癖ゆえの反復強迫的防衛、うつ病的自閉的防衛・逃避的防衛といった心理機制をとりやすい。B型は、顕示的・躁的防衛をとりやすい。

第七に、精神療法的対応の仕方としては、A型は認知の歪みの調整や洞察力・自己反省を目指し、B型は対人関係における信頼感・安心感・安全感を醸成することを目的とする。

第八に、治療目標としては、A型は社会適応を、B型は人格の成熟を目指す。

第九に、年齢層についてみると、A型は中高年層に多く、超自我（良心）は発達しており、B型は青少年層に多く、超自我（良心）は未発達である。

第十に、人間としての存在様式について考えた場合、A型の場合は、義の欠如を基盤とする空間的布置のあり様を検討すべきであり、B型の場合は、愛の欠如を基盤とする時間的布置のあり方を考える必要がある。

番号	タイプ／項目	タイプA型うつ病	タイプB型うつ病
①	葛藤要因	倫理・規範・法・秩序・役割間の葛藤	生育史上の両親との関係の中で心の傷（トラウマ）体験がある
②	具体的な喪失対象との関係	義の喪失に伴う悲嘆 理想的自己と現実的自己との乖離に伴う閉鎖性	愛の喪失に伴う悲嘆 人間関係における開示性、応答性、相互性・受容性の低下に伴う閉鎖性
③	罪責感	罪責感が強い	罪責感は弱い
④	症状の特徴（主として攻撃エネルギーの方向性）	悲哀感（内面化） 自罰傾向	怒りや復讐心や憎しみの感情（外面化） 他罰傾向
⑤	依存形式	秩序・役割・理想・健康・財産・地位への執着	対人関係ないし薬物・アルコール・買い物・食物・恋愛・ギャンブルへの依存、一体化願望
⑥	防衛機制	強迫的防衛（完全癖）・自閉的防衛（逃避的防衛）	躁的防衛（顕示性）
⑦	精神療法	認知の歪みを修正	対人関係における安心感・信頼感・安全感の醸成
⑧	治療目標	社会的適応	人格的成熟
⑨	初発年代 （超自我の発達度合）	中・高年 超自我（良心）は発達	青少年 超自我（良心）は未発達
⑩	存在様式	義の欠如を基盤とする空間的存在布置	愛の欠如を基盤とする時間的存在布置

表1　タイプA型うつ病とタイプB型うつ病との比較

(6) 罪責感と自己処罰との関係――負のスパイラルへの道

A型うつ病者においては、その根底に、倫理・道徳・法・地位・名誉・仕事・健康といった価値にかかわる葛藤が存在する。つまり、彼らが理想とする価値と現実(病気や知的能力の低下、複雑な家庭や社会環境を含む)との乖離ないし落差が大きくなることによって、彼らはそうした価値を絶対化するために、自己と他者に対する罪責感が顕在化し、そのような罪責感が強化されると、今度は自己を処罰しようとする心理機制が働き、ますます、自己理想と自己価値にかかわる葛藤が増幅されるといった悪循環(負のスパイラル)が繰り返される。[22] このようにして彼らは、精神的危機を迎えるわけだが、その背後に、過敏な良心の働きがあることに注目しておきたい。

次にB型の精神構造について、A型のそれと比較しながら考えていきたい。

B型においては、A型の「価値にかかわる問題」とは異なり、その根底に「対人関係の問題」がクローズアップされてくる。つまり、生育史上の主として親との関係の間で生じた心的外傷(トラウマ)の解決が十分できておらず、青年期まで、そのトラウマ体験に伴う精神的痛みを引きずっていることが多い。しかし、一般的にB型に罹患した者は、そのトラウマを深層意識の中に抑圧し、「良い子」として振る舞おうとする。しかし、無意識に取り込まれたトラウマは、憎しみの感情(反復強迫的復讐心)となって抑圧、沈殿する。そのため、A型に罹患した者のように、罪責感が顕在化することは少ない。しかし、青年期において、無理に抑圧していたトラウマが、突然、爆発・顕在化し、激しい他者への攻撃性・責任転嫁へと発展することになる。しかし、このような他者への憎しみや責任転嫁の姿勢は、究極的には自己処罰へと向かっていくことになる。こうした自己処罰(自己への攻撃という心理機制)は、両親への怒りや憎悪に向かった後、自己への罪責感へと翻転するという悪循環が繰り返され、究極的には、A型に罹患した者と同じように、うつ病の増悪化ないし死という精神の危機へと向かうことになる。なお、

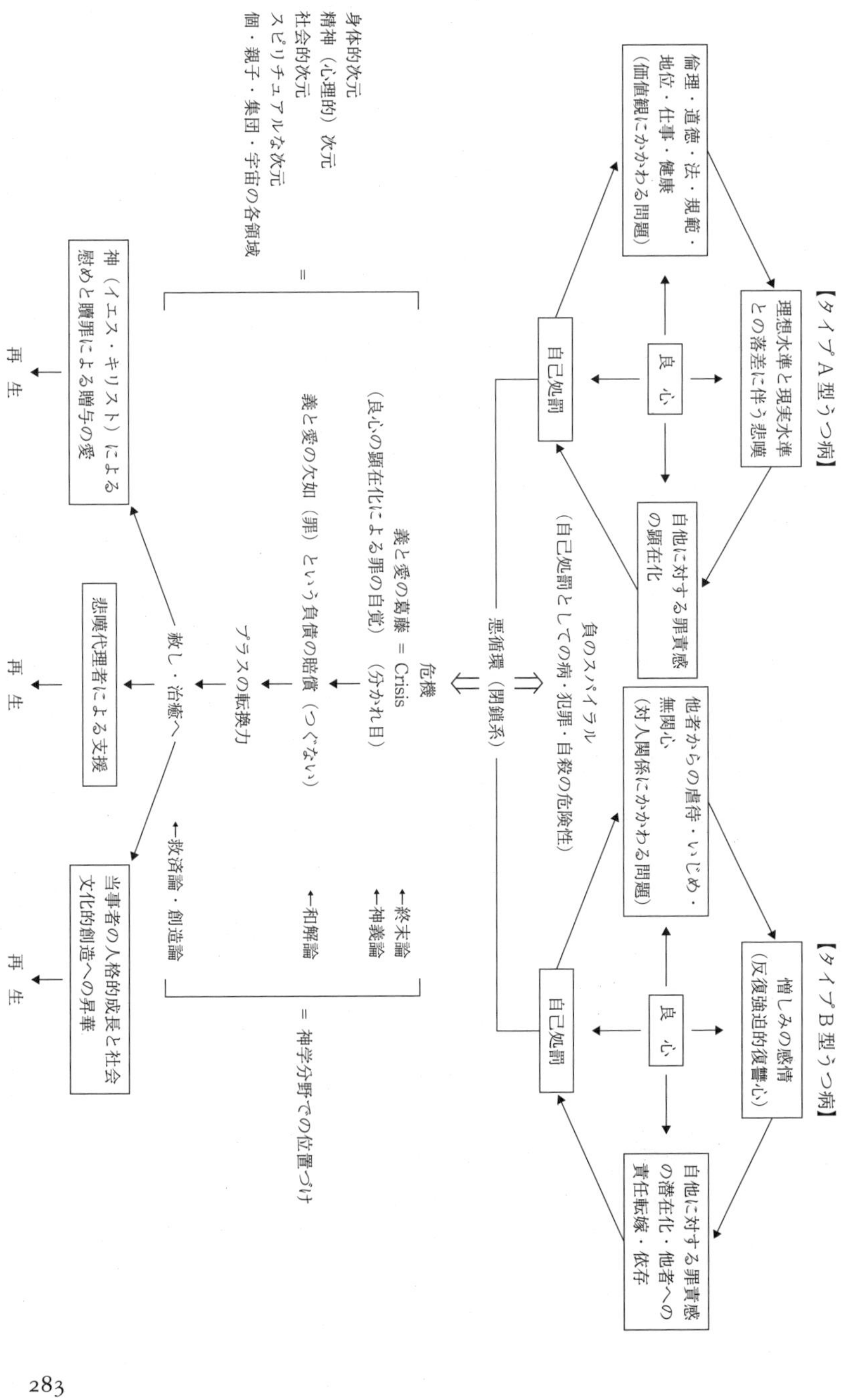
【タイプA型うつ病】
倫理・道徳・法・規範・地位・仕事・健康（価値観にかかわる問題）
理想水準と現実水準との落差に伴う悲嘆
良心
自己処罰
自他に対する罪責感の顕在化
【タイプB型うつ病】
他者からの虐待・いじめ・無関心（対人関係にかかわる問題）
憎しみの感情（反復強迫的復讐心）
良心
自己処罰
自他に対する罪責感の潜在化・他者への責任転嫁・依存
負のスパイラル
（自己処罰としての病・犯罪・自殺の危険性）
悪循環（閉鎖系）
危機
義と愛の葛藤 ＝ Crisis
（良心の顕在化による罪の自覚）（分かれ目）
義と愛の欠如（罪）という負債の賠償（つぐない）
プラスの転換力
赦し・治癒へ
←終末論
←神義論
←和解論
←救済論・創造論
＝ 神学分野での位置づけ
身体的次元
精神（心理的）次元
社会的次元
スピリチュアルな次元
個・親子・集団・宇宙の各領域
＝
神（イエス・キリスト）による慰めと贖罪による贈与の愛
再生
悲嘆代理者による支援
再生
当事者の人格的成長と社会文化的創造への昇華
再生

図1　うつ病者の精神構造——とくに罪責との関連において

B型においても良心の働きは、自己処罰の段階では働いているものの、A型ほどには過敏な良心は形成されておらず、むしろ、その働きは希薄である（図1および八（2）、（3）も参照のこと）。

七　罪責の本質について

前項で、二種類のうつ病のタイプについて、主として罪責感の現れ方の違いから、その精神構造を分析してきた。筆者はここで、罪責の本質について、この言葉の語源にさかのぼり考えてみたいと思う。このことは、次項のうつ病の治癒論・救済論・創造論について論ずる場合、役立つと考えるからである。

（1）罪責と処罰と弁済との関係

罪責という言葉の英語 guilty の語源を調べてみると、この言葉は guilt と同じように刑罰と関係ある言葉であることがわかる。[23] さらに、この言葉は、「賠償 compensation を支払うこと」といった意味がある。この点についてもう少し詳しく述べると、「自己の罪によって、相手方に対して与えた損害を償うこと、代償を支払うこと」という意味がある。[24] guilty に近い言葉としては、punishment がある。この言葉は、ラテン語の刑罰あるいは処罰を意味する poena（ポエナ）からきており、やはり、犯罪を犯し刑罰を受けた者が、その罪を償うために賠償を支払うという意味がある。なお、guilty という言葉は英語の pay（支払う）という意味の他に pain（痛み）という意味もある。[25]

罰金を意味するフランス語の fine（ファン）は「終わり」を意味し、金銭で物事を決着させること、和解することなどの意味がある。

また、guiltの関連用語としてcrimeという言葉がある。この言葉は、文字通り「叫ぶ」という意味をもっていることからわかるように、「告発する」「告訴する」という意味を有しており、裁判における手続き的側面を意味する言葉として知られている。[26]

ヘブライ語の罪という言葉het（ヘース）には、過失・正しい道から外れる・悪を行う・罪に対する罰・悪・負債・損害に対する賠償（レビ記　5・6、5・11）、代償苦（イザヤ書53・10）といった意味があり、ギリシャ語の罪という言葉αμαρτια（ハマルティア）には、的をはずす・違反行為・反逆などの意味がある。

このように、罪という言葉の中には、反逆・告発・過失・的を外れること・負債・違反すること・処罰・賠償・代償苦・悪など多義的な意味があることが知られている。なお、罪は、その他に弱さ・強情・負い目・病気等といった言葉と深いかかわりがある（新聖書大辞典「罪」の項参照）。

日本語の罪という言葉の語源は、漢語からきている。[27]罪は、もともと「网非」と書かれた。この漢語の中の「网」（網を表す象形文字）と「非」は合わせると「网非を捕る竹網」を表しているという。つまり、「网非」という語は「囚人が牢獄にとらわれた様」という意味を有している。漢語では、罪を表す言葉として、上述した「网非」の他に「辠」がある。「辠」は、文字通り「自」分が「辛い」と書く合字で、「罪人が顔をしかめて辛苦する意」であるという。大漢語林には、この「辛」は、刑罰としての針の象形文字に由来すると記されている。[28]もう一つ、犯罪を意味する語に「辜」がある。「辛」は、上述したように針の象形文字であり、「古は国に通じ、固く閉ざす」の意であり、牢獄のような所に、固く閉じ込められる様を示しており、そのような状態は「針のむしろ」に座っているほどの辛さを意味するという。[29]

このようにみてくると、すでに述べたように、罪という言葉には、中国や日本においても犯罪・違反・過失・過ち・反逆・負債・刑罰・処罰・賠償とそれに伴う心理的痛み（つらさ）・代償苦・決裁・告発・弱さ・悪・病気・強情・負い目などといった多義的な意味があることがわかっており、その内容は古今東西共通している。

(2) 罪責と聖なるものとの関係

ここで、罪と聖なるものとの関連性について言及しておく。このことは、後に罪からの解放・再生という問題を考える際に、重要な意味をもってくる。

罪に関して言えば、すでに、日本の古代の文献・古事記の中の大祓《おおはらえ》の儀式に関する記事の中で言及されている。(30) 大祓の儀式は、「天下万民の罪穢《つみけがれ》を祓う」という意味で、自然災害や人災・他害行為・性犯罪・疫病などによる罪や穢れを除くために、心身を清める儀式として律令制の確立当時から行われていた。つまり、大祓は、罪の結果としての穢れ（evil）をぬぐい祓って、この世を清浄にするための行事であった。具体的には、神に対して、贖物《あがもの》をささげたり、祝詞を読んだり、水に入り身を清め（吉解除《よしはらえ》）たり、刑罰（悪解除《あくはらえ》）を科したりする等の儀式が行われていた。

古代ヘブライ世界においては、罪祭《ざいさい》と罪は深い関連性がある。神は人の罪を罰する存在であると同時に赦す存在であり、しかも、神と人との間を媒介（とりなし）するのが罪祭であった。

旧約の世界では、罪祭において、罪を贖うために神に対して動物を犠牲としてささげた。このように罪祭は、人間の弱さ・良心の呵責・悪の誘惑による滅びへの不安・恐れなどといった感情を神に祓ってもらうための儀式とみなされた。つまり、民は、このような罪祭を行い、そこで犠牲をささげることによって、神との和解と罪の赦しを願い求めた。新約の時代になると、神と人間との間の「的外れ」（罪）的事態を、イエス・キリストは、自らを

〈罪祭〉の〈犠牲〉としてささげることによって、両者の関係を修復させようとした。[31]

このように考えてくると、罪責とそれに伴う良心の問題は「真実なる自己」と自分、人と人、人と聖なる存在としての神との関係における処罰や賠償・弁済・償い・赦し・和解といった事柄と深く結びついていることがわかる。

八　神の経綸としての「義と愛」と「健康破壊」の象徴としてのうつ病
――うつ病者の再生を目指して――とくに、罪責との関連において

(1)　宇宙における義と愛の実現

宇宙を支配する神の二大法則は、義と愛である。そして、この義と愛を統合するのが聖である（図2参照[32]）。この宇宙における支配原理である義と愛の原則が成就しないところに悲劇が存在する。聖書は、この悲劇の源は、宇宙の創造時から存在する混沌と、人間が神に背いた罪悪によるものであると主張する。神は、人間に良心を与えることによって、その罪悪への気づきを与え、その罪悪からの転換を求めている。

人間にとっての罪悪であるうつ病は、宇宙における義や愛の実現が、混沌と破滅の力によって阻まれていることへの象徴としてとらえることができる（次の（2）の項を参照）。

つまり、宇宙における「義」と「愛」と、「罪」や「悪」としてのうつ病とは対極的なものとして位置づけられる。

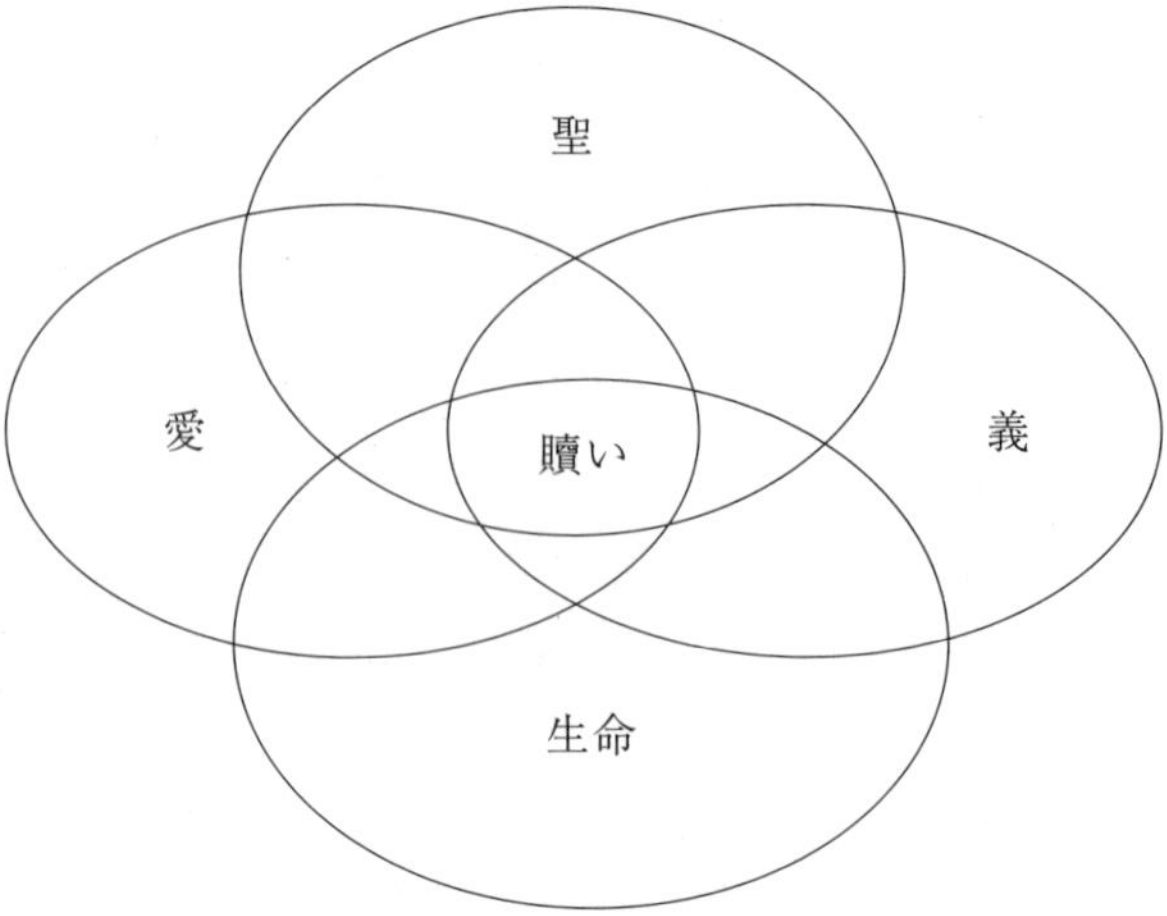

図２　神の本質

(2) うつ病の二類型

これまで筆者は、うつ病には大別すると二つの型があり、一つは、倫理・道徳・秩序・法など、この世の権威を代表する「義」を実現することができず発症するもので、これをタイプA型うつ病（別名、「義」喪失性うつ病と名づける）とした。二つ目は、幼少時期からの親や周囲の人々からのいじめや虐待・無関心など、愛が欠如した環境の中で育ち、思春期以降、うつ病を発症するもので、これをタイプB型うつ病（別名、「愛」喪失型うつ病と名づける）とした。

タイプA型のうつ病者は、義を達成することに失敗したがゆえに、強い罪責感をもつにいたり、さらに、自己処罰的感情から希死念慮をもつようになり、究極的には死へと向かう。こうした心理は、自らの心身の病気、すなわち生物学的あるいは素因・性格的な脆弱性に気づき、既存の倫理や道徳・秩序・法など社会の規範に従うことは、とうていできないことを知ることによる強い罪責感と、その罪責感が翻転し、外的・社会的価値や権威に対する怒りを表したり、自分を生んだ親に対して、自己実現できないことへの不満から自らの責任を転嫁するなどの攻撃的感情からなる。

タイプ型Bうつ病者は、幼少時期から、愛を与えられることが少なかった人たちである。

彼らのそうした欲求不満感情は、抑圧され、長期間にわたって不遇な時間を過ごすことになる。そのために、他罰的感情が先行し、自己に対する罪責感は希薄である。しかし、思春期以降、蓄積された怒りや憎しみの感情が突然爆発する。そして、そうした他者への攻撃的感情は、容易に自己への罪責感や自己処罰感情へと翻転する。[33]

このように考えてくると、A型およびB型のうつ病者は、何らかの回復への転換力が働かない場合、閉鎖的な負のスパイラル（悪循環）へと向かうことになり、やがては破滅への道をたどることになる（図1参照）。

(3) うつと閉鎖的悪循環

うつ病者は、閉鎖的ないし自閉的な態度をとることが大きな特徴である。彼らは、孤立感や疎外感・閉塞感を訴える。彼らは、うつの悲嘆過程の中で、喪失↓罪責↓憎しみ↓自己処罰といった反復強迫的・閉鎖的な負のスパイラル（悪循環）を繰り返す。[34]そして、そこに外からの大きな力が加わり、転換が起こらない限り、究極的には死にいたる（図1参照）。

彼らの閉鎖性は、まず身体面に現れる。うつ病者の罪責感や他罰的な怒りのエネルギーが人体内に蓄積された場合、そのエネルギーは身体化され、さまざまな心身症状として顕在化することがある。

ところで、閉鎖的な負のスパイラルを繰り返すうつ病者の心理を分析すると、その背後に全能感や自己中心性・利己愛・自己執着といった自我拡大傾向を示すエネルギーと、卑小感・罪責感など自我縮小傾向を示すエネルギーとが混在しており、アンバランスな状態を呈していて、統合できていない。[35]

彼らの他者との関係のもち方も特異的である。彼らは、他者から援助を受けようとする場合も、自らの願望をあまりにも強く充足しようとする構えが強いため、自分の自己像を相手の心の中に投影しようとする。その結果、自らの心を開示できず、両者間に相互主体的関係が成立しない。このような他者との関係の仕方に固執していると、共依存的になったり、陽性あるいは陰性の転移感情に巻き込まれ、真の意味において健康を回復することができなくなる。

彼らが神に救いを求める場合も、自己の願望や欲望を神に投影するために、神との人格的交わりは成立せず、神を偶像化したり、神を自己目的のために利用しようとする。

このような病者の自己・他者・神に対する態度は、彼らの閉鎖性や自己中心性によるところが大きい。

(4) 回復へ向けて

うつ病者の治癒や救済に関する重要な概念として、最近、resilience（回復）という考え方が注目されている。[36]この考え方は、患者がマイナス思考・感情にとらわれ、閉鎖的な負のスパイラル（悪循環）に落ち込んだとき、彼らが自分自身の中に潜在的にもっている治癒力を引き出すためのキーワードとして使われている。この考え方の中には、患者が自分の病気を引き受ける力や、災難に対して柔軟に対処する力や、苦しみの中にありながらも一貫性をもって有益な目的を目指し歩み続ける能力などが含まれる。このような考え方は、最近脚光を浴びている健康生成論やエンパワーメント理論、あるいはアイデンディティ（自己同一性）理論と密接な関連性がある。こうした思考は、いずれも、患者を混沌や破壊から創造や救済・治癒へと再生・回復させようとする試みにほかならない。

しかし、健康や癒しや救済や回復に関しては、現実世界においては、身体的次元・心理的次元・社会的次元・スピリチュアルな次元と多岐にわたっていて、その各々の次元において、考えていかなければならない。[37]また、それらは、個の領域だけでなく、家族や集団の領域、宇宙（自然）の領域にも及ぶ。こうした各次元・各領域は、原則的には相互に「つながり合い」「関係し合って」いる（前述した良心を表すラテン語コンスキエンティアの中に、つながるという意味があることに注目したい）。つまり、各次元・各領域は相互に共振・共鳴し合っている。しかし、現実世界を見渡すと、こうした各次元・各領域は決して連帯し、つながりを持ち合ってはおらず、アトム化・分断化し、各々分裂している。「不完全」・「不調和」な現実世界においては、治癒や救済を伴う創造力と、混沌や悪や病を伴う破壊力とが混在している。良心的人間は聖なる神の経綸に基づく義や愛の秩序の構築を希求するが、その願いが十分かなえられているとは思われない。良心の源とも言うべき義と愛を喪失することによって良心を傷つけられ、「うつ」という病を担うことになった患者が、そのことを「証し」しているといえる。

病んだ彼らの心とからだと霊とを回復させるためには、現実からの超越を促すバネとなる転換力が必要である。

(5) 転換力について

そもそも、転換（trans）という言葉を英和辞典で引いてみると「越えて」「完全な」「貫く」「他の側へ」「別の場所へ」といった意味があることがわかる。

混沌や破壊、悪や病や死から救済や治癒や回復へのプロセスをたどるためには、何らかのかたちでの転換力が働くことが必要であることを前節で指摘した。ここで言う転換力とは、病の中にある罪責や怒りや憎しみを伴う悲嘆から、平安や癒しや救いへと転換する力を意味する。

この転換力は、大別すると三つの領域で起こる。

1　「自己」と「真の自己」との関係の中で生じる転換について

ここでいう「自己」とは、自分にしがみつくいわゆる我執であったり、利己愛であったり、自己を中心に据え、神や他者は自己のために存在するという未成熟で幼児的な考えであったりする。つまり、「他」を利用して自らの利益や欲望を遂げようとする態度である。

それに対して「真の自己」は、人格の成熟性を有しており、「自己」を中心とする生き方から転換し、義と愛を尊重し、自分と他者と神（自然）とが相互に共振・共鳴し、共感し合い、密接な関係を結ぼうとする態度である。このようなあり方は、脱中心的・自己超越的・統合的生き方といってよい。[38]「真の自己」に覚醒した人は、「自己」から距離を置き、「自己」を客観化する（これを観察自我といった人もいる）ことができる。

「自己」が「真の自己」へと転換した場合、「真の自己」は自他を自らの利益や欲望の手段として使うのではなく、自己に執着する本能的衝動エネルギーを、良心に基づき他者を配慮し、社会や文化を創造する高次の活動エネルギーへと昇華（sublimation）していく。[39]人間は「自己」に執着している限り、閉鎖的・自己中心的存在でしかない。「自己」が実存的転換を行い「真の自己」に変えられた時、はじめて自己閉鎖的態度から脱し、あるいは自己を超越し、真の意味で神に対しても他者に対しても自己に対しても心を開くことができるようになる。つまり、真の意味での自己実現（アイデンティティ）が可能になる。自己の心を開示することができる人は、自分の思いを素直に他者に伝えることができる。そして、相手が自分の気持ちを受け止めてくれたと確信できた時、彼らは精神的に平安を得る。また、すでに述べたように、閉鎖的・自己愛的自己を脱し、自己超越し、「真の自己」へと変換できた人は、自らの内に隠されている自己中心的な心的エネルギーを、自らの人格的成長と、さまざまな対外的・社会的文化的創造を行うエネルギーへと昇華し転換していくことが可能になるだろう。

2 「自己」と「他者」との関係の中で生じる転換について

臨床の現場で、筆者が多くの心病む患者にかかわってきた体験によると、病に苦しんだ者が寛解し、社会生活ができるようになった後、今度は援助者の立場に転換する例が少なくない。彼らは、一度病を体験したことがあるので、悲しむ者と共に悲しむことができる。悲しむ者にかかわろうとする者を代理悲嘆者(surrogate grievers)[40]というが、このような立場に立つ場合、彼ら自身が脱自己化ないし脱中心化・超越化・自己客観化する必要がある。[41]この転換ができていないと、援助者と被援助者とが共依存的関係になったり、援助者自身が転移感情に巻き込まれる危険性がある。

3 「自己」と「神や自然」との関係の中で生じる転換について

「自己」中心的な構えのもと、自分で「生きて」いこうとしてきた人が「真の自己」に気づく時、「生かされている」という感覚をもつ。また、これまで「問う」存在であった者が「問われる」存在へと転換していく。つまり、自分で「生きて」きたと思っていたこれまでの生き方を振り返り、実は「生かされてきたのだ」という気づきが与えられた時、その人の心の中でコペルニクス的転換が生じる。このような人は、自分が主体となって「生きて」いくのではなくて、神や多くの人々、自然などによって自分は生かされているのだということに気づく。このような実存的転換が心の中で起こった時、人は精神的に平安を得る。

(6) 転換力を促すもの

人間にとって、転換力を促す動的エネルギーはどこから生まれてくるのであろうか。

最後に、われわれはもう一度、本項の冒頭で述べた、宇宙を支配する神の二大法則は義と愛であるというテーゼに戻ってみたいと思う。聖なる神は、この宇宙を義と愛によって支配しようとされている。しかし、悪や病や罪や死など闇の力もこの世を支配しており、義と愛は絶えず消失の危機にさらされている。これが、現実世界の姿である。

　このような悪や病や罪などの闇や混沌から脱し、神が望まれる義と愛によって秩序づけられる世界を構築するためにはどうしたらよいか。

　義や愛が失われる背景には、この宇宙の悪や罪など闇の力の存在がある。つまり、義や愛は闇の力によって〝誘拐〟され〝拉致〟されている。この宇宙において、こうした失われた義や愛は〝代価〟を支払って買い取られなければならない。ここで言う〝買い取る〟という行為は、〝弁済すること〟、〝犠牲をささげ闇の力と和解すること〟、〝賠償金を支払うこと〟、〝他者のために病を担うこと〟を意味する。もし、そのような手続きを経なければ、聖なる神が希求する義と愛が支配する宇宙の秩序を回復することはできなくなる。

　義や愛に反する闇――すなわち、罪や悪や病や死――に代わって、新しい命が誕生するためには、〝苦難（痛み）〟という〝贖いの供え物〟が必要である。一つの命が産まれる時と、再生を前提として人が死ぬ時、痛みが伴うことは、このことが真理であることを象徴している（図2参照）[42]。また、聖なる神の経綸である義や愛を求めつつ、その願いがかなえられることなく、うつ病という痛みを伴う「心の病」を担うことになった病者は、この事実を象徴し証ししている。

　聖書では、病んでいる者はすでに、宇宙の中で失われた義や愛を、「病むという」〝苦しみの代価〟を支払うことによって獲得していると書かれている（Iペトロ4・1）。確かに、心の病んでいる者は、健常者がもっていない優しさや謙遜さ・感謝する心、誠実さなど、義と愛といった神の本性を表す徳性を獲得している者が少なくない。

彼らは病を通して、自らの限界を悟り、自己を超越する心境に到達した。そのため、自我は砕かれ、さまざまな試練にあい、その徳性は磨かれる。また、病を通して神や自然への信仰を得た者も多い。信仰も立派な創造的行為である。そして、病という心の痛みを昇華転換し、社会・文化に対して貢献した者も少なくない。

このように考えてくると、病者の場合、病むということ自体に、転換力を促す力が隠されているように思えてくる。

ところで、一度心の病に罹患した後、その体験を生かして援助者の立場に転換した人がいる。彼らは、自らの病を経験したことがあるだけに、病者の立場に立つことができる。しかし、相手の立場に立つという愛の行為を行うためには、その行為、すなわち、忍耐して傾聴するという痛み（犠牲）を引き受ける覚悟がなければならない。「病に伴う痛みや苦しみ」を患者と共に担うという代価を支払うということが、患者自身の治癒への大きな転換力となるのである。すでに述べたように、悲嘆ケアを行う者は、米国では〝代理悲嘆者〟という名称がつけられている。現実世界における義と愛の成就を願う援助者が、義と愛を求めつつ、挫折してうつ病という心の病に罹患した患者の罪や病やその他諸々の悪や混沌に伴う悲しみを担うことによって、はじめて、患者は癒されるのである。そのためには、援助者自身の心の転換、すなわち、脱中心化・自己犠牲化・自己からの超越化・自己客観化が必要になる。

神と人との関係においては、その関係を遮断する要因として、人間の側の罪の問題があるということが指摘されている。「罪とは、神からの離反行為であり、神との再結合を阻止すること」(43)であって、神はその人間の罪、すなわち「人間の実存的孤独」に参与し、それに勝利した。その罪とは、個々の倫理や律法の規範に基づく複数の道徳的罪（sins）だけではなく、宗教的な意味での単数の罪（Sin＝原罪）が問題になっている。(44)すべてこれらのことは、十字架につけられたイエスの姿を通してあらわにされる。イエスは、世界と共に苦しみ、人間と共に悩む神である。そして、義と愛の源であるイエスは十字架にかけられることによって人類の罪を贖い、彼らにその愛を贈与した。

確かに、イエスによる代償苦的な救済と癒しの完成は、この世の現実においては全うされていない。この世の癒しや治療や救済は部分的であり、身体的（物理的・生物的）条件や心理・性格的条件や社会・歴史・文化的条件によって左右されるために、各領域・各次元における健康と救いは全体的なものではなく、〝部分的〟で〝あいまいさ〟や〝不完全さ〟を残している。たとえば、「未熟なるままの破滅、幼児の死、生物学的・心理学的病気、道徳的・霊的領域における破壊的環境の場合がそれである」[45]。しかし、イエスの代償的受苦とその贖いの力は、人類に愛と慰めと正義を与え、その危機の中におけるスピリチュアリティ（聖霊）の動的力によって、愛の成就を伴う未来への希望と信仰を先取るというかたちで、普遍的・全体的癒し、すなわち祭司的機能と医療機能の統合を目指している。

うつ病者の罪責感や病からの癒しと救済について考える場合も、身体的次元・心理的次元・社会的次元・スピリチュアルな次元について考えなければならないが、その回復は、究極的には神の愛と義の完成を目指すものである。そして、その成就を促すためには、まずわれわれの身近な病苦から転換し健康を志向するために、その疾病に伴う痛み（代償）を各次元・各領域を構成する人々が、神と共に各々の立場で担う覚悟が必要である。

九　むすび

うつ病者の罪責感とその回復について、キリスト教人間学の立場から考察を加えた。

まずはじめに、罪責や良心や悪というものが宗教・社会・文化の中でどのように扱われてきたかということを素描した。とくに、ユダヤ・キリスト教のルーツである聖書の言葉に依拠しつつ、罪責・良心・悪・処罰の構造を解明しようと試みた。また、うつ病の中でも特殊な位置を占めるコタール症候群という病態を通して、スピリチュアルな次元における病的罪責感の存在様式について、検討を試みた。その後、うつ病者における病的罪責感の現れ方について、二つのタイプに分け、比較検討した。そして、最後に、うつ病とそれに伴う病的罪責感からの救済・再生について、さまざまな角度から言及した。

注

山口隆康によると、マタイによる福音書第一章の系図は、大別すると、「信仰の父アブラハムからダビデまで」、「ダビデ王の時代から敵国バビロン王国による敗戦と崩壊まで」、「バビロン王国による捕囚からイエス・キリストの誕生まで」の三つに区分されるという(*)。そして、その全歴史を通して、ダビデ、ソロモンが王政を導入した時代（B・C一〇）と強国バビロニア王国の侵入によって、イスラエル民族が敵国に捕囚となった時代（B・C六）が、最大の危機であったと述べている。「王政の導入」は、民の義の要求によるものであり、法や倫理、秩序が求められた。しかしこの時、民の葛藤が深まり、義の喪失と苦悩の問題が生じた。また、「強国バビロニアの侵入」は、虐待・殺人を生み出した。つまり、愛の喪失の問題がクローズアップされた。系図は、歴史全体を巨視的観点から展望するのであってマクロの視点でものを見るが、その系図を形成しているのは一人ひとりの人間であり、その各々の人間の人生史に分け入るミクロの視点でそれをとらえ直すことも可能である。このような観点に立てば、本論のA型うつ病は、前者、すなわち、義の喪失に伴う人間の苦悩を象徴しており、B型うつ病は、後者、すなわち、愛の喪失という事態を象徴しているということになる。くしくもユダヤ民族の系図全体が、本稿で問題にした義と愛の喪失と罪の問題の本質をはっきりと浮き彫りにしているということは、キリスト教人間学の立場からすると大変興味深い。

（＊）山口隆康「歴史の苦悩の中で、神の国を待望する」『まるとす』（東京神学大学公開夜間神学講座同窓会会報）、二〇〇九、一―二頁。

（1）金子晴勇『ルターの霊性思想』教文館、二〇〇九年、二七頁。
（2）P・ティリヒ『組織神学』第三巻、土屋真俊訳、新教出版社、二〇〇四年、二八三頁。
（3）浜口吉隆〈良心〉、上智学院新カトリック大事典編纂委員会編『新カトリック大事典』Ⅳ、研究社、二〇〇九年、一二九〇頁。
（4）ジャン・ドリュモー『罪と恐れ――西欧における罪責意識の歴史／十三世紀から十八世紀』佐野泰雄ほか訳、新評論、二〇〇四年、五七七、五七八頁。
（5）平山正実「マルティン・ルター――その宗教心理と宗教精神病理」、平山正実『人生の危機における人間像』、聖学院大学出版会、二〇〇六年、二二六―二三八頁。
（6）同上書、二三四―二三六頁。
（7）キルケゴール『死にいたる病／現代の批判』松浪信三郎・飯島宗享訳、白水社、一九九五年、一〇一頁。
（8）ドリュモー、前掲書、注（4）、五七九頁。
（9）同上書、五七七、五七八頁。

(10) 同上書、五七九頁。
(11) 高柳俊一〈無〉、『新カトリック大事典』Ⅳ、九二一頁。
(12) マンフレート・ルルカー〈蛇〉『聖書象徴事典』、池田紘一訳、人文書院、一九八八年、三三一―三三三頁。
(13) 野町啓「Scripta Conscientia ―― クリスト教的良心観形成過程の一側面」、金子武蔵編『良心』、以文社、一九七七年、二一一―二二頁。
(14) 古川冬彦、J・コタール「焦燥性うつ病の重篤型における心気妄想について」［一八八〇年］、松下正明他編『精神医学文献事典』弘文堂、二〇〇三年、一七八頁。
(15) ドリュモー、前掲書、注(4)、五七九頁。
(16) キルケゴール、前掲書、注(6)。
(17) 同上。
(18) 木村敏、テレンバッハ『メランコリー』［一九六一年］、松下正明他編『精神医学文献事典』弘文堂、二〇〇三年、二七八頁。
(19) 木村敏「いわゆる「鬱病性自閉」をめぐって」、笠原嘉編『躁うつ病の精神病理』Ⅰ、弘文堂　一九七六年、九一頁。
(20) 金子、前掲書、注(1)、六五頁。
(21) 多田幸司「新しいタイプのうつ病概説」『こころの科学』一四六号、二〇〇九年、二五―三一頁。
(22) ドリュモー、前掲書、注(4)、五七九頁。
(23) 村井敏邦『罪と罰のクロスロード』大蔵省印刷局、二〇〇〇年、一―七、一〇頁。
(24) 同上。
(25) 同上。
(26) 同上。
(27) 同上書、八―九頁。

(28) 同上。
(29) 同上。
(30) 湯浅泰雄『日本人の宗教意識——習俗と信仰の底を流れるもの』名著刊行会、一九八一年、九一—九四頁。
(31) R・マイヤー「犠牲」山我哲雄訳、旧約新約聖書大事典編集委員会編『旧約新約聖書大事典』教文館、一九八九年、三二八—三五六頁。
(32) 平山正実「ホセア——いつくしみの愛」、金子晴勇・平山正実編『愛に生きた証人たち——聖書に学ぶ』聖学院大学出版会、二〇〇九年、一二八頁。
(33) ドリュモー、前掲書、注(4)、五七九頁。
(34) 同上。
(35) キルケゴール、前掲書、注(7)。
(36) 加藤敏、神庭重信、水野雅文〔座談会〕「Resilience——人間の主体性を再び取り戻すために」週刊医学界新聞、二八三〇号、二〇〇九年五月十八日。
(37) P・ティリヒ、前掲書、注(2)、三五二—三五三頁。
(38) 平山、前掲書、注(26)。
(39) ドリュモー、前掲書、注(4)、五七八頁。
(40) 平山正実「悲嘆の構造とその病理」『死生学とはなにか』日本評論社、一九九六年、三一頁。
(41) W・パネンベルグ『人間学——神学的考察』佐々木勝彦訳、教文館、二〇〇八年、一〇〇—一〇三頁。
(42) 平山、前掲書、注(26)。
(43) ティリヒ、前掲書、注(2)、二八三頁。
(44) 同上。
(45) 同上書、五一五頁。

参考文献

三永恭平「罪責感と自罰について」、東京神学大学神学会編『神学』二〇号、一九六〇―一九六一年、三―四〇頁。

大木英夫「現代神学における死の理解」『神学』五六号、一九九四年、一―二四頁。

近藤勝彦「死の教義学的考察」『神学』五六号、一九九四年、二五―四七頁。

ジャン・ドリュモー「メランコリー」の項、『罪と恐れ――西欧における罪責意識の歴史／十三世紀から十八世紀』佐野泰雄ほか訳、新評論、二〇〇四年、三三〇―三六一頁。

あとがき

本書は、二〇〇八年六月に刊行した「臨床死生学研究叢書」第一巻『死別の悲しみに寄り添う』に続く第二巻である。

第二巻も、聖学院大学総合研究所の共同研究「臨床死生学」研究会の研究成果として刊行される。「共同研究計画書」の「研究課題の概要」にはこの研究の目的と研究方法について次のように記されている。

「死生学の学問領域は、広範囲に及ぶ。しかし、われわれが研究課題とする死生学は、それを解明するにあたって、現実の人間生活の中で生起する死と生に焦点を絞った臨床死生学的方法を採用する。とくに臨床死生学の分野の中でも、われわれが関心を持つのは、臨床死生学の現場における悲しめる人々への援助活動の連携である。つまりカウンセリングを中心として、医師、看護師、カウンセラーなどがなすさまざまな援助はどのように連携してなされるべきであるかというテーマである」。

研究会は講師の一時間の講演とその後の一時間の質疑・意見交換によって構成されている。講師は「臨床」といっても必ずしも医療従事者に限られることなく、研究対象となる「現場」をもつ講師が選ばれている。講師は、その現場での経験と調査研究に基づいて講演する。研究会参加者は、カウンセラー、牧師、大学院生、あるいは死別の悲しみを抱える方など多彩である。講演と質疑・意見交換においては、援助者の立場、悲しみの中にある当事者の立場、医療従事者の立場、などさまざまな立場からの意見交換があり議論が深められ、「さまざまな援助の連携」のあり方が模索されている。本書の一つひとつの論考がそのような共同研究の蓄積の中から生まれていることをとくに記しておきたい。本叢書が、医療従事者、カウンセラーなど援助者だけでなく、死別の悲しみを抱える方々にも何らかの参考になることを願っている。

第二巻の『死別の悲しみから立ち直るために』は、書名からわかるように「死別の悲しみからの回復の作業」、つまり「グリーフワーク」を主題に編集した。それぞれの原稿のもとになる研究会の開催日時と主題などは、第一巻の「あとがき」に記しておいた。なお、第二巻は「グリーフワーク」を主題としたため、研究会では取り上げなかったいくつかの主題を補う必要が生じた。そこで、編集の段階で書き下ろしというかたちで執筆をお願いした。以下の原稿が新たに執筆をお願いしたものである。

「遺族外来からみえてきたもの」　大西　秀樹
「がん患者を親にもつ子どもへの病状説明と予期悲嘆」　小島ひで子
「『宗教的思考』から『スピリチュアルな思考』へ」　窪寺　俊之

本叢書刊行の意味をご理解くださり、快く執筆に応じてくださった三人の先生方に感謝申し上げたい。

本叢書は、臨床死生学の日本における開拓者であり、研究の推進者であられる平山正実教授が「オール聖学院フェローシップ」（ＡＳＦ）に寄付された「臨床死生学研究出版資金」により出版される。ここに記して平山教授に感謝したい。

最後になったが、ご多忙の中にもかかわらず寄稿してくださった執筆者の方々、また本書の編集を担当してくださった聖学院大学出版会の花岡和加子さんに感謝を申し上げたい。

聖学院大学総合研究所
山本　俊明

吹抜　悠子（ふきぬき　ゆうこ）
1945年生まれ。お茶の水女子大大学院修士課程（東洋史）修了。在学中に文部省派遣留学生としてカンボジアのプノンペン王立大学に留学。その後、東京外国語大学非常勤講師等を務める。東洋英和女学院大大学院（死生学）修了。現在、キリスト教メンタル・ケア・センター理事。関東学院大学キリスト教と文化研究所客員研究員。
〔論文〕「古典芸能と死生観」東洋英和女学院大学大学院死生学研究会編『生と死』第7号、2005年。

高橋　克樹（たかはし　かつき）
1955年生まれ。日本大学法学部新聞学科卒業後、地方紙の新聞記者を経て日本聖書神学校卒業。東洋英和女学院大学大学院修士課程（死生学専攻）修了。日本基督教団豊島岡教会牧師。日本聖書神学校教授。大学で生命倫理の非常勤講師も務める。グリーフワークや自死予防・遺族ケア、スピリチュアルケア、デス・エデュケーションなどが関心領域。
〔著書〕『臨床死生学事典』、『聖霊の降臨』、『愛に生きた証人たち』（共著）。

窪寺　俊之（くぼてら　としゆき）
1939年生まれ。埼玉大学卒業（教育学部）、東京都立大学大学院（臨床心理学）に学ぶ。米国エモリー大学神学部卒（神学）、コロンビア神学大学大学院卒（牧会学）。博士（人間科学、大阪大学）。米国、リッチモンド記念病院（ヴァージニア州）と淀川キリスト病院（大阪市）でチャプレン（病院付牧師）。イーストベイ・フリーメソジスト教会牧師（米国、サンフランシスコ市）。関西学院大学神学部元教授。現在、聖学院大学大学院教授（スピリチュアルケア学）。日本臨床死生学会理事、スピリチュアルケア学会理事、日本ホスピス・緩和ケア研究振興財団評議員。
〔著書・訳書〕『スピリチュアルケア入門』、『スピリチュアルケア学序説』、『スピリチュアルケア学概説』、『スピリチュアルケアを語る』（共著）、『続スピリチュアルケアを語る』（共著）、『緩和医療学』（共著）、『生と死』（共著）、『系統看護学講座　別巻10　ターミナルケア』（共著）、『魂への配慮』（訳）、『神学とは何か』（訳）、『愛するものが死にゆくとき』（共訳）、『看護の中の宗教的ケア』（共訳）、など。

門林　道子（かどばやし　みちこ）
1955年生まれ。日本女子大学大学院人間社会研究科博士課程後期単位取得退学（現代社会論専攻）。昭和薬科大学・川崎市立看護短期大学等非常勤講師。主たる研究は「闘病記の社会学的研究」。同時に「患者の心に寄り添える医療」に役に立ちたいと看護学や薬学教育で闘病記を用いた授業を続けている。日本死の臨床研究会世話人、城南緩和ケア研究会世話人。
〔論文〕「現代における『闘病記』の意義――がん闘病記を中心に」『看護教育』第45巻第5号、2004年。「がん闘病記の変遷と『告知』」東洋英和女学院大学死生学研究所編『死生学年報－創刊号・親しい者の死』、2005年。「『闘病』の誕生――結核と闘病記」『臨床死生学』14巻1号、2009年など。

大西　奈保子（おおにし　なおこ）
1968年生まれ。東洋英和女学院大学大学院博士後期課程修了。博士（人間科学）。東北福祉大学健康科学部講師を経て、2010年4月より東都医療大学准教授。専攻は看護学・死生学・ターミナルケア。講義や実習指導のほかに、高齢者施設で働く援助者にインタビューをして高齢者の看取りについて調査研究をしている。
〔著書〕『医をめぐる自己決定――倫理・看護・医療・法の視座』（共著）イウス出版、2007年。
〔論文〕「ターミナル期にある患者と向き合えるための教育的な働きかけ」『日本臨床死生学会』、2007年。「ターミナルケアに携わる看護師の態度変容過程に関する研究」東洋英和女学院大学大学院博士論文、2006年など。

五十子　敬子（いらこ　けいこ）
1944年生まれ。尚美学園大学総合政策学部・同大学院教授。博士（法学）。
〔著書〕『文化の種々相』イウス出版、成文堂（発売）、2007年。『死をめぐる自己決定について――比較法的視座からの考察』（新装増補改訂版）批評社、2008年。『医をめぐる自己決定――倫理・看護・医療・法の視座』（編著）イウス出版、2007年。『仰臥の医師　近藤常次郎』（編著）批評社、2010年ほか。
〔論文〕"Making Decisions on Behalf of Mentally Incapacitated Adults in Japan: Terminal Patients' Human Rights and Guardianship for Adults", *Family Life and Human Rights*, 2004. "The Prevention of Spousal Violence and Protection of Victims in Japan", *The international Survey of Family Law*, 2005. "Recognizing Legitimacy in the case of Baby X", *Family Law Balancing Interests and Pursuing Priorities in Family Law*, 2007ほか。

執筆者紹介（掲載順）

平山　正実（ひらやま　まさみ）
1938年生まれ。横浜市立大学医学部卒業。自治医科大学助教授（精神医学）、東洋英和女学院大学大学院教授（死生学、精神医学）を経て、現在、聖学院大学総合研究所・大学院（人間福祉学科）教授。北千住旭クリニックにて診療に従事。精神科医、医学博士、精神保健指定医。
〔著書〕『死別の悲しみに寄り添う』聖学院大学出版会、2008年。『見捨てられ体験者のケアと倫理——真実と愛を求めて』勉誠出版、2007年。『人生の危機における人間像——危機からの創造をめざして』聖学院大学出版会、2006年。『はじまりの死生学——「ある」ことと「気づく」こと』春秋社、2005年。『心の病気の治療がわかる本』法研、2004年ほか。

大西　秀樹（おおにし　ひでき）
1960年生まれ。埼玉医科大学国際医療センター精神腫瘍科教授・精神科医。専門領域は、精神腫瘍学、死生学。患者遺族の心のケアを行う「遺族外来」をわが国で初めて開設。
〔著書〕『がん患者の心を救う——精神科腫瘍医の現場から』河出書房新社、2008年。『女性のがん　心のケア——乳がん・子宮がん・卵巣がん・大腸がん』土屋書店、2008年。
〔論文〕 Onishi H., Onose M., Okuno S., et al., “Spouse caregivers of terminally-ill cancer patients as cancer patients: A pilot study in a palliative care unit”, *Palliative and Supportive Care* 2005; 3(2): 83-86.

小島　ひで子（こじま　ひでこ）
1956年生まれ。東洋英和女学院大学大学院博士後期課程満期退学、博士（人間科学)。北里大学看護学部准教授。主に終末期患者の子ども及び死別した子どものグリーフケア活動、研究をしている。
〔論文〕「親の喪失を意識した子どものグリーフケアーターミナル期から死別後における現状と課題」東洋英和女学院大学大学院博士論文、2008年。「終末期患者の子どもの予期悲嘆への看護師の意識調査」東洋英和女学院大学死生学研究所編『死生学年報2006』、2006年。

死別《しべつ》の悲《かな》しみから立《た》ち直《なお》るために　臨床死生学研究叢書　2

2010年３月25日　初版第１刷発行

編著者　平　山　正　実

発行者　大　木　英　夫

発行所　聖学院大学出版会

〒362-8585　埼玉県上尾市戸崎１－１
電話 048-725-9801
Fax. 048-725-0324
E-mail: press@seigakuin-univ.ac.jp

ISBN978-4-915832-83-3　C3311

死別の悲しみに寄り添う

〈臨床死生学研究叢書1〉

平山正実　編著

子どもや愛する家族を失った悲しみ、事故や戦争で家族を亡くした悲嘆にどのようにかかわり、悲しみからの回復へ寄り添うケアが可能なのか。さまざまなケーススタディを通して、遺族に向き合う従事者に求められるグリーフケアの本質を論ずる。著者たちは精神科医、末期医療にかかわる看護師たちであり、日本人の死生観をめぐる死生学叢書の第一巻として刊行する。

Ａ5判　三五七〇円

978-4-915832-76-5（2008）

人生の危機における人間像

危機からの創造をめざして

〈カウンセリング・シリーズ1〉

平山正実　著

人生の途上で人はさまざまな精神的危機に遭遇する。配偶者、子どもなど愛する人々との離別あるいは死別、財産や名誉、地位、役割などの喪失、病気や障害、あるいは死への直面である。人はどのようにその危機を受け止め、生き方を創造できるのか。モリス・シュワルツ、キューブラー・ロス、宮沢賢治、ポール・トゥルニエなどのライフヒストリーをたどる。

四六判　二三一〇円

978-4-915832-62-8（2006）（4-915832-62-7）

愛に生きた証人たち

聖書に学ぶ

金子晴勇
平山正実　編

本書は聖学院大学生涯学習センターによって二〇〇六～二〇〇七年の二年間にわたって行われた聖書講座「聖書の人間像」において語られたものを講師の方々にまとめていただいたものである。内容は一般の人々にも理解できる範囲にとどめている。「愛は多様な人間関係の中に生きて働く生命である」ことを、聖書の人物により証する。

四六判　二五二〇円

978-4-915832-82-6（2009）

自由に生きる愛を生きる
若い人たちに贈る小説教集

倉松　功　著

著者が十数年にわたって、大学生、あるいは高校生たちに学校礼拝で語りかけてきた説教を、「人間と社会」「キリスト教学校と礼拝」「聖書の教え」という三つの主題でまとめたものである。いかに生きるべきか見失っている人々に、聖書から「自由に生きること」「愛を生きること」のメッセージを解き明かし、語りかける。本書が若い人たちのみならず、現在、若い人たちといっしょに聖書を読み、共に祈っている方々の参考になれば、幸いなことである。

四六判　二三一〇円
978-4-915832-80-2（2009）

キリスト教信仰概説

倉松　功　著

日本のプロテスタント・キリスト教の中で、最も多数をしめる日本基督教団の「信仰告白」を解説することによって、プロテスタント・キリスト教信仰がどのようなものであるか、その概要を示す。また「聖書と宗教改革」「ルターの聖書の読み方」を収録する。

四六判　一六八〇円
978-4-915832-05-5（2008）

現代に生きる教会の使命

W・パネンベルク著
大木英夫・近藤勝彦監訳

ヴォルフハルト・パネンベルクの倫理学と教会論からなる論文集の後半部。前半部は一九九二年、同じく聖学院大学出版会から刊行された『キリスト教社会倫理』である。パネンベルク神学の観点から「教会の意味」について、その「使徒性や普公性」、また今日緊急な問題になっている「聖餐の理解」について、教えるところが多い。本書はまたパネンベルクの「エキュメニズム」論を提示している点でも重大である。

四六判　三七八〇円
978-4-915832-86-4（2009）

ピューリタン
近代化の精神構造

大木英夫 著

著者は、近代の成立をルネッサンスと宗教改革に求め、非宗教化と捉える俗説を排し、近代の起源を、「教会と国家の分離」「人間の個人化」「契約社会への移行」という構造変化に見出す。その構造変化の担い手としてのピューリタンたちの運動の思想史を描く。名著『ピューリタン』の改訂新著。

四六判 二一〇〇円
978-4-915832-66-6 (2006) (4-915832-66-x)

神学と文学
言語を機軸にした相関性

T・R・ライト著
山形和美訳

人間の経験の中にある言語によって、人間の経験を超えた神を語りうるのか？ この神学的アポリアに文学評論の立場から取り組む。物語の神学、隠喩的神学、劇の神学を俎上に載せ、聖書の言語がこれらの文学的表現を通して豊かに神を語りうることを明らかにする。

四六判 五二五〇円
978-4-915832-81-9 (2009)

ソーシャルワークを支える宗教の視点
その意義と課題

ラインホールド・ニーバー 著
髙橋義文・西川淑子訳

本書が書かれた一九三〇年代のアメリカは、経済不況による凄まじい格差社会が到来していた。しかし社会の公正を実現するための「社会福祉事業」はあまりに理想主義的で、個人主義的で、感傷主義的で、機能していないという問題状況があった。著者は、「社会の経済的再編成」「社会組織再編」「社会の政治的な再編成」という壮大な社会構想のもとで、本来あるべき社会福祉の姿を提示する。

四六判 二一〇〇円
978-4-915832-88-8 (2010)